2019年山东省基础教育教学改革项目

《基于学生优势智能的可持续发展实践研究》（项目编号3702045）研究成果

让每一个学生
都绽放生命的色彩

李昌科　主　编

中国海洋大学出版社

· 青岛 ·

图书在版编目(CIP)数据

让每一个学生都绽放生命的色彩 / 李昌科主编 . --
青岛：中国海洋大学出版社，2024.2
ISBN 978-7-5670-3791-5

Ⅰ. ①让… Ⅱ. ①李… Ⅲ. ①基础教育－教学研究
Ⅳ. ①G632.0

中国国家版本馆 CIP 数据核字(2024)第 035813 号

出版发行	中国海洋大学出版社			
社　　址	青岛市香港东路 23 号		邮政编码	266071
出 版 人	刘文菁			
网　　址	http://pub.ouc.edu.cn			
订购电话	0532‐82032573（传真）			
责任编辑	矫恒鹏		电　　话	0532‐85902349
印　　制	日照报业印刷有限公司			
版　　次	2024 年 2 月第 1 版			
印　　次	2024 年 2 月第 1 次印刷			
成品尺寸	170 mm ×240 mm			
印　　张	27.5			
字　　数	476 千			
印　　数	1—1 000			
定　　价	108.00 元			

发现印装质量问题，请致电 0633‐8221365，由印刷厂负责调换。

本书编委会

序言

　　当我们站在教育的舞台上，目睹着无数学子的成长与探索时，我们常常被一个令人困惑的问题所困扰：为什么有些学生在某个领域表现出色，而在其他领域却显得黯然失色呢？为什么有些学生似乎天生就能轻松掌握某些技能，而其他学生却苦于无法突破？

　　对于这些问题，传统教育往往采取的是一刀切的方式，试图将每个学生塑造成一个全面发展的人才，但却忽视了每个学生独特的个性和潜能。然而，随着多元智能理论的不断发展和深入研究，我们逐渐认识到，每个人都是独一无二的，拥有各自独特的智能组合和发展潜能。

　　近年来，我们积极投身于山东省基础教育改革课题"基于学生优势智能的可持续发展研究"。通过对学生个性特点的跟踪分析和针对性的教育教学活动，我们致力于了解学生的智能结构及其发展潜能。我们坚持人人有才、人无全才、扬长补短、人人成才的人才理念，因材施教，旨在让每一个学生都能实现可持续发展。

　　本书的目的就是向广大教育工作者、家长以及关注教育的人们介绍基于多元智能理论的人才培养理念。我们坚信，每一个学生都有才华，但并非每个人都是全才。在这个多元化的世界中，我们应该鼓励学生发掘和发展自己的优势，扬长避短，让每一个学生都能绽放生命的色彩。

　　在本书中，我们将通过一系列学生个性自我分析案例，深入探讨学生个性特点的多样性。这些案例根据语言智能、数学逻辑智能、空间智能、音乐智能、自然探索智能、肢体运动智能、人际交往智能、内省智能以及存在智能进行分类，展示不同学生在各个智能领域的潜能和发展方向。通过这些案例，我们可以更加了解每个学生的特长和优势，从而能够更有针对性地进行教育和引导。

同时，本书还将提供基于多元智能理论的教学案例重构，旨在帮助教育工作者设计和实施更加有效的教学策略。我们将探讨如何在各学科教学中，充分利用学生不同的智能特点，培养他们的基本技能和核心素养。通过多元智能理论的指导，我们可以为每个学生提供更加个性化、差异化的教育，让他们在学习中找到更大的乐趣和成就感。

我们相信，每一个学生都是独特而宝贵的。每一个学生都应该被鼓励和尊重，为了实现他们的潜能。教育的真正目标不仅仅是为了传授知识和技能，更重要的是培养学生的自信、创造力和适应力，让他们能够在未来快速发展的社会中获得成功。

在这个变革的时代，我们必须转变传统的教育观念，摒弃以标准化测试为导向的教学方式。我们应该以学生为中心，注重培养学生的多元智能和综合素养。每个学生都有自己独特的智能组合，我们应该尊重并发展他们的个性和潜能，而不是试图将他们塑造成相同的模式。

本书为教育工作者和家长提供了一个全面的视角，帮助他们更好地理解和应用多元智能理论。我们深入探讨了不同智能领域的特点和培养方法，提供实用的教学策略和案例，帮助学生在各个领域展现自己的才华。

同时，我们也呼吁教育界共同努力，打破学科之间的壁垒，促进跨学科的交流与合作。通过综合多元智能理论，我们可以将各学科的知识和技能融会贯通，帮助学生建立更加全面和深入的理解。

最后，我们衷心希望这本书能够为广大教育工作者、家长和关注教育的人们提供启示和指导，激发读者对于多元智能教育的兴趣和热情。让我们共同努力，让每一个学生都能绽放生命的色彩，发挥他们的潜能，为社会的发展和进步贡献自己的力量。

让我们一起开启这个旅程，探索多元智能理论给教育带来的变革和机遇，让每个学生都能在世界的舞台上独放异彩！

目录

教学案例

第三章　数学逻辑智能的绽放

学生案例

教学案例

第四章　空间智能的绽放

学生案例

教师案例

第五章　音乐智能的绽放

学生案例

教学案例

第六章　自然探索智能的绽放

学生案例

教学案例

第七章　肢体运动智能的绽放

学生案例

教学案例

第八章　人际交往智能的绽放

学生案例

教学案例

第九章　内省智能的绽放

学生案例

教学案例

第十章　存在智能的绽放

学生案例

教学案例

第十一章 跨学科整合与教学策略

第十二章 个性化教育的实践与挑战

第一章
多元智能理论简介

我们都不一样

"龙生九子，各不相同"是中国传统文化中的一个传说，出自《淮南子·天文训》。《淮南子》是中国汉代淮南王刘安主持编纂的一部百科全书，包含哲学、自然科学、医学、历史等各个领域的知识。其中"天文训"篇有一句话写道："凡龙所生，其九子皆异，不同其德，各有所好。"

龙是中国文化中的神兽。据传龙有九个子嗣，分别是黄龙、赤龙、青龙、白龙、黑龙、玄龙、银龙、金龙和赤眼龙。这些龙的形态和颜色都不同，每个龙都有独特的性格和能力。

黄龙通常是最先出现的，它象征着土地的生产力，所以黄龙通常与农业和收成有关；赤龙象征着太阳和火焰，它有着强大的热能，可以帮助人们在寒冷的天气里保暖；青龙代表着木材和森林，因此它通常与环保和生态有关；白龙象征着云雾和天气，因此它通常与天气预报和气象学有关；黑龙代表着水和雨水，它通常与灌溉和水资源有关；玄龙通常被视为最神秘的龙，它有着神秘的能力和智慧，能够解决许多人类无法解决的难题；银龙象征着金属和钱财，它通常与商业和经济有关；金龙则代表着力量和皇权，它通常与政治和军事有关；最后是赤眼龙，它是最具攻击性的龙，代表着战争和冲突。

这九条龙各有自己的特点，这些特点与生态、经济、政治和文化等方面的知识相关，龙子之间有非常明显的差异。这些龙子也可以引发我们的想象，我们每个人都可以有自己的小龙，我们有自己的特点和能力。

作为教师，我们每天都面对着各种各样的学生，每个学生都有着独特的个性和才能。

有些学生天生聪明，能够轻松地理解和掌握新知识，他们可能更喜欢理论课程和分析性思考,这就像龙生九子中的大儿子,聪明而睿智;而有些学生则可能更善于动手操作,更具有实际操作能力,他们可能更喜欢实践课程和实验性学习,这就像龙生九子中的四儿子,能够在实践中展现出自己的才华;还有一些学生则可能具有艺术方面的天赋,他们擅长音乐、绘画、舞蹈等艺术形式,这就像龙生九子中的五儿子,天生具有艺术天赋。

当然,这只是举了几个例子。每个学生都有自己的独特个性和特点,而我们作为教师,需要理解和欣赏这些个性差异,并且根据学生的不同特点和需求来制定合适的教学策略和课程。

作为孩子家长,我们应该认识到,孩子们都有自己的特点和才能。我们应该鼓励他们展现自己的天赋和个性,而不是试图让他们变成别人。我们需要为孩子提供一个包容和支持的环境,帮助他们发挥自己的潜力和才能。

作为小学生,我们要明白,我们每个人都是独特的,都有自己的优点和缺点。就像龙的九个孩子一样,每个孩子都不同,都有自己独特的能力和特点。同学们每个人都有自己的优点和弱点,比如有些同学擅长画画,有些同学擅长数学,还有些同学擅长运动,等等。但是,我们需要明白的是,虽然每个人都不同,但是我们也应该尊重彼此,包容彼此,共同进步。就像龙生九子一样,它们虽然各不相同,但是它们一起生活在一起,共同发挥各自的作用,让整个龙族变得更加强大和美丽。

美国心理学家加德纳(Howard Gardner)在 1983 年的《智力的结构:多元智能理论》一书中提出,人的智能是多元的。多元智能理论出现后,使得人们对智力的认识不再局限于传统的智商(IQ)概念,对人类智力的多样性和复杂性有了更深一步的认识,可以更清楚地理解为什么我们都不一样,对教育教学产生了深远影响。

什么是多元智能

在传统的智商测试中,通常包括以下方面。

语言能力:测试个体的语言表达能力,包括词汇量、语法、理解和运用语言等方面。

数学能力:测试个体的数学计算和解决问题的能力,包括数字推理、算术、代数和几何等方面。

空间能力:测试个体的空间思维和感知能力,包括空间想象、方向感、图形旋转和空间关系等方面。

思维速度:测试个体的思维反应速度和处理信息的能力,包括记忆、注意力和处理速度等方面。

抽象思维能力:测试个体的抽象推理和概念形成能力,包括类比、逻辑推理和创造性思维等方面。

这些方面的测试常常被结合在一起,以得出一个综合的智商指数。

1979 年,美国心理学家霍华德·加德纳(Howard Gardner)团队在开展哈佛大学"个别差异研究"(Project on Individual Differences)项目研究时发现,每个人在不同的领域表现出不同的智能水平。他们开始思考,为什么在某些领域,有些人表现得比其他人更好;是否存在多种智能类型,而不是只有一种智能类型。

为了回答这些问题,加德纳和他的团队进行了深入的研究和探索性实验。他们研究了各种人群,包括智力低下者、天才、文化不同的人以及普通人等,并通过大量的实验证据验证了多元智能理论的可行性和准确性。最终,他们在1983 年提出了多元智能理论,并在学术界和教育界推广这一理论,引起了广泛的关注和讨论。

多元智能理论认为,人类具有不止一种智能,而是包括多种智能类型。这些智能类型包括语言智能、数学逻辑智能、空间智能、音乐智能、肢体运动智能、自然探索智能、人际交往智能、内省智能、存在智能等。

多元智能理论的发现过程包括以下几个阶段。

对不同人的观察和研究:加德纳通过对不同人的观察和研究,发现每个人在不同的领域表现出不同的智能水平。例如,有些人擅长数学,而有些人擅长音乐等。

个案研究和探索性实验:加德纳对具有不同智能类型的人进行了深入的研究和探索性实验,以验证多元智能理论的可行性和准确性。

理论构建和推广:加德纳在不断地研究和实验的基础上,构建了多元智能理论,并开始在学术界和教育界推广这一理论。

多元智能理论已经被广泛应用于教育教学中,以下是其中的一些应用情况。

个性化教学:多元智能理论认为每个学生都有自己独特的智能类型和优势,因此在教学中应该考虑到学生的差异性。通过了解学生的智能类型和优势,可以为他们提供更适合他们的教学内容和教学方法,从而实现个性化教学。

多元评价:传统的评价方法往往只关注学生的语言智能和逻辑数学智能,而忽略了其他智能类型的表现。多元智能理论认为应该采用多元评价的方法,综合考虑学生在不同智能类型上的表现,从而更全面地评价学生的能力和潜力。

跨学科教学:多元智能理论认为不同的学科涉及不同的智能类型,因此跨学科教学可以帮助学生发展多种智能类型。通过跨学科教学,学生可以将不同学科的知识和技能整合起来,从而更全面地理解和应用所学知识。

创造性教学:多元智能理论认为创造性是一种独立的智能类型,因此在教学中应该注重培养学生的创造性思维。通过创造性教学,学生可以发挥自己的创造力,创造出新的思想、概念和作品。

教师培训:多元智能理论认为教师应该了解学生的智能类型和优势,为他们提供适当的教育。因此,教师培训应该包括多元智能理论的内容,帮助教师了解多元智能理论的理念和应用,从而更好地应对学生的差异性和个性化需求。

多元智能理论为我们提供了一种新的思考人类智力的方式,帮助我们更好地了解每个人的智能类型和优势,并为教育教学提供了新的思路。

智能的具体分类以及组合

根据多元智能理论,常见的智能包括以下九种。

1. 语言智能

语言智能是指处理语言信息和表达语言的能力,包括说、听、读、写、表达和理解语言等方面的能力。

2. 数学逻辑智能

学逻辑智能是指处理逻辑和数学信息的能力,包括分析、推理、解决问题、计算、逻辑推理等方面的能力。

3. 空间智能

空间智能是指处理空间信息的能力,包括想象、构思、感知、创造和操作空间物体等方面的能力。

4. 音乐智能

音乐智能是指理解和处理音乐信息的能力,包括演奏、作曲、听、欣赏、表达和理解音乐等方面的能力。

5. 肢体运动智能

肢体运动智能是指处理身体感觉和动作信息的能力,包括协调、控制、感知和运动等方面的能力。

6. 自然探索智能

自然探索智能是指理解和处理自然界信息的能力,包括观察、识别、分类、比较、解释和预测自然现象等方面的能力。

7. 人际交往智能

人际交往智能是指理解和处理人际关系信息的能力,包括交流、合作、领导、理解他人和处理人际冲突等方面的能力。

8. 内省智能

内省智能是指认识自我和理解自己情感状态的能力,包括自我评价、自我管理、自我意识和情感调节等方面的能力。

9. 存在智能

存在智能是指理解和处理自己和他人的内心状态和行为的能力,包括理解情绪、情感、人格、心理健康和社会行为等方面的能力。

这些智能之间是相互独立且相互协作的,每个人的智能结构都是独特的,可以通过教育和训练进行发展和提高。

根据多元智能理论,不同的智能之间可以形成不同的组合方式,可以影响个体的学习方式、兴趣爱好和职业选择等方面。以下是常见的智能组合方式。

1. 语言智能和数学逻辑智能的组合

这种组合方式适合从事与语言和逻辑思维有关的职业,如作家、编辑、记者、律师、工程师等。

2. 空间智能和肢体运动智能的组合

这种组合方式适合从事与空间和运动有关的职业,如建筑师、设计师、舞蹈家、运动员等。

3. 音乐智能和肢体运动智能的组合

这种组合方式适合从事与音乐和身体动作有关的职业,如音乐家、指挥家、舞台表演者、运动员等。

4. 内省智能和人际交往智能的组合

这种组合方式适合从事与人际交往和情感管理有关的职业,如教育工作者、心理咨询师、人力资源管理师等。

5. 自然探索智能和数学逻辑智能的组合

这种组合方式适合从事与科学和技术有关的职业,如科学家、工程师、数学家、计算机程序员等。

6. 语言智能、内省智能和人际交往智能的组合

这种组合方式适合从事与语言、人际交往和情感管理有关的职业,如教育工作者、社会工作者、管理者等。

每个人的智能组合都是独特的,了解自己的智能结构可以帮助人们更好地发掘自己的潜力和优势,选择适合自己的职业和学习方式。

多元智能理论的重要性和意义

多元智能理论出现后,立即吸引了教育者、研究者和政策制定者的兴趣,人们开始将多元智能理论融入教学实践,以提供更有针对性和个性化的教育。多元智能理论对于个性化教育具有重要性和意义,主要体现在以下几个方面。

1. 尊重个体差异

多元智能理论认为每个人具备多种智能,而且在不同智能方面存在个体差异。个性化教育将关注点放在每个学生的独特特质和能力上,充分尊重他们的差异性。通过理解学生的多元智能特点,教育者可以为每个学生量身定制学习计划,满足他们的个体需求,提供有针对性的教学方法和资源。

2. 促进全面发展

多元智能理论强调智能不局限于学术能力,还包括艺术、运动、社交等多个领域的才能。个性化教育基于这一理论,通过提供多样化的学习机会和活动,鼓励学生在不同智能领域全面发展。这有助于发掘学生的潜能,培养他们的多元智能,并促进个人全面成长。

3. 激发学习动机和兴趣

个性化教育根据学生的兴趣、偏好和学习风格设计教学内容和策略。多元智能理论提供了一个框架,使教育者能够更好地理解学生的兴趣和优势领域,并将其融入教学过程中。这种个性化的学习体验能够激发学生的学习动机和兴趣,使他们更加投入、积极地参与学习。

4. 培养自我意识和自信心

个性化教育,学生能够发现自己的才能,增强对自己的认知和理解。这有

助于培养他们的自我意识和自信心,提高他们对学习的积极态度和自主性。

5. 适应现代社会需求

现代社会对人才的需求日益多样化和复杂化,不再仅仅关注传统学术能力。多元智能理论提供了一种多样化的智能视角,使个性化教育能够培养学生在不同领域的能力和技能,以适应多样化的社会需求。这种能力包括创造力、问题解决能力、沟通能力、协作能力等,这些都是现代社会所需要的核心素养。

6. 个性化教育提高学习效果

通过个性化教育,教育工作者可以更好地满足学生的学习需求,提供有针对性的教学资源和策略。这样的个性化学习环境能够激发学生的学习兴趣和动力,增强他们的学习效果。学生在符合自身特点和需求的学习环境中更容易理解和掌握知识,提高学习成绩和终身学习的能力。

7. 促进积极参与和自主学习

个性化教育鼓励学生的主动参与和自主学习。多元智能理论认为每个学生都具有独特的学习方式和潜力,个性化教育能够提供学习任务和资源,让学生根据自身的学习风格和兴趣进行自主选择和探索。这样的学习过程能够激发学生的学习动机,培养他们的自主学习能力和自我管理能力。

综上所述,多元智能理论对于个性化教育具有重要的意义和价值。它强调个体差异、全面发展、激发学习动机、培养自我意识和适应现代社会需求。通过个性化教育,学生能够在符合自身特点和需求的学习环境中充分发展自己的潜能,提高学习效果和综合素养,为未来的成功和发展奠定坚实基础。

第二章
语言智能的绽放

我是个小"书虫"

青岛郑州路小学　三年级一班　李佳诺

我觉得自己就像一个小"书虫",因为每次看书时我总是能全神贯注。

之前的一次课间,同学们都兴冲冲地冲出教室去玩耍,只剩下我一个人坐在教室里。但我仍然坚守在座位上,拿出一本《红楼梦》,准备好好地阅读。正当我聚精会神地"啃"着《红楼梦》时,有人故意跺着脚走过去,但我并没有被他们打扰,仍然沉浸在书中。当然,也有同学故意放声大喊大叫,但我没有受到任何影响。因此,同学们知道我读书非常认真,就不再打扰我了。

还有,在图书室的时候,其他人都在大声喧哗,有些人看书的时候分心,而我则拿起一本童话书开始认真阅读。我觉得这本书越看越有趣味。我一直全神贯注地盯着书上的每个字。不一会儿,我已经把一本书看完了,小心地将它放回书架。接着,我拿起下一本书开始"啃"。就这样,整整四个小时过去了,我已经看完了四本一百页的童话故事书。图书管理员夸我是个小"书虫"。

回到家后,我还是拿起一本书继续阅读。两个小时过去了,妈妈叫我去吃晚饭,虽然我回应了一声"好的",但我仍然坐在原地一动不动。妈妈催促了几次,我都没有去吃饭,直到她进来看看,才发现我正在看书。她给我起了个外号,叫我小"书虫"。

哈哈,我真的非常热爱看书啊!

床头前的照片

青岛郑州路小学　五年级一班　耿慕真

每当我看见放在床头的那张照片，就想起那次升旗仪式来。

记得上二年级的时候，学校组织同学们观看《开学第一课》。那时康辉站在台上主持着栏目，他手里拿着提词板，却没有看一眼，在众人面前侃侃而谈。我十分佩服，心想：这也太厉害了吧，那么多要记住的台词，他连提词板都不需要。我也想成为这样的人。

转眼间我升入三年级，这个愿望也一直埋藏在我的心底。

一天，班主任老师把我叫到办公室，笑眯眯地对我说："下一周轮到咱们班主持升旗仪式了，最关键的就是主持人了，你想不想尝试一下？"我脑海里顿时浮现出高年级的大哥哥大姐姐站在台上的样子，我有点激动。成为主持人，这不是一直藏在我心里的梦想吗？我欣然答应。老师给我了台词，说："一定要把台词背熟，回家多练习几遍，加油！"我使劲点了点头，离开了办公室。

在接下来的一周里，我写完作业就准备台词。给爸爸妈妈背完，又给爷爷奶奶背，忙得我团团转。

终于到了升旗仪式的那天，同学们陆陆续续来到操场。看到这么多观众，我不由得紧张起来。这时我突然想到康辉，他主持时不仅要面对现场的观众，还要面对电视机前的观众，那可比操场上的人多多了。可他还是那么自如，我也一定可以。我给自己加油打气。同学们这时也都到齐了，老师给我做了个手势示意我可以上台开始了。我深呼吸一口气，走上了主席台。"大家好，本周的升旗仪式由我来主持，下面……"我主持得很顺利，老师给我拍了几张照片。

升旗仪式结束后，老师表扬了我，并帮我把照片打印了出来。从此，每次看到这张照片，我就仿佛还站在主席台上，主持着升旗仪式。

这张照片成为我珍贵的回忆,通过准备台词、练习演讲,我学会了如何运用语言来沟通和引导他人。我渐渐明白,语言的力量不仅在于表达思想,还能激发他人的情感和共鸣。

在我成为主持人的过程中,我学到了许多技巧。我学会了掌控节奏,用恰当的语气和声音传达信息。我学会了观察观众的反应,根据情况调整自己的表达方式。我学会了应对突发状况,灵活应变,保持镇定。

每当我面对新的挑战时,我总会想起那次主持升旗仪式的经历。这张照片是我前进的动力,它提醒着我,只要努力学习和不断锻炼,我就能够用语言智能创造更多的精彩时刻。我期待着未来,期待着用语言智能去开拓更广阔的领域,为世界带来积极的改变。

我是小小演说家

青岛明德小学　四年级一班　程佳琪

我喜欢站在演讲台上，尽情地抒发自己的情绪，喜欢绘声绘色地讲述跌宕起伏的故事。那么我是怎么一步步爱上演讲的呢？

演讲前的早上，当别人还在和周公下棋的时候，我已经迎着晨露开始读稿子，一遍又一遍地背诵。晚上，其他同学悠闲自在地看电视时，我还在练习表情和站姿。我跟妈妈抱怨说太累了，我不想去了。妈妈说给自己一次机会，一次就好。看着妈妈殷切的眼神，我妥协了。

为了增强表现力，完善演讲效果，比赛前夕，我在家模拟演出，爸爸妈妈充当我的观众。我昂首挺胸，滔滔不绝地开始讲述。妈妈大声喊停，说："一点感觉都没有，像倒豆子，让人听着犯困，提不起情绪来。"我小声嘀咕了一句："怎么可能，我觉得很好了。"妈妈没有再说什么，只是让我再来一次，并开始录音。讲完以后听着自己的录音，我默默低下了头，开始逐词逐句地增加情绪，融入自己演讲的故事中。

正式比赛的那天，面对台下那么多人，我突然变得很紧张，非常害怕，额头冒出了细细的汗珠。我的目光不自觉地望向妈妈，妈妈似乎看出了我的状态，微笑着对我伸出大拇指，用口型示意了两个字：自信。我拍了拍自己的胸口，紧紧地握了握双手。"对，要自信，我能行，我肯定行。"我在心里默念着。轮到我上场了，调整好情绪的我，面带微笑，胸有成竹地走上舞台，用抑扬顿挫的语调、丰富饱满的表情、大方得体的动作，成功完成了第一次的演讲。

走下讲台，我长舒了一口气，紧绷的眉头舒展开来。当我得到名次的那一刻，心情更是澎湃万分。回家后，妈妈给我看了比赛的视频，台上的自己让我自己都喜欢，自信的笑容熠熠生辉。

之后的我越来越喜欢站在台上，自信大方地展现自己，享受演讲带给我的快乐。

我发现，通过演讲，我能够影响他人，分享我的观点和感受，让人们思考和感动。这种能力让我更加自信，勇敢地表达自己，不再害怕站在公众面前。

我渐渐明白，演讲是一种传递声音的方式，它能够打破界限、跨越时空，与观众建立起心灵的连接。每一次演讲都是一个机会，一个去影响、启发和改变他人的机会。我想成为一个能够用自己的演讲改变世界的人。

未来，我将继续努力学习，不断提升自己的演讲技巧和表达能力。我期待着更多的演讲机会，去挑战自己，去探索更广阔的舞台。我相信，我是一个小小的演说家，我有无限的潜力，我将用我的声音传递正能量，让世界变得更美好。

台上十分钟，台下十年功

青岛郑州路小学　三年级一班　付茗涵

以前，"演讲"这个词对我来说一直比较陌生，只在电视上看过《超级演说家》节目，当时我就特别佩服在台上侃侃而谈的选手们。然而，最近的升旗活动给了我一次尝试和挑战的机会。

这一天，老师兴冲冲地走进教室对我说："下周一是我们班的升旗仪式，'国旗下讲话'的任务交给了你。"我接过演讲稿，看见上面密密麻麻一页纸的字，心里既激动又忐忑……

一回到家，我马上开始绘声绘色地尝试阅读，一遍、两遍……但读起来仍不够流利。这时，爸爸过来示范给我看，他有模有样地表演起来，夸张的表情逗得我和妹妹哈哈大笑，瞬间缓解了我沮丧的情绪。接下来，我一遍又一遍地练习读稿、练习语速、练习表情。为了更快进入状态，完善演讲效果，爸爸让我对着学习机讲，把过程录下来；还要我当着全家人的面模拟演练一次，尽管有些地方不够流畅，但还是得到了鼓励的掌声。

周一那天，我排队等待上台时，突然拿着稿子的手颤抖起来，好紧张啊！心跳加速，我立即调整心态，深吸一口气告诉自己要冷静。平复好心情，正好轮到我演讲了。我以声情并茂的方式讲完了稿子。走下讲台，长舒一口气，心终于平静下来，我做到了！

总之，这次让我深深体会到"台上一分钟，台下十年功"的道理了。演讲不仅需要能力和技巧，还需要强大的心理素质。

风景这边独好

青岛郑州路小学　五年级一班　丁　好

演讲已经风靡全球。以前,性格内向的我,一直对它"敬而远之"。但是前不久的一次演讲比赛彻底颠覆了我对演讲的看法。

瞧,家里的客厅里,我又开始绘声绘色地讲述着跌宕起伏的故事,准备着即将参加的演讲比赛……

在每次演讲前,妈妈都会主动给我示范讲一遍。只见她字正腔圆,表情自然,动作流畅。一篇下来,妈妈见我入迷,便趁热打铁地教我演讲,使我成为全校三千名选手中的一名大将,去参加比赛。

接下来,我开始了演讲的"魔鬼式训练"。每天早上,迎着朝阳开始读稿子。中午,当别的同学悠闲地在操场玩耍时,我还在一遍又一遍地背稿子。晚上,当别的同学还在悠闲地看电视时,我还在练习表情、记稿子……就这样周而复始,我完成了演讲的第一阶段:背稿子。

俗话说,"不打无准备之仗"。为了增强表现力,完善演讲效果,比赛前夕,爸爸让我模拟演讲。

我昂首挺胸地走向中央,滔滔不绝地开始讲了起来。刚讲了几句,就听到妈妈大声喊:停!停!停!她说我的表情僵硬,动作拘谨。尽管我有一百个不愿意,但还是乖乖地按爸爸妈妈的要求试讲了一遍。

晚上,我又"精益求精"地一遍又一遍对着镜子讲,不放过任何一个小细节。最终能够有感情地、流畅地背下来了。

"台上一分钟,台下十年功。"正式比赛那一天,我面带微笑,胸有成竹地走上舞台。"大家好,我演讲的题目是……"抑扬顿挫的语调,丰富饱满的表情,大方得体的动作,听众和评委频频点头,旁边督促的妈妈也露出了赞许的目光。

突然,正讲得津津有味的我,脑子一下子一片空白。

"糟了,要出事了!"我额头冒出了汗珠。正在危急时刻,耳边突然响起一个声音:"冷静,要冷静!"我若无其事地换了口气,一边环顾四周,一边苦思冥想。最后,我化险为夷,声情并茂地讲完了稿子。

走下讲台时,我长舒一口气,挥去头上豆大的汗珠,紧绷的眉头舒展开来。当主持人宣布我的分数时,我竟然得了一等奖!一种兴奋和激动扑面而来,骄傲和自豪感涌遍全身。

回家的路上,太阳已经吻住山峰,我情不自禁地对着美丽的夕阳说:"风景这边独好!"

我爱读书

青岛郑州路小学　代雨生

　　我爱读书,因为书里面有无穷无尽的知识;我爱读书,因为书里有好多的新奇奥妙的故事;我爱读书,因为书里的知识能读到脑子里,让我一通百通,一懂百懂。

　　记得有一次语文考试中阅读题可把我难住了,我一想这不就是一篇篇有趣的故事吗?于是我就仔细地读了两遍,没想到,那一段段文字就排着队似的把答案送到了我的眼前,让我一下子就理解了作者要表达的中心思想,这下做起来不费劲了。看到同学们羡慕的眼神,我得意极了。

　　通过不断努力读书,我的阅读理解能力越来越高。我发现读书非常有趣,每当我把阅读理解做好的时候,那种感觉非常快乐和满足。这种快乐激发了我更想读书的欲望。

　　读书也帮助了我很多,通过读书,我更加擅长理解文章所表达的内容。我可以利用阅读和理解能力更好地解决数学或者其他科目上的问题。比如应用题,相信很多同学很头疼吧,其实,你读明白了题目要求,很容易就知道怎么列算式,阅读和学科知识互相互相促进,相互支持,通过读书的训练,我的阅读理解能力越来越好。这些能力在其他学科中同样起到了积极的作用,让我在其他学科的学习中也取得了更好的成绩。

　　总之,我爱读书,我对读书的兴趣越来越浓了,我发现读书不仅带动了我语文学科的理解和写作能力,还带动了我数学学科的应用题的正确率。

　　我会一直认真读书,享受其中的乐趣和成就感!

我是写作小达人

青岛郑州路小学　四年级一班　张馨文

我是张馨文，今年读四年级啦！我特别喜欢写作，因为，我在读一些书籍的时候，看到那么多文学作品写得那么好，真的太羡慕了！我多想像他们一样，用笔墨去记录生活，用笔墨去抒发情感呀！于是写作就在我小小的心里的种下了一粒小种子，它似乎在慢慢发芽。

记得上一年级的时候，我的写作能力不是很好，看图说话也写不完。

我很着急，妈妈也很着急，怎么办呢？妈妈让我多读书，老师让我把好词佳句积累在本子上。渐渐地，我对写作文有了感觉，每当我读书看到好词佳句的时候，我都会用笔记下来，在我写作文时，我都可以用上这些好词佳句。随着看的书越来越多，积累的好词好句也是越来越多，作文也写得越来越好。

我发现，写作文就像烹饪美食一样，是一门艺术，也是一门科学。简单而美味的食物往往是最吸引人的，同样地，简单而有力的作文也是最能打动人心的。为了做出一道美味的菜肴，我们需要用心去寻找新鲜的食材，用头脑去思考烹饪的技巧，用眼睛去观察火候的微妙变化。同样地，为了写出一篇优秀的作文，我们也需要深入挖掘题目或主题的美，用心体会其中的情感和意义，用头脑去构思文章的结构和逻辑，用眼睛去观察生活的细节和人物的情感变化。只要我们像烹饪美食一样用心去写作文，就一定能够写出一篇篇引人入胜的作文，让读者回味无穷。

慢慢地，慢慢地，我的作文成绩逐渐提高，逐渐变得更加优秀。每次老师拿着我的作文在班里表扬，我的心里都充满了喜悦和满足。我明白，这是我在平时的学习和积累中不断努力的结果。我不断阅读、思考、练习，让自己在写作上不断提高。每一次的进步都让我更加自信和热爱写作，也让我意识到只有不断学习和进步才能取得更好的成绩。

怎么样,我都把写作方式给你找出来啦!你赶紧用我的方法学学看,你的作文也会很精彩的!

我是阅读小达人

青岛郑州路小学　四年级一班　潘佳琪

莎士比亚说过："书籍是全世界的营养品，生活里没有书籍，就好像没有阳光，智慧里没有书籍，就好像鸟儿没有翅膀。"读书是我的爱好之一。

小时候我喜欢听妈妈讲故事，上幼儿园我读带拼音的书，如今我可以阅读各种名著啦。

读书是我生活中不可缺少的一部分，因为是书让我明白了很多道理，是书让我感觉到了快乐，是书让我在迷茫的时候又重新找回了自信。我爱读书，它不仅可以让我快乐，还可以丰富我的知识，书可以让我不用迈出家门就能了解这个世界。

今年暑假，我沉浸在书海中，如《假如给我三天光明》《老人与海》《鲁宾逊漂流记》等。其中海伦·凯勒的自传《假如给我三天光明》让我感触良多。海伦·凯勒，一个原本健康快乐的小女孩，因一场突如其来的疾病失去了视力和听力，从此生活在黑暗和沉默中。然而，她并没有被困境击垮，而是在莎莉文老师的耐心指导下，凭借自己的毅力和智慧，逐渐打开了通往知识的大门。

海伦·凯勒的故事对我产生了深远的影响。她的经历提醒我，生活中的困难和挑战并不可怕，只要我们保持积极的心态，勇往直前，就一定能够克服困难。她虽然是一个既盲又聋的残疾人，但在莎莉文老师的帮助下，她不仅学会了识字、阅读，还成功进入了哈佛大学，这需要付出比我们正常人更多的努力和坚持。她的故事教会我，无论在何种情况下，都不应放弃希望，要始终坚信自己的能力和价值。

海伦·凯勒的精神和毅力是值得我学习的。她用自己的行动证明了，即使身体有缺陷，也可以拥有充实、有意义的人生。她的自传不仅给我带来了启示，也让我更加珍惜自己的健康和幸福。

在今后的生活中,我将以海伦·凯勒为榜样,不断努力提升自己,勇敢面对挑战,为实现自己的梦想而奋斗。我爱读书,书能丰富我的知识,开阔我的眼界。正如古人说的:"胸中无三万卷书,眼中无天下奇山水,未必能文;纵文,亦儿女语耳。"

学习歇后语，提高学生的语言运用能力，体会汉字深厚的文化内涵

青岛郑州路小学　王旭凤

【教学内容】

五年级下册《综合性学习：遨游汉字王国》，语文要素是"感受汉字的趣味，了解汉字文化"。此教学片段是引导学生在活动中发现汉字的特点和规律，切身体会汉字趣味。

【教学目标】

（1）了解歇后语的定义和基本特征，能够正确理解和运用歇后语。

（2）探究汉字的谐音和规律，加深对汉字音韵的理解和记忆。

（3）了解歇后语所涉及的文化背景和故事，体会汉字文化的深厚内涵。

（4）在活动中切身体会汉字的趣味，培养对汉字的兴趣和热爱。

【教学过程】

1. 导入（5分钟）

引入教学内容："今天我们将要学习一些非常有趣的汉字语言游戏，这些游戏叫作'歇后语'。"

通过展示一些经典的歇后语来吸引学生的注意力，如"狗咬吕洞宾——不识好人心""蝎子蜈蚣拜把子——毒上加毒"等。

2. 讲解歇后语的定义和特点（10分钟）

让学生尝试解释"歇后语"的含义，并给出正确的定义："歇后语是利用汉

字的谐音关系,通过把两个词语组合在一起,形成一句短语来达到幽默或智慧的目的的语言游戏。"

分析歇后语的特点,如语言简洁、字音谐趣、形象生动、富含哲理。

3. 探究汉字谐音规律(15分钟)

分组让学生合作探究歇后语中汉字谐音的规律,例如"外甥打灯笼——照旧(舅)",让学生尝试解释其中"舅"的谐音原理。

教师引导学生总结出汉字谐音的一些基本规律,如同音字、近音字、反义字等。

4. 感受汉字文化的丰富内涵(10分钟)

分析歇后语中所涉及的文化背景和故事,例如"梁山泊的军师——无(吴)用",让学生了解其中涉及的历史背景和故事。

通过讨论和互动的形式,让学生感受汉字文化的深厚内涵,增强对汉字文化的理解和欣赏。

5. 活动体验汉字趣味(20分钟)

分组让学生互相编制歇后语,并展示给全班同学,让同学们猜测其意义。

让学生在自己的作品中尝试运用汉字谐音规律和文化背景,增强对汉字的理解和记忆。

6. 总结(5分钟)

让学生回顾今天的学习内容和收获,分享自己最喜欢的歇后语。

强调学生通过学习歇后语体会汉字趣味和文化魅力,提高对汉字的认知和热爱。

【设计意图】

本节课,通过学习歇后语,探究汉字的谐音和规律,加深学生对汉字音韵的理解和记忆,能够正确理解和运用歇后语。歇后语作为一种特殊的语言形式,涉及多种智能方面:首先,提高学生的语言能力,歇后语中包含着大量的汉字谐音和多种语言规律,学生通过学习歇后语可以提高对汉字和语言的理解和运用能力,也可以帮助学生更好地掌握汉语的表达技巧和提高表达能力。其次,有效提高学生的想象能力。歇后语是一种具有幽默性和创造性的语言形式,学生通过学习歇后语可以提高想象力和创造力,培养独特的思维方式和解决问题的能力。最后,有效提高学生的逻辑思维能力,歇后语的构造常常需要运用逻辑思维,学生通过学习歇后语可以提高逻辑思维能力,培养对事物的分类、归纳、推理和判断能力。综上所述,学习歇后语不仅可以培养学生的语言能力、想象力和逻辑思维能力,还可以提高文化素养和表达能力,具有广泛的教育意义。

在续写、仿写诗歌中培养学生想象力

青岛郑州路小学　　王旭凤

【教学内容】

四年级下册第三单元综合性学习《轻叩诗歌大门》，本单元阅读语文要素是"初步了解现代诗歌的一些特点，体会诗歌表达的情感"。结合本单元学习，尝试通过续写、仿写等方式写一写诗，表达自己的感受，通过诗歌创作培养学生想象力。

【教学目标】

（1）培养学生的想象力和创造力，提高他们的写作能力。

（2）帮助学生克服想象力不足的问题，让他们在写作过程中更自由地发挥创造力。

【教学过程】

1. 谈话激发学生写诗的兴趣

"月明的园中，藤萝的叶下，母亲的膝上"，这是冰心永不漫灭的回忆，或许你也有难忘的记忆……艾青写《绿》，或许你也曾经看见过大自然许多奇特的画面……叶赛宁写《白桦》，或许你也会想写些其他的植物……在天晴了的时候，你曾经到哪里去走过？看到过怎样的雨后天晴的景象……诗，是我们内心情感的自然流露。此刻，就让我们静静地回想……或许你会想起某个事物、某个人、某段经历、某种情感——打开你记忆的闸门，尝试着写一首诗，人人都可以是诗人……

2. 小组合作交流：诗歌创作框架

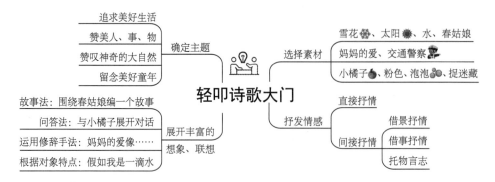

3. 范例欣赏

① 想起某个事物：

《我家的小院》

嘀嗒嘀嗒，雨点洒在我的小院里，石板地上的一排排小水坑，像镜子一样，映出我家小院的美丽。蒲公英的种子在风中飘来飘去，像小精灵一样在我家小院里跳跃，让人感到无比的快乐和幸福。

② 某个人：

《云之家》

云姐姐住在一个白色的云朵里，每天早上她都会起来为大地洒下雨露。她有一张好看的脸蛋，黑色的头发，漂亮的眼睛和一双红色的雨靴，让她看起来非常可爱。

③ 某段经历：

《海鸥与鱼》

海鸥飞翔在蔚蓝色的海面上，看到了游来游去的小鱼，于是它张开翅膀，像一道闪电一样冲向海面。小鱼看到海鸥的样子，非常害怕，但海鸥只是飞过去，没有伤害到小鱼。这段经历让小鱼更加珍惜自己的生命，也让海鸥学会了怜悯和宽容。

④ 某种情感：

《梦中的花仙子》

莉莉是一个小姑娘，她喜欢在花园里玩耍。有一天，她在梦中遇见了花仙子，花仙子告诉她，只要用心去关注花朵，就会感受到花的美丽和生命的力量。

从此以后,莉莉变得更加善良和关爱生命,她用自己的爱心照料花园里的花朵,让花园变得更加美丽。

4. 布置写诗任务

（1）写一首诗,表达你的真情实感。

（2）如果觉得困难,可以在摘抄的诗中选择一首,续写一两句,或者仿写一两段;也可以仿照"语文园地"的"词句段运用"中的两首短诗,用罗列事物的方式写诗。

（3）写完后读一读,改一改。

5. 学生写诗,教师巡视指导

学生在课堂上写诗,老师给予鼓励和提示。

6. 展示交流

教师发给每位同学三个"大拇指"贴纸,学生自主阅读交流墙上的诗歌,在自己为之一笑、为之心动、为之感怀的诗歌作品上贴上一个"大拇指"。

7. 总结

本课旨在通过创造力作文来培养儿童的想象力和创造力,这是加德纳多元智能理论中语言智能的一个重要子项。由于每个学生的发展都有个性差异,因此在儿童诗歌创作中,不能要求所有学生的创作结果一致。在本课中,教师通过营造创造力作文的环境,帮助学生克服想象力不足的问题。教师引导学生小组合作,探究诗歌创作的思路和框架,并从创作模仿开始,用为学生提供支架的方式,辅助想象和创作。在展示和交流环节,教师鼓励学生进行内省和自我反思,先让全体学生进行诗歌创作准备,再进行展示和交流,并最终帮助学生对自己的创作进行调整,实现自我修改、自我反思和自我完善的效果。

在课后延伸中根据兴趣点的不同向学生进行有效阅读推荐

青岛郑州路小学　曹　原

【教学内容】

《麻雀》是部编版语文教材四年级上册第五单元的一篇课文。本单元为习作单元,这一单元的语文要素是"了解作者是怎样把事情写清楚的""写一件事,把事情写清楚"。本文叙述了一只老麻雀在庞大的猎狗前面奋不顾身地保护小麻雀,使小麻雀免受伤害的动人故事。全文虽然不足四百字,但把事情的起因、经过、结果交代得十分清楚,且叙述生动,用词传神准确,读起来扣人心弦。通过课堂教学活动的实施贯彻,我们可以发现,学生在学习过程中呈现的学习状态也是不同的。当教师再梳理课文内容中,有的孩子会展现出优秀的文字提取特长,他们可以非常迅速地找到文章内容的逻辑性,将文章内容梳理清楚。有的孩子则能够透过文字产生共情,体会出动物间的感情变化。有的孩子则是更加关心动物的表现,去揣摩动物的习性。在完成教学目标的前提下,教师可以利用课堂生成和发现,向学生推送不同的阅读材料,让不同智能类型的学生都能找到自己感兴趣的阅读内容。

【教学目标】

正确认读"嗅"等7个生字新词;正确读写"嗅"等13个字和"打猎"等17个词语,并联系上下文理解"挓挲"等词语的意思。

能正确流利地朗读课文,简要概述围绕麻雀写了一件什么事;能说出这件事情的起因、经过和结果,掌握写清事情的起因、经过和结果的基本要求。

能找出与"老麻雀的无畏"和"猎狗的攻击与退缩"相关的句子,品读体会如何抓住看到的、听到的、想到的,把内容写得清楚。

【教学过程】

1. 指导老麻雀保护小麻雀部分

让学生在感受老麻雀奋不顾身保护小麻雀的同时,重点引导学生去发现哪些内容是作者看到的,哪些是作者听到的,哪些是作者想到的,从而为以后的指导习作打下基础。

2. 指导猎狗的攻击与退缩部分

指导学生在以后的写作文中不但要关注到自己的所见所闻,更重要的是要把自己想到的写下来,这样你的文章才会深入人心。

3. 学以致用,小练笔巩固所学技能

学习作者的写作方法,此环节的目的就是运用学到的范例来指导自己的写作。

4. 总结升华,对比阅读

出示原文结尾。通过原文的拓展,可以让学生更深入地把握文本,同时经过对比阅读,体会到加入作者"所想"可以让作品更丰满,更深入人心。

5. 作业补充,深化所学

课堂上,老师从不同的角度让学生在感悟文本的同时习得一定的技能,如通过看到的、听到的、想到的丰富文本型形象,通过对比阅读深入理解作者的写作意图。在此基础上,设计如下作业进行有效补充。

(1)完成课堂上的小练笔,注意抓住你看到的、听到的、想到的内容,把文章写得清楚、具体、精彩。

(2)推荐阅读:老舍的《小麻雀》、巴金的《鸟的天堂》、屠格涅夫的《猎人笔记》。

【设计意图】

1983年,加德纳和他的团队提出了多元智能理论。他们认为人类不仅具有语言智能和逻辑数学智能等传统智能类型,还具有空间智能、音乐智能、运动智能、人际智能、自我意识智能等多种智能类型。随着《新课程标准》的颁布和实施,人们越来越关注培养学生的综合素养,多元发展成为教育教学的新趋势。因此,在小学语文阅读教学中,我们可以尝试运用多元智能理论,调动学生多方面的能力,让语文阅读课堂变得更加丰富多彩。

那么,在小学阅读推荐中,如何根据学生的智能结构类型,有效地进行阅读推荐呢?例如,在教授《麻雀》这篇课文时,首先,在教学中依据单元主题和语文要素,确定本节课的教学目标,然后,依据目标进行作业的拓展延伸,设计了三个层次的推荐阅读作业。

第一项作业内容无疑是对本节课教学目标的检验,是检查学生语文要素掌握情况的反馈。第二个作业是基于学生课堂表现的延伸。

老舍的《小麻雀》主要可以满足学生对于麻雀习性的研究,但是在阅读的同时,学生也可以去体会语言文字之美,体会老舍先生在朴实无华的文字中流露出的对小麻雀的喜爱之情;巴金的《鸟的天堂》对于喜欢自然探索的学生来说,无疑是研究鸟类行为的一篇很好的阅读材料,学生在文章中除了感受鸟的天堂——大榕树的神奇,在潜移默化中也梳理了作者的写作逻辑与文字的运用;屠格涅夫《猎人笔记》的整本书阅读,对于对语言文字感兴趣的学生,无疑是一部满足他们更多好奇的随笔集,21篇小故事采用见闻录的形式,真实、具体、生动、形象,可以让学生阅读之余,拓宽更广阔的知识面。

综上所述,三个层次的文章推荐可以满足各个智能特长学生的需要,学生可以有选择地看,也可以全部阅读,而不管是以何种形式的选择,都是基于学生兴趣的基础上的,在满足基础兴趣的同时,潜移默化地推动了其他智能的发展。多元智能理论在阅读推荐中的应用可以帮助教师更好地了解学生的智能优势和兴趣点,从而个性化地推荐阅读材料,激发学生的阅读兴趣和学习动力。

结合汉字的演变历史，帮助学生更好地理解和记忆汉字

青岛郑州路小学　　曹　原

【教学内容】

通过"雀"字的造字规律,让学生明晰"雀"字的识记方法。

【教学目标】

能了解"雀"字造字规律,明白"雀"指的是体型小的鸟类;并能依据字义拓展相关成语,达到语言积累的目的。

【教学过程】

1. 引入

老师向学生提问:"有一种鸟呀,体型非常小,却很常见,你们想想是什么鸟？"学生思考一会儿后,回答出"麻雀"。

2. 探究

老师出示"雀"字的演变历史,解释:"我们的祖先是这样造'雀'字的,上

面是个小,下面是只鸟。这个字演变成现代文字后,就指的是体型较小的鸟。我们可以看到,'雀'字的上部分是一个小,下部分是一个鸟,这就是'雀'字的形体特点。"

3. 记忆

老师引导学生观察"雀"字的形体特点,帮助他们记忆这个字的含义。老师可以提问:"'雀'字的上部分是什么?"学生回答:"是一个小。"老师再问:"下部分是什么?"学生回答:"是一个鸟。"老师指着"雀"字的上下部分,让学生一起说出"小鸟",并帮助他们理解"小鸟"就是"雀"的意思。

4. 总结

老师和学生一起总结:"通过观察'雀'字的演变历史,我们可以记忆'雀'字的形体特点和含义,加深了我们对汉字文化的理解。"

5. 深化思考

老师引导学生思考:"汉字是一种非常特殊的文字,你们认为为什么要了解汉字的演变历史呢?"学生们可以结合自己的经历和体验,深入探讨这个问题。

【设计意图】

"雀"字是一个古老的汉字,其形体演变历史可以追溯到甲骨文时期。在不同历史时期,这个字的形体经历了多次变化。

在甲骨文时期,"雀"字的形体是一个上面有两个点,下面有一个点的图形,象征着一只鸟儿。

随着时间的推移,隶书时期的"雀"字形体开始逐渐变化。在隶书时期,"雀"字的形体变得更加规范和工整,上面的两个点和下面的一个点都变成了竖直的线条,下面的线条稍微长一些,表现出一只鸟儿的样子。

在楷书时期,"雀"字的形体更加简洁明了,上面的两个点和下面的一条线变成了一条连续的曲线,上面的曲线稍微弯曲,表现出一只小鸟的形态。

根据上述的演变历史,可以总结出一些汉字造字规律。

(1)汉字的形体变化具有历史渊源性,形体的演变与时代的变化息息相关。

(2)汉字的形体演变通常是由简化到复杂,或者是由复杂到简化的过程。

(3)汉字的形体演变通常是经过多次调整和修饰的过程,每一次的调整都反映出当时人们对于这个字的认识和理解的变化。

结合汉字的演变历史可以帮助学生更好地识字,因为汉字是一个非常特殊的文字,其形体与含义之间存在着密切的联系。通过学习汉字的演变历史,可以帮助学生了解汉字的形体演变和含义变化的关系,从而更好地理解和记忆汉字。

　　具体来说,通过了解汉字的演变历史,学生可以学到以下知识。

1. 掌握汉字的规律性

　　汉字的形体演变具有一定的规律性,了解这些规律可以帮助学生更好地理解和记忆汉字。例如,在学习"雀"字时,了解其演变历史可以帮助学生记忆该字的形体特点,如上下结构、曲线造型等。

2. 深入理解汉字的含义

　　汉字的含义与其形体有密切的关系,通过了解汉字的演变历史,学生可以深入理解汉字的含义。例如,在学习"雀"字时,了解其演变历史可以帮助学生理解该字与鸟类相关的含义。

3. 增强识字的记忆效果

　　通过了解汉字的演变历史,学生可以将汉字的形体和含义联系起来,从而更容易记忆和识别汉字。例如,学生可以通过记忆"雀"字的形体特点和含义,来更好地识别和记忆该字。

　　因此,结合汉字的演变历史,可以帮助学生更好地理解和记忆汉字,提高其识字水平。

解析绘本阅读,发展语言文字智能

青岛郑州路小学　郑　陆

【教学内容】

绘本阅读 *Ant and the Baby*。

【教学目标】

(1)学生能理解故事内容。

(2)学生能正确朗读故事。

(3)学生能初步感知绘本阅读的总体方法。

(4)学生能仔细观察图片。

(5)学生能在绘本阅读中发展自然拼读的能力(指着读,大胆拼)。

(6)学生能根据绘本图片猜测词义。

(7)学生对绘本阅读有初步的兴趣。

(8)学生愿意模仿录音,能大声朗读。

【教学过程】

Step 1　Warm up：♫ Sing a song "Phonics song"

Step 2　Focus phonics

1. Review the sound of the letter "a"

T：Can you tell me some words in which "a" says / æ /?

T：Let's read together. （边读边做动作）

2. Spelling game for "a"

T：Good job，boys and girls. You know the sound of the letter "a". And now, "a" meets his friends. What do they say? Let's play a spelling game.

3. Review the sound of the letter "a — e"

4. Review the sound of the letter "o"

5. Learn the sound of the letters "all"

Teach: all — all — all. Teach: ball.

T: Let's play a ball game. Who catches the ball, please try to spell the word. Let's read "ball" together.

Spelling game

6. Sight words practice

T: What is sight words?

T: The sight words we're going to learn today are:

come, and, see.

Game: Quick respond of the sight words

Rules: When you see the sight words, please read them loudly. When you see the jumping tiger, you jump up and say: "Tiger!"

Step 3   Story time

1. Before reading

1）Getting ready

T: Boys and girls, we're going to read a story now. Before reading, let's say a chant:

One, two, three,

it's time to read.

Open your book

and have a look.

Shh! It's story time!

2）Cover reading

Question1: What's the name of the book?

Ant and the Baby

Question2: Who's the writer of the book?

Tony Bradman. He's from the UK.

Jon Stuart drew the pictures.

Question3：What can you see on the cover?

a. Front cover：

You can see a boy and a baby. What's the boy's name? Please read P2 and find out the answer.

He's Ant.

What's Ant like?

What do the students want to do? Guess!

They want to see the baby.

T：Look at the back cover. Can you see Ant now?

No. where is he?

He's behind the students.

How can Ant see the baby?

2. While reading

1）Try to read loudly by themselves and get the main idea of the story

（强调指着读、大胆拼,教师巡视,给予帮助。）

2）Choose and say（活动用书 P3）

3）Read picture by picture

4）Read after the tape

5）Read together（强调指读）

3. After reading

1）Read the story in groups

a. Read together

b. Read after one

c. Read one by one

2）Look and number

Work in pairs and discuss

Number

Try to retell according to the pictures

3）Think and answer

Why Ant cannot see the baby?

He's too small.

Why Ant want to see the baby?

The baby is lovely.

How is Ant? Is he clever?（可用中文说）

Yes.

4）Extension

a. Chant and play

b. Sing a song：Now tall，now small

Listen the song two times.

Read the song. Teach new words. Sing together.

【设计意图】

绘本的文本解读方法what，why and how是解读一般文本的三个关键角度，在绘本的解读方面我们可以将其细化为以下六个环节。

1. 看梗概

看梗概的时候需要关注：故事讲了什么？脉络是什么？有什么寓意？老师自己先将故事梗概、脉络梳理清楚，体会出故事的寓意，才算是做好了教学设计的基础工作。

2. 看细节

看细节的时候可以关注：作者用了怎样的表现手法？故事情节有哪些细节？图片中又有哪些值得注意的细节？教师可以通过关注细节分析文本主题是怎样呈现出来的，并且一定要将绘本的图、文结合起来看主题是如何呈现的。

3. 看背景

看背景主要是了解故事的创作背景和作者意图。并不是每个故事都有背景，但教师要有了解故事背景的意识。不知道故事的背景也没有关系，可以通过集体备课、网络搜索来了解作者还写过什么故事。例如，有位老师在讲绘本时，会搜集作者创作的所有故事，用心去了解这个作者写作风格是什么、写过什么书，这对她的整体教学很有帮助。她推荐学生阅读同一作者的其他绘本，以期更好地打开学生的思路。

4. 勤联想

勤联想主要是指将故事与现实生活联系起来。*My Dad* 绘本可以使我们联想到我们自己的父母,还可以联想到如果我们想要表达对父母的爱,会通过什么方式去呈现。作者选择了太阳,选择了温暖的颜色,选择了点滴小事,如果学生想去表达,会从哪些方面、哪些角度去表达这样一份爱?这对学生的创造力有一定的启发。

5. 补空白

故事中的留白(包括人物对话、心理活动、情节等)有哪些?如何补充?老师阅读故事时需要留意的,就是这个故事当中还有哪些是作者留下的空白,然后可以想办法让学生去填补空白,这就制造了学习机会。如果只教句子,可能就会限制学生的学习机会。比如,我们可以让学生去思考故事中人物的所思所想、可能说的话、可能会采取的办法等。

6. 多提问

教师在解读绘本时要多提问,比如,看看故事有哪些不合理的地方?还可以有哪些不同的理解或不同视角?老师自己一定要有提问的意识和能力,这样才能在教学中提出有质量的问题,学生才能基于问题拓展思维,从而发展学生的语言文字智能。

畅游童话世界,我是小预言家

青岛郑州路小学 仲瀚雯

【教学内容】

三年级上册第四单元以如何通过"边读边预测"为关键问题,依托"我是小小预言家"这一主题情境,设置学习任务群,教学《胡萝卜先生的长胡子》一课。

【教学目标】

(1)能说出这个故事的主要内容,了解这篇课文与上一篇课文不同的呈现方式。

(2)知道"预测"就是要有依据地猜想和推测,能根据题目、插图、内容、生活经验等进行预测。

(3)能和同学主动交流自己的预测结果,并对同学的预测进行评价。

【教学过程】

1.创设情境,巩固预测能力

(1)板贴胡萝卜先生。

同学们,谁来了? 胡萝卜先生从故事里走出来了,走进我们的课堂,你欢迎他吗?边说边画,胡萝卜先生很有特点,他有着长长的胡子。(画胡子)

(2)预测故事内容。

你看到胡萝卜先生和他的长胡子,你能预测一下故事内容吗? (想象力真丰富)明确题目中的关键词语是帮助我们进行预测的关键信息。

(3)回顾预测方法。

借助题目,借助插图,联系上下文,借助生活经验,借助阅读经验。

（4）引出主题。

这节课我们将继续运用这些预测方法，到童话故事《胡萝卜先生的长胡子》里，看看谁是出色的小小预言家！（板贴课题）

2. 尝试预测，输送阅读支架

（1）老师强调。

看到胡萝卜先生的长胡子，那你们预测一下，故事会藏在哪里呢？（胡子）

（2）借助关键词，自主预测。

围绕着长胡子会展开什么故事？这就需要我们边读边寻找预测依据，进行预测，下面请同学们自主完成预测单后小组交流，注意以下两个要求。

要求：① 选择喜欢的段落，依据内容，借助插图、生活经验等方法进行预测，完成自主阅读预测单。

② 借助下面的小妙招，做好交流准备。

我通过_____，我预测_____，我预测的依据是_____。

《胡萝卜先生的长胡子》自主阅读预测单

题目	\multicolumn{4}{c}{胡萝卜先生的长胡子}
情 节	相应段落	预测依据 （抓关键词句）	预测结果	预测依据
	1	发愁		
	2			
	3			
	4			
	5			
	6			
	……			
结局				

（3）全班交流。

重点引导学生说一说预测的依据。（评：一边读，一边预测，能更好地帮助我们理解文本的意思）

（4）学生预测后，追问：长胡子怎么可以当风筝线啊？出示图片，观察对比，追问：你是怎么发现的？明确预测可以借助插图。

（5）感受情节中的反复。

接下来胡萝卜先生又遇见谁了？（鸟太太）

预测鸟太太的故事，为什么长胡子可以晾尿布，学生交流。启发学生在编写故事时既要有想象力，也要依据事物之间的相似点，合理想象。

请你对比小男孩和鸟太太的故事，找相同点，聚焦"胡萝卜先生的胡子刚好在风里飘动着"，体会编写故事时要抓住叙事线索。

（6）学习、修正、预测。

胡萝卜先生走到一个地方，遇见一个人，就会发生一些有趣的事情，有的事情和我们预测的一样，有的不一样，很多同学发现了这个问题，有两位同学专门进行了梳理，我们一起来看一看，出示小伙伴的话，指名读一读，并追问：通过这两位同学表达的观点，关于预测，你又有哪些新的认识？

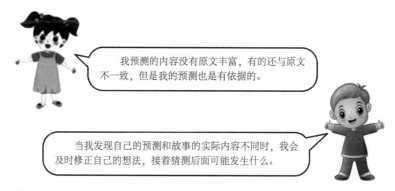

我预测的内容没有原文丰富，有的还与原文不一致，但是我的预测也是有依据的。

当我发现自己的预测和故事的实际内容不同时，我会及时修正自己的想法，接着猜测后面可能发生什么。

3. 升华预测，发散预测思路

（1）发散预测。

胡萝卜先生继续向前走，关于长胡子的故事还有很多很多，他的长胡子还会有什么奇遇？请大家都来做小小预言家，预测长胡子的历险记。

小组合作:试着用这样的话来说一说,请小组长把长胡子的用处写下来。

续写要求:① 故事合情合理;② 想象内容丰富、新奇。

(2) 搜集各小组的板贴,展示在黑板上。

(3) 指名上台分享,鼓励学生从三个维度进行评价。

语言表达通顺	得★
预测内容有理有据	得★
想象内容丰富、新奇	得★

(4) 创造性预测。

你们想不想知道故事的结局?胡萝卜先生总归是要走到终点,他的终点在哪里?这个故事又是如何收尾的?学生预测。

(5) 教师出示原文。

你猜到这个结局了吗?如果让你给作者打分,你打几分?说明理由。

启发学生:长胡子从刚开始帮助别人,最后成功地帮助了自己,帮别人就是帮自己!

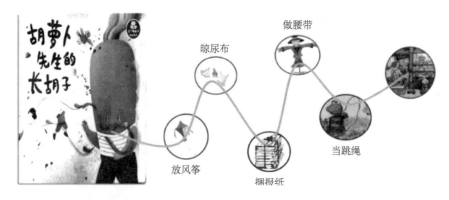

（6）小结。

同学们，长胡子的历险记到这里就结束了，但我们的预测之旅还在继续，有理有据，合理想象，让我们的预测更精彩！

4.巩固预测，完成课后习题

（1）出示课后习题：读读下面这些文章或书的题目，猜猜里面可能写了什么？

（学生预测过程中送书，激发学生阅读兴趣）

（2）作业超市：两个作业任选其一。

① 阅读《爷爷一定有办法》，根据爷爷把破毯子变成外套、背心这两个故事情节，预测爷爷还会把背心变成什么，试着用文本中的表达方式来预测故事情节。

② 阅读《我是霸王龙》前半部分内容，根据爸爸妈妈与小翼龙对话的细节，预测当霸王龙遇到小翼龙，会发生什么，故事的结局会怎样？

【设计意图】

通过处理语言信息和表达语言的策略，培养学生在说、听、读、写、表达和理解语言等方面的能力。多方面、多角度地提供学习支架，降低学生学习的难度。导入环节由板贴激发学生学习兴趣，引导学生回顾预测的方法，巩固预测能力，并为整堂课的阅读预测奠定基础。在自读环节中，提供了自主阅读预测单，交流时又给学生提供了交流的小妙招，学生从独自思考到小组合作交流，不断拓展预测能力。为学生提供多样化的表达方式，包括口头表达、书面表达和故事讲述，展示他们丰富多彩的语言表达能力。能够以生动的语言和表情吸引听众的注意力，并带领他们进入故事的世界。

学生小组合作续写故事，培养学生创造力和想象力，在构思和描绘独特而有趣的故事情节和人物形象中提升学生的语言能力。发散预测思路，同时结合新课标所倡导的拓展型学习任务群，引入整本书阅读的概念，在课堂上向同学们展示原书的故事结局，升华情感，让这堂课的主题得到升华。

落实预测,让学生抓题目中的关键字进行预测。同时,在作业超市中向同学们推荐了《爷爷一定有办法》和《我是霸王龙》这两本绘本,并提出关于阅读的要求,增加了课堂的厚度与广度。让学生多层次理解,提升学生的阅读能力。

借助思维导图,提高学生语言智能

青岛郑州路小学　王　丽

【教学内容】

通过抓住关键词句,帮助学生借助阅读支架——思维导图的形式梳理文章主要内容。

【教学目标】

(1)能有感情地朗读课文,通过抓关键词句的方法了解西沙群岛是一个风景优美、物产丰富的可爱的地方,激发学生热爱祖国的情感和民族自豪感。

(2)通过绘制思维导图为支架,学会运用抓关键词句的方法进行推荐,并尝试向爸爸妈妈推荐西沙群岛。

【教学过程】

教学片段1:围绕关键词句,感受优美风景

这次西沙群岛之行,你对西沙群岛的哪方面比较感兴趣,是风景还是物产?旅游公司依据大家的兴趣给我们推荐了两条线路自助游。

海景观光和海岛探宝,大家想先去哪条线路看看?大部分同学都想先去看看海景,那走,咱们先去找一找,西沙群岛上都有哪些美景?

(1)海水。

① 学生抓住表示颜色的词(深蓝的、淡青的、浅绿的、杏黄的)感受海水的颜色美,并指导朗读。

② 对表示颜色的词语进行拓词练习。

小结:作者在介绍海水的时候,用上了这些表示颜色的词语,让我们仿佛看到了各种颜色的海水,真是美极了。

③ 指导学生读出"海水的美"。

④ 知道为什么会这样吗？学生用"因为……所以……"进行说话练习,理解海水五光十色、瑰丽无比的原因。

⑤ 圈画概括出西沙群岛海水特点的词。

相机板书:五光十色、瑰丽无比。

⑥ 借助图片,配乐朗读。

小结:在刚才的交流中,我们抓住五光十色和瑰丽无比这两个关键词,感受到了西沙群岛的风景优美。

板书:抓关键词。

（2）海鸟。

① 学生抓住"西沙群岛也是鸟的天下",感受景色优美。

板书:海鸟。

② 为什么说这是鸟的天下？学生交流这一段四句话之间的紧密关系:正是因为树多,鸟才多,鸟多,鸟蛋和鸟粪才多,这些宝贵的肥料又滋养着这片树林更加茂盛,也吸引了更多的鸟。

③ 学生发现这一段都是围绕着"西沙群岛也是鸟的天下"这一句话来写的。出示课文中的泡泡提示,这一句是这一段的关键句。后面的句子都是围绕这个关键句来写的。

板书:抓关键句。　　　　　板书:西沙群岛也是鸟的天下。

小结:写作的时候,我们也可以用上这种方法,先写一个关键句,再围绕这个句子去详写。

（2）海底。

① 学生抓住各种各样的珊瑚感受景色美,理解各种各样的意思,借助照片进行说话练习。

② 学生抓住成群的鱼儿穿来穿去感受美,并通过朗读,感受海底的鱼儿为西沙群岛增添了生机,使其景色更加优美。

板书:海底。

总结:在海景观光的同时,我们绘制出了思维导图,在这个思维导图中,抓住关键词和关键句,把游览的地点以及景色的特点进行梳理,可以更加直观地感受到西沙群岛风景的优美,这真是学习的好办法。

教学片段2：借助思维导图，梳理物产丰富

接下来就我们就用思维导图，小组合作，自助游览海岛探宝这条路线。

出示合作学习要求：

① 4人组成一队，组长负责组织和分工。

② 运用抓关键词句的方法，根据课文内容尝试完成思维导图。

③ 合作时间：5分钟。

（1）学生交流展示。

小结：你们小组在探宝的过程中，也绘制出了思维导图，运用抓住关键词和关键句的方法，梳理出海岛探宝这条路线上丰富的物产，真会活学活用。

（2）在刚才的探宝过程中，你印象最深刻的是什么？

（3）品读鱼的数量多、种类多，抓住"有的……有的……有的……"感受鱼的种类多，并抓住"一簇红缨""圆溜溜""像皮球一样圆"等词感受作者用词的巧妙、恰当。

（4）借助图片，进行句式训练。

鱼成群结队地在珊瑚丛中穿来穿去，好看极了。有的_____；有的_____；有的_____。各种各样的鱼多得数不清。

总结：同学们的想象力真丰富，生动形象地描绘出了西沙群岛上各种各样的鱼。我们抓住关键词和关键句体会到了西沙群岛的风景优美和物产丰富。在阅读的时候，运用这种方法可以帮助我们更好地理解这段话的意思。

（5）欣赏了海景，探寻了物产，现在让我们背起行囊，一起去西沙群岛看一看。播放视频，引读第六自然段。

小结：同学们，作为祖国的花朵，我们要好好学习，把祖国建设得更加美丽，更加繁荣富强。

【设计意图】

本课创设"海岛自由行"的任务情境，在游览海景观光这一路线的过程中，抓住关键词句去感受西沙群岛的风景优美，并向学生输送阅读的支架——思维导图，为后面感受西沙群岛的物产丰富提供学习方法，进而提高学生借助语言思维、运用语言表达的语言智能。

首先，教师通过扩词练习帮助学生积累表示颜色的词语，通过句式练习、朗读指导等环节引导学生有效地运用口头语言来表达自己的想法，提高学生的语言表达与运用能力,进而学生的语言智能得到了发展,这也为本单元的习作奠定基础。

接着,通过小组合作学习的方式,将课堂放手给学生,以绘制思维导图为支架,学生借助海底探宝这条路线,运用抓住关键词句的方法感受西沙群岛的物产丰富,在合作学习的过程中锻炼了学生的协作能力、语言表达能力,通过语言思维的碰撞,对文本进行解读、思索、比较,学生在讨论和交流的语文实践中提升了语言智能。

第三章
数学逻辑智能的绽放

购物问题中的数与计算

青岛郑州路小学　五年级一班　刘益一

生活中处处有数学,生活离不开数学。数学为生活带来便利与快捷,特别是在购物时数与计算发挥着重要作用。

从买早点说起。我点了一碗豆腐脑3元,一个茶叶蛋2元,两个肉包子,每个2.5元;妈妈点了一笼蒸饺9元,还点了一碗小米粥2元;爸爸点了一个肉包子,一个肉饼3元,和一个茶叶蛋。我们一家人吃得饱饱的,一共花了28.5元。

再说超市购物。我和妈妈一起去超市买东西,超市里人山人海,热闹非凡。经过一番挑选,妈妈选出了6件想要购买物品,它们的价钱分别是4.2元、6.9元、3.7元、5.8元、3.1元、6.3元。妈妈说:"如果想把所有东西买走,就必须在30秒钟内把所有东西的总价算出来,算不出来的话,就不买了。"

我一听,顿时紧张起来。心想:"我怎么能算那么快?"突然我想到一个好办法。多亏我在四年级的时候学过简便计算,我算来算去,最后得出答案是30元。妈妈诧异地说:"你怎么算得那么快?"我得意地说:"4.2 + 5.8 = 10,6.9 + 3.1 = 10,3.7 + 6.3 = 10。三个10相加就是30。"妈妈微笑地说:"真行啊,你居然能把学到的知识用到实际中?"我说道:"那是当然的。这样我就如愿以偿地买了我喜欢的东西。"

原来生活中处处都是数学,数学离不开我们的生活,我们的生活离不开数学。

有趣的量与计量

青岛郑州路小学　五年级三班　程思诚

　　生活中有许多有趣的数和量,它们与我们的生活密切相关。如果你仔细观察,生活处处充满乐趣。

　　有一次去奶奶家,奶奶要泡普洱茶喝。按照奶奶的习惯,她会先烧水 10 分钟,再清洗茶壶、茶杯 10 分钟,泡茶 2 分钟,最后倒茶 2 分钟。我想,这样算下来总计 24 分钟,太浪费时间了。我灵机一动给奶奶出了个好办法:将烧茶的时间合理运用来清洗茶壶和茶杯,这样就可以节约很多时间。按照奶奶的想法,喝个茶我们需要等 24 分钟,但用了我的方法节约了 10 分钟。奶奶直夸我是一个数学小天才。这就是生活中对时间的合理统筹应用。

　　还有一次,我和妈妈在超市里买矿泉水的时候,我注意到所有的矿泉水瓶上都标记着字母 L 或者 mL。我把这个问题告诉了妈妈,妈妈说这表示升和毫升,是容积的计量单位。后来,我通过查找资料了解到,升和毫升一般用于表示液体的体积,1 升等于 1 000 毫升,1 毫升等于 1 立方厘米,1 升等于 1 立方分米。而 1 立方厘米就是棱长为 1 厘米的正方体所占空间的大小,大约是一个花生米的大小;1 立方分米就是棱长为 1 分米的正方体所占空间的大小,大约是一个粉笔盒的大小。

　　量与计量给我们的生活带来了便利,让数据变得可测可量。只要我们有着发现的眼睛和对数学问题探究的兴趣,就会感受到量与计量世界的奇妙。

数　字

——顽皮的小精灵

青岛郑州路小学　五年级一班　李彦熙

数字这群小精灵,在我们的生活中无处不在。当你没有注意到它们时,它们就会躲在某个角落里呼呼大睡;当你注意到它们时,它们又会跑出来在上空飞舞。

我家所在的洛阳路街道是青岛市较大的街道之一。有一次我和妈妈到街道办事处办事,正当我百无聊赖地看着宣传栏时,一个数字让我震惊不已:"洛阳路街道占地面积 1.5 平方公里。"洛阳路街道才 1.5 平方公里? 怎么可能? 我锻炼时绕着广场跑 3 圈就跑了 3 公里。我突然想起前几天数学课上学到的面积公式:$s = ab$。办事大厅里挂着的洛阳路街道辖区图看起来近似方形,那么从我家到纺织谷的距离约为 1.3 公里,从学校到市场的距离约为 1.2 公里,$s = ab = 1.3 \times 1.2 = 1.56$ 平方公里。"真的是 1.5 平方公里!"我的欢呼引起了旁边人的侧目,我吐吐舌头感到有些不好意思,但内心仍然沉浸在数学的世界里。

还有一次,我和爸爸去大市场买菜时,突然听到不远处传来了"奥特曼卡片九毛九一张! 十张九元!"的叫卖声。要说奥特曼卡片,那可是我们小孩最喜欢的虚拟英雄形象了,我也不例外。虽然不准备买,但我仍然非常喜欢看。我赶紧跑过去,仔细地观察起那五光十色、形态各异的奥特曼卡片。耳边又响起"奥特曼卡片九毛九一张! 十张九元!"的叫卖声,我突然发现了不对的地方:一张卡九毛九,十张应该是九块九啊,怎么是九元呢? 阿姨是不是算错了? 少收了九毛啊! 我赶紧把我的想法告诉了阿姨,阿姨笑了笑,说:"小朋友,我们这是在搞促销活动呢！这样你们可以少花钱,我也可以多卖点啊！"我恍然大悟:数学不仅有严谨、精确的一面,在生活中的某些场合,稍微模糊一点还可以让我们的生活更精彩。

生活中处处都有着数字精灵们等着我们去寻找,让我们留意生活,抓住那些藏在角落里的小精灵们吧！数字——顽皮的小精灵。

生活中的数学

青岛明德小学 四年级三班 李正阳

数学是生活中的一部分,数学与生活息息相关。下面我就讲一讲我在生活中发现的数学小秘密吧!

今天上体育课时,体育王老师组织同学们绕操场慢跑热身。就在我跑得大汗淋漓的时候,头脑里突然冒出一个问题:学校操场这得有多大呀?沿着操场边缘跑一圈,有多长呢?课后,我跑过去问体育王老师。老师微微一笑,说:"我可以给你提供一组数据,学校操场的宽是 23.31 米,长是 76.69 米。接下来的问题就由你自己来解决吧!"我低下头,若有所思地小声嘀咕道:"要求操场有多大就是求操场的面积是多少,应该就是 $23.31 \times 76.69 \approx 23 \times 77 = 1\,771$(平方米)。"我继续追问:"王老师,可操场看起来并不是一个规则的长方形,在操场的两端还各有一个半圆呢。要想算出操场的面积,就应该用中间长方形的面积加上两个半圆的面积或者是加上一个圆的面积;要求操场有多长也就是求操场的周长是多少,而操场的周长中包含两条长和一个圆的周长。"王老师对于我的分析表示赞同。可对于四年级的我来说,还没有学习圆的面积和周长的计算方法。我想这也难不倒我,可以查资料,也可以向高年级的哥哥姐姐求助。我选择了第二种方式,向高年级的同学们求助获取圆的面积和周长的计算方法。学校数学训练营的大哥哥不仅教会我如何求圆的面积(圆的面积 = 3.14 × 半径的平方)和圆的周长(圆的周长 = 3.14 × 直径),还教会我如何将圆转化为长方形来推导计算公式。最终,我计算出操场的面积大约是 2 198 平方米,操场的周长大约是 226.22 米。这次的数学探秘可谓收获非常大!

其实,数学在生活中还有很多用处,比如买东西算账、计算机编程、做桌椅买材料、做饭中的营养搭配等。伟大的数学家华罗庚曾经说过:"宇宙之大,粒

子之微,火箭之速,化学之巧,地球之变,日用之繁,无处不用数学。"数学就是
这么有趣,数学在生活中无处不在,我喜欢数学,热爱数学。我们要勇于探索数
学,它会让你体会到前所未有的乐趣。同样,它给我们的生活带来了许多便利,
我们应该更加努力地学好数学!

关于数与量的浅思考

青岛郑州路小学 四年级一班 韩启鸿

日常生活离不开数量。数指的是数字，很容易理解，而量不仅仅是常规意义上的重量，还可以指某种计量容积的器具或者用器具确定物体的多少、长短或其他性质。比如说：1 平方米、10 度、5 千克等。

这样看来，数与量结合在一起，应用于生活的各个领域、方方面面，给我们带来极大的便利。我们去超市买食物，外包装上明确注明了数与量，有重量克，有成分含量毫克，还有表示热量的千焦，等等。这样方便我们购买符合自己要求的食物；在购买衣服和鞋子时，我们要看尺码，这样穿起来才会合身；我们出门导航时，不同的路线会有时间和距离标识，这样方便我们选择最佳路线。数与量的例子太多了，数不胜数，数与量与我们的生活密不可分。

正是因为生活中充满了数与量，所以我们要善于观察，认真区分，正确运用数与量，否则也会给我们带来麻烦。生产制造、建筑行业、航空航天等需要非常精确数与量的领域，一旦出错，就会带来巨大的损失。这就是所谓的"失之毫厘，差之千里"。

因此，我们要好好学习知识，正确运用数与量，让它们给我们带来更大的作用。

解题与破案的秘密

青岛郑州路小学　　五年级三班　　姚佳兴

每个人都有自己独特的能力和优势,有的人擅长语言表达,有的人善于音乐,还有些人擅长自我反思和人际交往。而我的优势是数学逻辑智能。

为什么我这样说呢?让我为你举例说明。在一次考试中,有一道题要求我们找出一组数的规律:2、6、14、30,然后找出下一个数。我认真地思考了这几个数之间的关系,终于发现了规律:每个数都是在前一个数的基础上加1,然后再乘以2。所以,下一个数应该是62。当我解出这道题时,我对自己的解题能力感到特别自豪。

我的推理能力不仅仅表现在解数学题上,还表现在破案上。有一天,妈妈买了一大堆冰棍放进冰箱里,并叮嘱我要告诉表妹今天不要吃太多冰棍。我答应了妈妈的要求,但突然发现我们家没有作业本了,于是我只好去超市买。在离开之前,我仔细观察了冰箱里冰棍的摆放角度和方向,然后匆匆忙忙地离开了家。

当我回来后,我问表妹:"你是不是吃了两根冰棍?"她的头摇得像拨浪鼓一样摇了两下。我看着她手上黏糊糊的,嘴巴红红的,每次说话还冒出一口冷气。然后我注意到冰箱里的冰棍不仅少了一根,还有一根的角度有些变化。再看她的脚丫,发现上面有一块脏兮兮的白色,因为她不知道我走之前在地板上放了块与地板颜色相同的白色物品。

我像个小福尔摩斯一样,用放大镜仔细观察了垃圾桶,发现有两个与雪糕包装相同的包装纸。通过这些线索,我推理出表妹吃了两根冰棍。我笑了笑,以一种冷静自信的口气对她说:"吃冰棍没关系,但要适量吃,撒谎可不对哦。"她支支吾吾地回答:"我……是……吃了……两根。"我笑了笑,你逃不过"侦探姐姐"的观察力的！她挠了挠头,害羞地笑了笑。

　　每个人都有自己独特的才能和优势,而我的数学逻辑智能正是我独特的闪光之处。

数学，我的好朋友

青岛郑州路小学　六年级一班　苏嘉豪

我最喜欢的一门学科是数学。它有趣极了！数学就像一个谜语，每次当我解开一个难题时，就会感到自豪，快乐感油然而生。

有一次，老师给我们出了一道特别有挑战性的题目，要求计算不规则图形的阴影部分的面积。大家都兴致勃勃地开始思考，但很快我们就被难住了。大家都急得抓耳挠腮，不知所措。可是我并没有着急，而是在我的练习本上画下了图形。我仔细观察、反复试验，通过不断地切割、平移和旋转，终于成功将那个不规则的阴影部分变成了一个规则的三角形。最后，我利用三角形的面积公式，顺利地求出了阴影部分的面积。我立刻举手示意："老师，我解出来了！"同学们纷纷转过头来，惊讶又羡慕地看着我，他们惊叹道："哇，太厉害了！""你怎么这么快？""这道题可难倒我们了。"就在这时，老师走过来仔细地审视了一下我的解题过程。她点了点头，对我说："很好，你做对了。能否向大家讲解一下你是怎么解决这个问题的呢？"我毫不犹豫地走上讲台，向同学们讲述了我的解题思路："同学们，我们可以从这里切开，将这一块移到那里，再将这部分旋转一下……"同学们听完我的解释后，恍然大悟，都表示掌握了一种新的解题方法。

数学的进步不仅对数学本身有帮助，还可以在其他学科中发挥作用。比如，在科学课上，我可以运用数学课上学到的图表和数量关系式，更准确地描述和预测物体的位置、速度以及它们的变化，从而得出更有科学依据的结论。另外，在语文课上，数学的逻辑思维帮助我更准确地理解题意，展开丰富的想象来回答阅读理解中的问题。

数学就像我的好朋友，它让我感到愉快和兴奋。每当我解开一个难题时，我都会跳起来高兴地喊道："我做对了！"这种成就感真的让我很自豪。

除了解题的乐趣，数学还教会了我很多技巧。我学会了观察和思考，通过不断尝试和实验，我能够找到最好的解决方案。就像解决那个不规则阴影面积的问题一样，我没有急着计算，而是仔细地画下图形，进行各种变换，最终找到了规律并求出了正确的答案。我想这也是我在数学方面有天赋的原因吧。

当我向同学们分享我的解题思路时，我感到非常开心。他们都被我的方法所吸引，惊讶地问道："你是怎么想到的？"我愉快地向他们解释了我的步骤，大家都恍然大悟。我能够帮助他们掌握新的解题方法，这让我觉得非常自豪。

总而言之，数学给了我很多快乐和自信，也帮助我在学习上取得了巨大的进步。我相信只要我坚持不懈地学习数学，它将会继续为我的学习和生活带来更多的帮助和成就感。数学，你是我最喜欢的学科，我永远爱你！

小侦探的数学推理故事

青岛郑州路小学　六年级三班　蓝欣怡

每个人都有自己的强项，比如理解力强、想象力丰富或人际关系好等，而我的强项是数学推理能力。

受到侦探小说的影响，我对推理充满了兴趣。在我记忆中的一个周末，爸爸带我去他的单位玩。正当我沉浸在快乐之中时，我发现一只黄色的流浪狗。它看起来十分可爱，我忍不住去摸它。可就在这时，它突然发出了"唔唔"的叫声，这引起了我的注意。

我顺着小狗的目光望去，发现了一个看上去很着急的叔叔。他拉着爸爸就要匆匆离开。我追上去，好奇地问道："叔叔，怎么这么着急呀？拉着人就走。"他有些无奈地回答："我们单位的机器少了一个零件，我们正在找。"我立刻兴奋起来，大声喊道："我也要去！我也要帮忙！"

我跟随着叔叔来到一个房间，他指着一台机器说："就是这个机器，它上面的凸出部分缺了一个零件。"因为爸爸还有其他事情要处理，我决定独自承担这个任务，找到那个零件。我仔细观察了机器，发现上面有一些牙印的痕迹。这一定是某种动物咬过留下的。同时，我在地上还找到了一些脚印。

我顺着这些脚印追踪，不断地寻找线索。最终，我回到了起点，心中升起了一个猜想：难道是小狗吃了这个零件？于是，我抱起小狗，仔细观察它周围的环境。终于，在小狗身后的老鼠洞里，我找到了那个丢失的零件！

我兴高采烈地拿着零件回到了那个房间。叔叔和爸爸都惊讶地看着我，他们不敢相信一个小学生能够解决这个难题。叔叔赞叹道："你真是个聪明的小侦探！"

这次经历让我更加坚信自己在数学推理方面的优势。我发现，通过运用逻辑思维,我能够解决一些看似复杂的问题,找到隐藏的线索,进行推理和分析。在数学课上,我能够迅速理解和掌握新的知识点,运用公式和方法解决各种数学题目。在科学课上,我能够准确地分析实验数据,通过数学模型得出科学结论。在语文课上,我的数学逻辑思维帮助我更好地理清文章的结构和逻辑,提高阅读理解和写作的能力。

通过我的数学推理能力,我不仅在学习上取得了进步,还在生活中获得了更多的自信和成就感。我相信,只要我不断学习和探索,它将继续为我带来更多的成就和快乐。

小侦探的数学推理故事就这样结束了,而我的数学之旅将继续延伸,带给我更多的发现和惊喜。

教学案例

体会转化,沟通联系,提升计算能力

青岛郑州路小学   刘   佳

【教学内容】

青岛版四年级数学下册第七单元信息窗一,78～79页。

【教学目标】

(1)结合具体情境,理解小数加减法的意义,掌握小数加减法的计算方法,并能正确进行计算。

(2)经历小数加减法的计算方法的探索过程,沟通小数加减法与整数加减法之间的联系,体会转化的数学思想。

(3)在解决问题的过程中,感受数学与科技知识的联系、数学与生活的联系,体会计算的价值。

【教学过程】

教学片段:解决壮壮出生的胸围是多少? 学习位数相同的小数加法的计算方法

1.独立尝试,探索算法

(1)独立列式。

谈话:怎样列式?

(2)揭示课题。

谈话:同学们观察一下,这个算式有什么特点?这就是我们今天要学习的小数加减法。小数加减法怎样算?为什么这样算?这节课我们就来研究这两个问题。(板书:小数加减法怎样算?为什么这样算?)

(3)尝试计算。

谈话:想不想自己算一算?在本子上试一试,不仅会算,还要想清楚你是怎样算的,为什么这样算。有了一种方法后,再想想有没有其他的方法。

2. 算法交流,分析比较

小组交流,全班交流:

谈话:这个同学是用竖式算的,你能说说你是怎样算的吗?

预设:3 和 7 相加得 10,写 0 进 1,7 加 1 得 8,0 加 0 得 0,最后点上小数点。

谈话:3 为什么要和 0.77 百分位的 7 对齐?

谈话:百分位对百分位,十分位对十分位,一句话总结叫相同数位对齐。(板书:相同数位对齐)像刚才这位同学这样把相同数位对齐、从末位加起的计算方法你们觉得陌生吗?以前什么时候用过?还有不同方法吗?

预设:跟整数加减法一样,从个位算起,相同数位相加减。

3. 沟通优化,促进发展

谈话:可以写成 0.8 吗?为什么?

预设:可以,根据小数的性质。

谈话:去掉 0 既对又简洁,以后遇到这种情况就可以去掉 0。

4. 单元统整,拓展延伸

谈话:这节课我们一起研究了小数加减法的计算方法,通过学习,我们发现小数加减法的计算方法与整数加减法的方法是一样的。大家还记得学习完整数加减法的计算后,研究了什么内容吗?没错,整数加减法的混合运算。下节课即将学习小数加减法的混合运算,是不是与整数加减法混合运算也有着某种联系呢?我下节课再来一起研究。

【设计意图】

《义务教育数学课程标准(2022 年版)》课程实施教学建议中指出:在教学中要重视教学内容的整体分析,帮助学生建立能体现数学学科本质,对未来学习有支撑意义的结构化的教学知识体系,帮助学生用整体的、联系的、发展的眼光看问题,形成科学的思维习惯,发展核心素养。教学中,教师通过寻找新旧知识间的最佳联系点,为新的学习提供上位固定点,促进新知识的学习和保持。教学伊始,教师大胆放手,引导学生借助整数加减法的经验自主探索。学生根据已有经验去解决问题，尝试小数加减法的竖式写法，在探索中感悟小数加减法的计算方法。同时，通过师生、生生间的交流活动将初步的感悟上升到新的高度，总结出小数加减法笔算的一般方法，按照整数计算方法进行计算，最后加上小数点。抓住主要问题"3 为什么要和 0.77 百分位的 7 对齐"？引导学生在交流的过程中，及时沟通小数加法与整数加法之间的联系，有利于学生利用知识的迁移理解算理、掌握算法，提高学生的计算能力。最后，教师继续借助整数加减法的学习经验，引导学生思考下节课会学习什么知识，是否与整数加减法的学习也存在某种联系？这样的设计，不仅强化了数学本质的理解，还关注了知识结构的建立，再一次加深了学生对算理的理解，有效提升了学生的运算能力。

在圆锥体体积公式推导过程中，培养学生数学抽象思维能力和推理能力

青岛郑州路小学 李 辉

【教学内容】

青岛版小学数学六年级下册第二单元信息窗3《圆柱的体积》一课，是在学生学习了生活中常见的平面图形特征、面积和表面积的计算以及长方体和正方体体积计算基础上的又一次建构。圆柱的侧面是曲面，是立体图形求体积的又一次拓展，通过学习会使学生对立体图形的认识更深入、更全面，更有利于培养学生的数学抽象思维能力和推理能力，发展学生空间观念。

【教学目标】

（1）结合具体情境，通过探索与发现，理解并掌握圆柱体积的计算方法，并能解决简单的实际问题。

（2）经历探索圆柱体积计算公式的过程，培养抽象思维能力，进一步发展空间观念和应用意识。

（3）在观察与实验、猜测与验证、交流与反思等活动中，初步体会数学知识的产生、形成与发展的过程，体验数学活动充满着探索与创造，初步了解并掌握一些数学思想方法。

【教学重点】

通过公式推导，掌握和运用圆柱体积的计算公式。

【教学难点】

理解并掌握圆柱体积公式的推导过程。

【教学过程】

教学片段一:回忆旧知,建立联想

设问:圆柱的体积可以怎样求?你有什么想法?小组成员讨论一下。

生1:长方体 = 底面积 × 高,圆柱的体积也可以用底面积乘高试试。

生2:圆的面积公式是把圆转化成近似的长方形推导出来的,也许圆柱也可以转化成长方体推导出体积公式。

生3:可以做一个和它大小一样的薄薄的圆柱体水桶,里面灌满水,再把水倒入长方体的容器中,求出水的体积就是圆柱的体积.

生4:可以把圆柱体的橡皮泥重新捏成长方体,就可以求出体积了。

……

沟通联系,进一步思考。

教师引导学生对以上想法进行比较。

生1:我觉得把圆柱体的橡皮泥捏成长方体求体积比较准确;圆柱体容器中的水倒入长方体容器中也行,但是比较麻烦,不能每一个圆柱都这样求体积。

生2:我知道圆的面积公式是把圆转化成近似的长方形推导出来的。我猜想圆柱的体积公式可能也是把圆柱转化成长方体来推导的。

小结:大家的这些解决问题的思路都很有道理,都用到一种重要的方法,那就是转化,大家都想到可以把圆柱转化成长方体来研究——这个猜想很好,那我们就一起来研究怎样把圆柱转化长方体吧!

解决问题的思路很关键,给学生提供开展逻辑推理的支点亦很重要。本环节的设计旨在调动学生已有的知识经验,大胆猜想,交流沟通比较,明确解决问题的关键——转化,给学生开展逻辑推理建立相应的联想,为进一步操作、讨论、推导圆柱的体积计算公式从思想方法上做好铺垫。教师还通过构造认知冲突,层层深入,有效地激发学生的探究欲。

教学片段二:自主探究,推导公式

1. 验证猜想,探索新知

学生借助学具分组进行实验验证。

师生共同交流:把圆柱的底面分成许多相同的扇形,然后竖着切开,重新拼一拼,这种方法可以得到一个近似的长方体。

课件演示:将圆柱等分成 16 份、32 份、64 份的割拼过程,重新拼接成长方体的过程。学生观察、思考。

设问:你发现了什么?

引导观察:分的份数越多,拼成的图形就越接近长方体。

追问:大家通过自己的动手操作和电脑演示明白了圆柱是怎样转化成长方体的,那转化后的长方体和圆柱之间存在着怎样的联系呢?

2. 分析关系,总结公式

① 分析关系。

全班交流:

小组展示研究结果后,教师引导学生发现:转化后的圆柱,形状变了,但是体积没有变,底面积没有变,高也没有变;圆柱体转化成长方体后,虽然形状变了,但是长方体的体积和原来圆柱的体积相等,长方体的底面积等于圆柱的底面积,长方体的高等于圆柱的高。

② 总结公式。

师:同学们很会思考!你们的发现非常正确。我们来看一看课件演示。

课件动态演示:圆柱的高等于长方体的高,圆柱的底面积等于长方体的底面积。

学生自主总结出圆柱体积的计算公式,并说说怎样想的。

根据学生的回答教师板书:

长方体的体积 = 底面积 × 高

圆柱的体积 = 底面积 × 高

3. 设计意图

教师组织学生借助学具,模仿圆面积公式的推导方法,将圆柱割、拼为近似的长方体,再辅以多媒体课件演示,并让学生展开想象,使学生认识到分的份数越多,拼成的立体图形就越接近长方体,渗透了转化和极限的数学思想。最后再建立近似长方体的底面积、高与圆柱底面积和高的联系,引导学生推导出圆柱体积的计算公式。在公式推导的过程中,学生经历了观察、猜想、验证等数学活动过程,培养了初步的分析、综合、比较、抽象和简单的逻辑推理能力,增强了空间观念,发展了数学思考。

在分析比较、算法优化中提升学生运算能力

青岛郑州路小学　李方隆

【教学内容】

这部分内容是义务教育教科书（青岛版）小学数学六年制一年级上册第七单元信息窗1的内容。

【教学目标】

（1）借助学具操作，自主探究"9加几"的计算方法，能正确口算"9加几"的进位加法。

（2）经历探索"9加几"的计算方法过程，学习初步的抽象、概括、推理的方法；通过算法多样化，培养学生的思维能力；通过算法优化，提升学生运算能力。

（3）在解决问题的过程中，学生体会到数学与生活的密切联系，增强应用数学的意识。在小组合作学习的过程中，培养学生主动参与、交流和倾听的意识和习惯，增强学习的自信心，感受数学学习的快乐。

【教学重点】

理解9加几的算理，掌握算法。

【教学难点】

理解算理，掌握算法。

【教学过程】

一、自主探索，合作交流

1.结合算式，体会意义

解决第一个问题"一共有多少名运动员？"

设问：要求"一共有多少名运动员？"需要用到哪些信息？为什么用加法？

2. 动手操作,自主探究

谈话:9 加 6 等于多少? 有的同学说等于 15,对不对呢? 你能不能把自己借助手中的小棒摆一摆或者在本子上写一写、算一算来验证一下呢?

再把自己的想法在小组里交流。

3. 集体交流,共同探讨

预设 1:接着数。

先摆 9 根小棒,再摆 6 根小棒,数一数,一共是 15 根小棒。

预设 2:凑十法。

让学生边摆小棒边说方法。

先摆 9 根小棒,再摆 6 根小棒,从 6 根小棒里拿 1 根放到 9 根里面,凑成 10 根,10 根加上剩下的 5 根小棒,就是 15 根。

追问:为什么从 6 根小棒里面移 1 根小棒给 9 呢?

预设:从 6 根小棒里拿 1 根放到 9 根里面,是为了和 9 凑成 10,再算 10 加几等于十几就简单了。

动态演示:小棒凑十的过程。

追问:"不看小棒,你能把刚才摆小棒的过程说着老师写下来吗?"随着学生的回答板书:

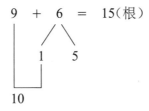

然后引导学生看着算式,用简练的语言表述 9 + 6 的计算过程,学生可能会说:6 可以分成 1 和 5,9 + 1 = 10,10 + 5 = 15。

预设 3:推算法。

10 + 6 = 16,16 − 1 = 15,我把 9 看成 10,10 + 6 = 16,多算了 1 个,所以 16 − 1 = 15。

小结:这个同学真会思考问题,多算了 1 个就要再减去 1,这种方法我们就叫它"推算法"。

板书:10 + 6 = 16,16 − 1 = 15。

板书:推算。

二、算法优化,促进发展

1. 分析比较

谈话:比较刚才的 3 种算法,你喜欢哪种? 为什么?

小结:大部分同学都喜欢凑十法,好想又好算! 老师也喜欢凑十法,因为凑十法是一种非常重要的计算方法,今后我们学习进位加法会经常用到它。

追问:9 + 6 = 15,那么 6 + 9 等于多少?

学生回答后顺势板书:6 + 9 = 15。接着让学生说出自己的想法。

小结:在加法里,调换两个加数的位置,得数不变。

2. 独立解决第二个问题:"一共有多少名志愿者"

(1)学生独立完成,然后在小组内交流。

(2)展示学生列式及算法,全班交流想法。

学生可能出现:

① 7 可以分成 1 和 6,9 加 1 等于 10,10 加 6 等于 16。

② 10 + 7 = 17,17 − 1 = 16。

3. 优化提升,揭示课题

我提出问题:仔细观察,咱们今天学习的算式都有什么特点? 你能列举几个 9 加几的算式吗?

生列举,师板书:

9 + 2 = 11　9 + 3 = 12　9 + 4 = 13　9 + 5 = 14　9 + 6 = 15　9 + 7 = 16　9 + 8 = 17　9 + 9 = 18

设问:仔细观察这些算式,你有什么发现?

预设:都是 9 加几;第二个加数一个比一个大,得数一个比一个大;得数个位上的数比第二个加数少 1。

追问:为什么少 1? 少的 1 去哪儿了?

预设:与 9 凑十了。

小结:那以后在计算 9 加几的算式时,得数个位上的数比加的数少一就可以了。

【设计意图】

运算能力主要是指根据法则和运算律进行正确运算的能力。能够明晰运算的对象和意义,理解算法和算理之间的关系,能选择合理简洁的运算策略解决问题等。而算法优化既可以激活学生的创新思维,更有助于学生选择最优策略解决问题,大大提高运算能力。本环节的设计,教师充分调动学生的主体意识,给学生充足的时间和空间,使学生经历了探索"9 加几"的计算方法的过程,感受计算方法的多样化,培养了学生的创新意识和思维的灵活性。在学生交流算法后,教师又引导学生沟通比较方法的异同,在对算理加深理解的同时,有效促进从算理到算法的转化,最终实现算法的最优化,大大提高了计算效率和正确率。

借助韦恩图,培养学生的归纳分类能力

青岛郑州路小学　刘　佳

【教学内容】

《义务教育教科书·数学》(青岛版)六年制四年级下册第三单元信息窗1
《认识三角形》。

【教学目标】

(1)会根据三角形的边、角的特点给三角形分类,理解各种三角形。

(2)借助韦恩图对三角形进行分类整理,经历动手操作、分析思考的过程,
感悟分类数学思想,培养归纳分类能力。

【教学过程】

教学片段一:按角分类

知识基础:学生已经知道了三角形按角分可以分为直角三角形、锐角三角
形、钝角三角形。

谈话:如果我们把三角形看成一个大集体的话,下面哪个图形能反映以上
三种三角形之间的关系。

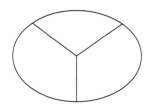
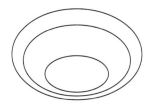

预设:学生会选择第1个。

提问:该如何填写?

预设:在每个空里填上直角三角形、锐角三角形、钝角三角形。

三角形按角分类：

提问：为什么这么填？

预设：因为按角分三角形可以分为直角三角形、锐角三角形和钝角三角形，它们之间互不相干。

教学片段二：按边分类

知识基础：学生已经知道了三角形按边可以分为等腰三角形、等边三角形。

谈话：如果我们把三角形看成一个大集体的话，下面哪个图形能反映等腰三角形和等边三角形之间的关系。

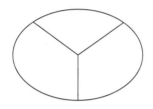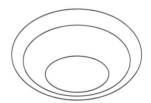

预设：学生会选择第 2 个。

追问：该如何填写？

预设：在最外面填上三角形，中间填等腰三角形，里面填等边三角形。

三角形按边分类：

提问：为什么这么填？

预设：因为三角形按边可以分为等腰三角形、等边三角形，等边三角形又是特殊的等腰三角形。

提问：为什么等边三角形又是特殊的等腰三角形？

预设：两边相等的三角形是等腰三角形，三边相等的三角形是等边三角形。等边三角形有两条相等的边,所以符合等腰三角形的定义,是等腰三角形。

总结:它们是一种包含关系。

【设计意图】

韦恩图(Venn Diagram)是英国哲学家、逻辑学家约翰•韦恩(John Venn)于19世纪中期发明的一种图形,用于表达和比较集合之间的关系。它是一种图形化的方法,将各种集合的元素用圆形或其他几何形状表示,并在图形中重叠部分表示集合之间的共同元素。韦恩图的思想在数学、逻辑学、统计学、计算机科学等领域得到广泛应用,它不仅能够帮助人们更加清晰地理解集合的概念和性质,还能够在实际问题中进行数据分析和决策。

在学生学习探究了三角形按角的特点和按边的特点进行分类的结果后,教师引导学生分别借助韦恩图将按照不同的分类标准得到的三角形进行整理归纳。学生会发现,按角的特点分类得到的三种三角形各不相关,没有共同点,所以选择了图1,图1可以直观表示三种三角形的并列关系,数形结合,加深认识;按边的特点分类得到的三角形,即等腰三角形和等边三角形,学生通过观察思考,会发现这两种三角形都满足两条边相等,都属于等腰三角形,而等边三角形则需要三条边都相等,是一种特殊的等腰三角形,学生继而会选择图2来表示两种三角形的关系,图2可以最为直观地体现等腰三角形和等边三角形包含与被包含的关系。借助韦恩图,让学生既能进一步理解三角形的分类,更有助于学生直观感悟三角形之间的关系。在此过程中有效发展了学生的归纳分类能力,培养了数学逻辑智能。

在加法结合律教学中,发展学生的符号意识和推理能力

青岛郑州路小学 刘 佳

【教学内容】

《加法结合律》是《义务教育教科书·数学》(青岛版)六年制四年级下册第二单元信息窗 1 的内容。

【教学目标】

(1)经历探索加法结合律全过程,发现并掌握加法结合律,能用字母表示,初步感知加法运算律的价值,发展应用意识。

(2)在探索运算律的过程中,发展学生的观察、分析、比较、抽象概括能力,培养学生的符号意识,提高抽象思维水平。

(3)使学生在数学活动中获得成功的体验,进一步增强对数学学习的兴趣和信心,初步形成探究问题的意识和习惯。

【教学过程】

1. 初步感知加法结合律

谈话:我们先来探究"一共要购进多棵树苗?"你会列算式吗?

学生可能会列出以下算式:(根据学生的回答课件随机出示)

① 56 + 72 + 28

② 56 + 28 + 72

……

教师板书:56 + 72 + 28

追问:你打算先求什么,再求什么?请大家独立试做。

预设 1:我先算冬青和柳树一共多少棵,再加上杨树,求一共购进多少棵。

算式是 $(56 + 72) + 28$。

预设 2：我先算柳树和杨树一共多少棵，再加上冬青，求一共购进多少棵。算式是 $56 + (72 + 28)$。

小结：同学们真善于思考，运用了不同的方法解决了同一个问题，它们的结果都等于 156。

2. 比较异同点，发现规律

屏幕显示：$(56 + 72) + 28$ $56 + (72 + 28)$

谈话：观察两种算法有什么不同。

预设：第一种做法括号在前，表示先把前两个数相加，再和第三个数相加。第二种做法括号在后，表示先把后两个数相加，再和第一个数相加。

追问：那运算的顺序不同，为什么得数还相同呢？

明确：两种做法都是把 56、72、28 三个加数相加。

小结：三个加数的运算顺序虽然改变，但最终都是这三个加数相加，所以，我们可以将两种做法连成等式。

屏幕显示：$(56 + 72) + 28 = 56 + (72 + 28)$

谈话：用同样的方法，我们再来解决"一共要购进多棵花苗？"这个问题。

板书算式：$80 + 88 + 112$，可以先算什么，再算什么？请大家独立试做。

预设 1：我先算月季和牡丹一共多少棵，再加上茶花，求一共购进多少棵。算式是 $(80 + 88) + 112$。

预设 2：我先算牡丹和茶花一共多少棵，再加上月季，求一共购进多少棵。算式是 $80 + (88 + 112)$。

追问：两种算法都是求的一共购进的棵数，结果都等于 280 棵，也就是得数相同。请仔细观察我们解决这两个问题的算法，你有什么发现？

小结：三个数相加，虽然运算顺序发生改变，但它们的和不变。

以不变的角度去分析，把学习主动权交给学生。培养学生创新学习的能力。

3. 感知众多实例，积累感性认识

屏幕显示：$(56 + 72) + 28$ $56 + (72 + 28)$

$(325 + 82) + 18$ $325 + (82 + 18)$

谈话：猜一猜，它们的得数可能会怎样？同学们说一说。

追问：为什么这么肯定？你是怎么想的？

明确:都是这三个数相加,只不过运算顺序发生变化,但得数还是相同的。

追问:这些算式有什么共同特点呢?

明确:三组等式中都是三个数相加,左边都是先把前两个数相加,再和第三个数相加,右边都是先把后两个数相加,再和第一个数相加。

4. 猜测规律,举例验证

谈话:这到底是不是一个规律呢?请你举例验证。

教师板书,学生举例子。

5. 归纳加法结合律

谈话:像这样例子有很多,举也举不完。看来大家的发现的确是一个规律。

小结:三个数相加,可以先把前两个数相加,再和第三个数相加;也可以先把后两个数相加,再和第一个数相加,它们的和不变。(板书课题:加法结合律)

谈话:你会用字母来表示吗?

明确:$(a + b) + c = a + (b + c)$

【设计意图】

数学逻辑智能是指有效地计算、测量、推理、归纳、分类,并进行复杂数学运算的能力。教学中,教师引领学生经历了"观察猜测——举例验证——抽象归纳"的规律探究的全过程。首先,让学生在解决真实情境引发的问题时,发现三个数相加,虽然运算顺序发生改变,但它们具有和"不变"的规律,这个规律是否适用于其他算式呢?接下来,教师借机引导学生从变与不变的角度去举例验证,激发学生主动探究的欲望。最后,学生结合大量的数学实例,经过深入观察、比较、推理和抽象概括,总结出两种算式在计算中变与不变的规律并尝试用符号来表达规律。该片段的教学有效发展了学生的符号意识,培养了学生的推理意识和抽象概括能力。

在比较中理清算理，学习采用适当算法计算分数除法

青岛郑州路小学　王　倩

【教学内容】

义务教育教科书青岛版小学数学六年级第十一册教材第三单元信息窗1《分数除以整数》。

【教学目标】

（1）学生通过经历操作、实验、类推、猜想等实践活动理解并掌握分数除以整数的计算方法，能正确计算分数除以整数的题目。

（2）学生在探索分数除以整数计算方法的过程中，进一步理解分数除以整数的意义，体会数学知识之间的内在联系，发展分析、比较、抽象、概括的能力。

（3）使学生进一步感受数学知识的内在联系，增强学好数学的信心，提高学生应用所学数学知识解决简单实际问题的能力。

【教学重点】

理解和认识分数除法的意义。

【教学难点】

分数除以整数的计算法则的推导过程。

【教学过程】

一、独立思考、自主探究

谈话：9/10米的布料做3件背心，那么你会求一件背心需要布料多少米吗？

预设：$\dfrac{9}{10} \div 3 =$ ＿＿＿＿（米）

小结：会计算吗？老师发现很多同学已经有了自己的想法。下面请同学们

4人一组,想一想,做一做,相信这个问题大家能够自己解决。

二、合作交流,解决问题

组内交流:

全班反馈:

预设1:把$\frac{9}{10}$米化成小数0.9米,平均分成3份,每份就是$0.9 \div 3 = 0.3$(米)。

(课件演示一遍如何用小数计算)

小结:在这里用了一种重要的数学方法叫作转化,把分数除以整数转化成小数除以整数,这样这道题就迎刃而解了。下面哪个组还有不同的方法?

预设2:$\frac{9}{10} \div 3 = \frac{9 \div 3}{10} = $ _____(米)

用9除以3的商做分子,分母不变。

追问:你为什么这样做,这样做的道理是什么? 谁上来当小老师,借助直观图给同学们把道理讲清楚了。

预设:$\frac{9}{10}$米是把1米平均分成10份,其中的9份就是$\frac{9}{10}$米。把$\frac{9}{10}$米平均分成3段,也就是把9个$\frac{1}{10}$米平均分成3份,每份是3个米,即$\frac{3}{10}$米。

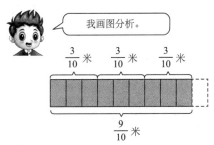

我画图分析。

$$\frac{9}{10} \div 3 = \frac{9 \div 3}{10} = \frac{3}{10}(米)$$

(课件演示图和计算方法)

小结:刚才我们借助了课件中的图形,帮助我们理解了这样做的道理。这在数学中是非常重要的一种方法,叫作数形结合! 在以后的学习中,我们还要用到数形结合。

预设3:$\frac{9}{10} \div 3 = \frac{9}{10} \times \frac{1}{3} = \frac{3}{10}(米)$

设问:$\frac{9}{10} \div 3$,怎么就变成了$\frac{9}{10} \times \frac{1}{3}$了呢? 你能给大家解释一下吗?

预设：把除法转化成乘法，$\frac{9}{10}$ 米平均分成 3 段，每段是多少米？也就是求 $\frac{9}{10}$ 米的 $\frac{1}{3}$，可以用乘法计算，每段是 $\frac{9}{10} \times \frac{1}{3} = \frac{3}{10}$（米）。

（课件演示一遍如何把除法转化成乘法计算）

小结：其实在这里也运用了转化，把分数除法转化成分数乘法来计算。

三、比较算法，理清算理

刚才我们用了多种方法，得到了 $\frac{9}{10} \div 3$ 的商是多少。第一种方法和第二种方法具有一定的局限性，它并不适用于所有的分数除以整数。第三种方法具有普遍性，也就是分数除法转化成分数乘法更为普遍。所以分数除以整数我们选择把除法转化成乘法来计算。

【设计意图】

《义务教育数学课程标准（2022 年版）》中提出了 10 个核心概念，运算能力是其中之一，运算能力主要是指能够根据法则和运算规律正确地进行运算，培养运算能力有助于学生理解运算的算理，寻求合理简洁的运算途径解决问题，运算能力是数学的基本能力，运算能力的高低是学生数学素养的综合体现。本节课，教师鼓励学生独立思考，让学生尝试用不同的方法来计算分数除法，目的在了解不同学生的思维水平，同时又留给学生充足的探究时间，不同的计算方法真实反映出学生的思维过程。学生通过已有的知识和经验，自主探究多种计算方法，各种算法结果一致，说明了各种算法之间有内在逻辑一致性，它们之间互相验证，培养了学生的发散思维。让学生在多种算法沟通比较中理清了算理，建构了算法，培养了优化意识，形成了计算技巧，提高了计算能力。

理解算理，优化算法，培养学生计算能力

青岛郑州路小学 李红春

【教学内容】

《义务教育课程标准教科书·数学》（青岛版）六年制三年级下册第三单元信息窗2。

【教材简析】

"两位数乘两位数的笔算"是青岛版六年制教材三年级下册的内容，是两位数乘一位数和两位数乘整十数的继续，是学习两位数乘两位数笔算的起始，是学习三位数乘两位数的基础，所以这部分内容起到了承上启下的作用。

【教学目标】

（1）经历探索两位数乘两位数（不进位）口算和笔算方法的过程，理解其算理，掌握算法。

（2）通过小组合作和交流，感受计算两位数乘两位数（不进位）方法的多样化，培养数感和数学思维能力、交流能力及合作意识。

（3）在探索算法和解决问题的过程中，感受数学与生活的联系，增强自主探索的意识，提高交流合作的能力，获得成功的体验，树立学习的信心。

【教学重难点】

探索两位数乘两位数（不进位）的算法，理解其算理。

【教学过程】

一、算法交流，分析比较

谈话：23×12等于多少呢？会算吗？ 先独立思考，再在小组内交流。

预设1：交流点子图的方法，借助直观理解算理。

我先圈出 10 个 23，一共是 230；再圈出 2 个 23，是 46；最后合起来是 276。

追问：为什么要先圈出 10 个 23？圈出 10 个 23 后还有几个 23？最后要干什么？

预设：因为 10 个 23 算起来简便，所以要先圈起来，圈出 10 个 23 后还有 2 个 23，最后把 10 个 23 和 2 个 23 合起来。

谈话：我们一起通过课件来回顾一下分的过程。

课件演示

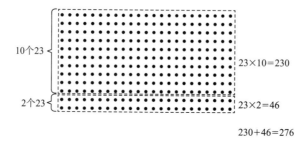

如果学生有第二种圈法，就让他说一说是怎样想的，并给予充分肯定。

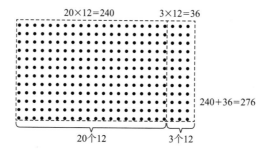

预设 2：交流口算的方法，渗透转化思想，进一步理解算理。

谈话：谁还有不同的方法？

生边汇报师边板书：

$$23 \times 10 = 230$$

$$23 \times 2 = 46$$

$$230 + 46 = 276$$

把 12 分成 10 和 2，先算 23×10 等于 230，再算 23×2 等于 46，最后把 230 和 46 加起来等于 276。

追问：为什么要把 12 分成 10 和 2？

预设：因为 23 乘 12 没学，分开就会算了。

谈话:23×10求的是什么? 23×2呢? 最后为什么要合起来?

预设:23×10求的是10个23的积,23×2求的是2个23的积,合起来才是12个23的积。

谈话:刚才我们分几步来口算23×12的?

预设:分三步,先算了10个23,再算2个23,最后把它们合起来。

小结:你们真有办法! 把没有学的新知识变成以前学过的知识来解决问题,这是我们数学上一种很重要的解决问题的方法,叫作"转化"。(板书:转化)这种方法在以后的学习中,我们会经常用到。

预设3:交流竖式的方法,明确算理,优化算法。

谈话:老师发现还有同学想用竖式计算。

组织交流,优化方法。

预设(1)
$$\begin{array}{r} 2\ 3 \\ \times\ 1\ 2 \\ \hline 2\ 7\ 6 \end{array}$$

追问:这样列竖式你看怎样?

预设:这样列竖式直接把口算结果写上,没法看出计算的过程。

预设(2)
$$\begin{array}{r} 2\ 3 \\ \times\ 2 \\ \hline 4\ 6 \end{array} \qquad \begin{array}{r} 2\ 3 \\ \times\ 1\ 0 \\ \hline 2\ 3\ 0 \end{array} \qquad \begin{array}{r} 2\ 3\ 0 \\ +\ 4\ 6 \\ \hline 2\ 7\ 6 \end{array}$$

追问:这样做有了计算过程,你觉得怎么样?

预设:这样列竖式虽然看出了计算过程,但写起来很麻烦。

引导:你能想办法将这三个竖式合并为一个竖式吗? 赶快试一试吧。

二、优化算法,二次提升

展示交流,优化方法:

预设(1)
$$\begin{array}{r} 2\ 3 \\ \times\ 1\ 2 \\ \hline 4\ 6 \\ +\ 2\ 3\ 0 \\ \hline 2\ 7\ 6 \end{array}$$

谈话:能说说你是怎么做的吗?

预设：我是先算 23 乘 2 等于 46，再算 23 乘 10 等于 230，然后把两个得数加起来。

追问：46 是怎么来的？这是先求了几个 23？

230 是怎么来的，这又是求了几个 23？

276 是怎么来的？为什么要加起来？

谈话：谁还有不同的写法？

预设（2）

```
        2 3
    ×   1 2
    ─────────
        4 6
    +   2 3
    ─────────
      2 7 6
```

交流：仔细观察这个竖式和刚才的竖式有什么不同？

预设：这种方法 23 后面没写 0。

质疑：不写"0"行吗？为什么？

预设：可以。因为 23 乘十位上的 1，得到的是 23 个十，也就是 230，所以 0 可以不写。

小结：2 写在百位，3 写在十位，没有 0 也表示 230。看来，数字的位置决定了它的大小。

三、沟通优化，促进发展

1. 梳理算法，规范书写

谈话：以后我们在计算两位数乘两位数时就可以这样来列竖式计算，现在我们再一起理一理计算的过程。

板书：

```
        2 3
        ↑ ↗
    ×   1 2
    ─────────
        4 6
    +   2 3
    ─────────
      2 7 6
```

追问：谁再来说一说刚才我们是怎样用竖式计算 23×12 的？

学生回答，老师进一步完善板书内容：

$$
\begin{array}{r}
2\;3 \\
\times\;1\;2 \\
\hline
4\;6 \quad\text{——}23\times2\text{ 的积} \\
+\;2\;3 \quad\text{——}23\times10\text{ 的积} \\
\hline
2\;7\;6
\end{array}
$$

2. 沟通联系, 深入理解算理

对照板书, 沟通联系: 回过头来再看看我们是怎样计算 23×12 的。我们用到了点子图、口算和竖式的方法计算出了 23×12 的积。仔细观察, 这几种方法之间有什么联系?

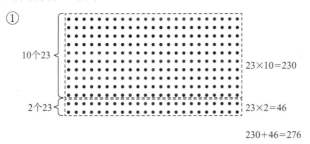

①
10个23
23×10=230
2个23
23×2=46
230+46=276

② $23 \times 10 = 230$

$23 \times 2 = 46$

$230 + 46 = 276$

③
$$
\begin{array}{r}
2\;3 \\
\times\;1\;2 \\
\hline
4\;6 \quad\text{——}23\times2\text{ 的积} \\
+\;2\;3 \quad\text{——}23\times10\text{ 的积} \\
\hline
2\;7\;6
\end{array}
$$

通过交流使学生明确: 这些方法都经历了 $23 \times 10 = 230, 23 \times 2 = 46$ 的计算过程, 最后把 230 和 46 加起来等于 276。

【设计意图】

本节课教学两位数乘两位数的计算方法, 教学中留给学生充分独立思考的时间和空间, 放手让学生根据自己已有的知识经验, 自主探索、发现、理解、感悟,使学生初步理解算理,同时渗透转化的策略。通过点子图、口算和竖式的算法展示,充分让学生经历竖式的形成过程:点子图的方法是数形结合,将抽象的算理直观形象化,为理解口算及竖式的过程做好支撑;口算方法是竖式的算理;笔算环节引导学生经历将口算的过程写成竖式的形式,再通过自主优化让学生经历将竖式逐步简化的过程,并在探索算法的过程中自然理解算理,突出了重点,突破了难点。本环节既体现了算法的多样化,又体现了算法要最优化的原则。规范笔算的书写格式,帮助学生再次理解竖式的结构和原理,尤其是第二部分积的书写,再次理解算理,并进行基于算理理解的算法抽象,突破本节课的难点。沟通三种方法之间的联系,由算理入算法,由具体到抽象,由复杂变简单,对学生整体建构知识有很大的帮助,让学生很清晰地看出每一部分的来龙去脉,更容易理解算理。

梳理归网,建构联系,在量与计量整理复习课中培养量感

青岛郑州路小学 李 辉

【教学内容】

《义务教育教科书·数学》(六年级下册)量与计量回顾整理,教材第94～95页。

【教学目标】

(1)回顾整理长度、面积和体积单位的意义、进率和用途,明确它们之间的区别和联系,构建系统的知识网络,建立量感并能熟练进行单位之间的转化。

(2)在小组合作、相互评价的过程中学会分类归纳、有序整理、系统复习的学习方法,增强综合运用数学知识解决实际问题的能力。

(3)在经历自主梳理、复习应用的过程中,体验数学与生活实际的密切联系,拓宽数学视野,激活创新意识。

【教学重点】

对量与计量知识进行归类梳理,沟通比较,建立联系,发现长度单位、面积单位、体积单位之间的联系,并能灵活运用计量单位解决实际问题。

【教学难点】

构建完整、系统的计量知识网络。

【教学过程】

一、自主梳理,组间交流

谈话:课前老师给大家布置了作业,要求大家自主梳理学过的计量单位,谁来说说你都梳理了哪些类型的计量单位?

预设：长度单位、面积单位、体积（容积）单位、质量单位、时间单位、货币单位。

谈话：这些计量单位中哪些是相关联的？

预设：长度单位、面积单位、体积（容积）单位。

小结：既然这三种单位相关联，咱们今天就先对这三种计量单位进行整理复习。

课件出示小组交流要求。

二、全班交流，沟通比较

1. 长度单位

其他小组同学认真听，关注知识梳理的方法和内容的准确性，也可以在同学发言后进行补充和质疑。

预设 1：学生就长度单位的意义、用途、进率进行汇报。

评价：她巧妙的借助身体上的小尺子帮我们记住长度单位，真是个好方法。

谈话：谁跟她知识梳理的方法不同？

预设 2：千米 $\xrightarrow{1\,000}$ 米　千米 $\xrightarrow{10}$ 分米　分米 $\xrightarrow{10}$ 厘米　厘米 $\xrightarrow{10}$ 毫米

互动：1 米等于几厘米？ 1 分米等于几毫米？什么时候用米做单位？什么时候用千米做单位？……

追问：这两位同学知识点呈现的方式不太一样，有没有相同的地方？

预设：有序整理，都表示了单位间的进率，都想到了用字母表示计量单位，都梳理了常用长度单位的意义以及用途。

追问：大家评价得非常具体到位，这两种方法你更喜欢哪一种？为什么？

预设：第二种，简洁、清晰，能一眼看出单位间的进率。

追问：大家对于刚才两位同学的汇报有什么想说的？

生生评价。

谈话：我们知道长度单位用来计量物体的长短，1 厘米就是直尺上一大格的长度，这就是 1 cm。

贴板贴：1 厘米　　　　1 厘米长的小线段

追问：1 厘米再继续细分，就可以得到哪个单位？

预设：毫米。

追问：我剪条 1 毫米长的线绳贴上怎么样？这么小的单位还有用吗？为什么？

预设：太小了，看不清！有用，因为在机械制作、房屋建造、军工制造、生物技术等领域，都有精准测量的需求，不仅需要毫米做单位，有时甚至还要用到比毫米更小的长度单位。

谈话：厘米细分得到更小的单位，那么将厘米继续累加，10 个 1 厘米就可以得到 1 分米这个长度单位。

板贴：1 分米　　1 分米的纸条

谈话：再以分米为单位进行累加，10 个 1 分米就是 1 米。

板贴：1 米

谈话：如何得到 1 千米？对，1 000 个 1 米就是 1 千米。

通过刚才的学习，我们知道了，把单位细分可以得到较小的单位，而把单位累加就可以得到较大的单位，由此得出毫米、厘米、分米、米相邻的单位间的进率都是 10，唯独米和千米的进率是 1 000，为什么呢？

预设：千是个计数单位，一千就等于 1 000，所以 1 千米就等于 1 000 米？

追问：那千米和米之间会不会还有着其他的计数单位呢？大家猜猜看，会是哪几个单位？没错，就是百米和十米，因为使用率比较低，慢慢就不用了。

小结：之所以千米和米之间的进率是 1 000，是因为这两个计数单位不相邻，它们之间还隔着十米和百米。

刚才我们从意义、用途、单位间的进率等方面对长度单位进行了梳理，接下来我们用这样的思路来交流面积单位。

2. 面积单位

师生配合，学生汇报，老师板书。

预设 2：学生从面积单位的意义、用途及进率方面进行汇报交流。

谈话：表达得既条理又清晰！谁还有问题？

预设：你能说说为什么 1 公顷 = 10 000 平方米，1 平方千米为什么等于 100 公顷吗？

追问：什么时候用公顷做单位？什么时候用平方千米做单位？看看面积单位间的进率，你有什么想说的？

预设：老师，按照刚才学习长度单位之间进率知识的规律，是不是公顷和平方米之间也有个不常用的面积单位呢？

追问：大家觉得呢？如果有，这个面积单位应该是什么？公亩，1 公亩 =

100平方米,没错,生活中偶尔还能听到这个单位,但很少会用了。

这个小组能活学活用,进行合情推理,太厉害了!

接下来,我们再来梳理体积和容积单位 哪个小组来试试?

3. 体积和容积单位

一位学生交流,另一位学生板书。

谈话:这两位同学的表现怎么样? 好在哪里?

互动:升和毫升在什么情况下使用? 容器的容积等于容器的体积吗?

预设:不等于。容器的容积是从容器内部测量数据,再进行计算得出内部空间的大小;而体积是从容器的外部测量数据来计算外部体积的大小,容器的容积小于容器的体积。当容器的厚度忽略不计时,我们可以认为容器的容积等于体积。

三、比较沟通,建立联系

谈话:我们再来观察这些计量单位的形状,你有什么发现? 长度单位实际上就是一条线段,我们称之为"一维成线";面积单位是一个面,"二维成面"不仅有长度还有宽度;那体积单位可以看作是一个正方体,有长度、宽度还有高度,也就是"三维成体"。这三种单位虽然形状不同,但是在测量的时候有没有相同的地方? 都是通过看看包含多少个这样的计量单位得出测量结果。

再来看这些计量单位的进率,相邻长度单位间的进率是10,面积是100,体积是1 000,为什么呢? 现在你能不能从老师手里这个1立方分米的小学具上找到1平方分米和1分米? 现在你能不能解释一下为什么长度单位间的进率是10,面积单位间的进率是100,体积单位间的进率是1 000?

通过刚才的沟通比较,可以发现看似不相关的计量单位之间原来存在着密切的联系。

【设计意图】

量感,主要是指对事物的可测量属性及大小关系的直观感受。《数学课程标准(2022 年版)》中对学科核心素养的表述增加了"量感",在量与计量的学习中要注重对学生量感的培养。建立量感有助于养成用定量的方法认识和解决问题的习惯,是形成抽象能力和应用意识的经验基础。教学中,教师引导学生自主梳理计量单位的意义、用途和进率;借助直观展示回顾长度、面积和体积(容积)单位的实际大小,理解统一度量单位的必要性,能针对实际情境选择合适的度量单位;有效地开展深化和外延,达到整理复习课温故知新的目标。教师注重从定义的角度引导学生再一次重温计量单位的意义,同时深究单位细分可以得到更小的单位,单位累加就可以得到更大的单位,有效地建立同种计量单位间的关联。观察、比较、分析沟通长度单位、面积单位和体积单位的联系,让学生深入理解体中有面、面中有线,长度单位本质上是"一维成线",只有长度,所以相邻长度单位间的进率是 10;面积单位是"二维成面",不仅有长度还有宽度,所以相邻面积单位间的进率是 $10 \times 10 = 100$;体积单位是"三维成体",有长度有宽度还有高度,所以相邻体积单位间的进率是 $10 \times 10 \times 10 = 1\ 000$。从长度单位过渡到面积单位,再由面积单位过渡到体积单位,为学生打开了一维到二维到三维的空间思维,使这三种计量单位的知识结构"竖成线""横成片",进一步加深了学生对计量单位的感知,在原有基础上有效地发展了学生的量感。

借助线段图，建立模型意识

青岛郑州路小学　刘　佳

【教学内容】

《义务教育教科书·数学》（青岛版）六年制四年级上册第六单元《速度、时间与路程的关系》。

【教学目标】

（1）理解速度、时间、路程的含义，并学会用统一的符号来表示速度。

（2）从实际问题中抽象出"速度、时间与路程的关系"的模型，并学会应用这种关系解决实际问题。

【教学过程】

（一）解决"车站与物流中心相距多少米？"，初步感知数量之间的关系

1.独立思考，全班交流

谈话：为了方便我们观察，老师将第一个问题的信息和问题进行了摘录，请大家再小声读一读，并在练习本上独立解决一下吧。

（课件出示第一个信息与问题）

预设：$900 \times 8 = 7\,200$（米）

追问：能说说你的想法吗？

预设：（1）因为平均每分钟行驶900米，走了8分钟到了物流中心，所以就是900×8。

（2）900是每分钟行驶的米数，8是表示行驶了8分钟，900×8就表示一共行驶了多少米。

谈话：为了方便我们观察，现在我们将从车站到物流中心的距离用一条线段来表示。（课件出示一条线段）

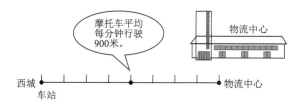

1 分钟过去了,行驶了 1 个 900 米,2 分钟过去了,行驶了 2 个 900 米……8 分钟也就是行驶了 8 个 900 米,所以算式是 900 × 8。

2. 初步感知,总结关系

追问:900 表示什么意思?

预设:每分钟行驶的米数。

追问:8 呢?

预设:行驶的时间。

追问:7 200 米表示什么意思?

预设:从车站到物流中心的米数。

板书:每分钟行驶的米数 × 行驶的时间 = 从车站到物流中心的米数。

(二)解决"西城与物流中心相距多少千米?",观察类比,发现数学规律

观察、对比,抽象出简化关系式。

谈话:我们来解决第二个问题,谁能解决这个问题?

预设:65 × 4 = 260(千米)

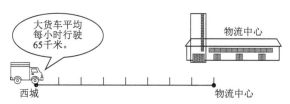

提问:谁能像说第一个问题的关系式一样,把这个问题的关系式也说一说?

预设:每小时行驶的千米数 × 行驶的时间 = 西城到物流中心的千米数。

(板书:每小时行驶的千米数 × 行驶的时间 = 西城到物流中心的千米数)

谈话:同学们,仔细观察这两个关系式,你能用更简洁的语言来表示它们吗?

预设:(1)每分钟的米数 × 行驶时间 = 总距离。

(2)每分钟行驶的速度 × 时间 = 路程。

(3)速度 × 时间 = 路程。

追问：这里所说的"路程"指的是什么呢？

预设：指的是车站到物流中心的米数和西城到物流中心的千米数。

小结：在数学上，我们把从车站、西城到物流中心的米数这样表示从行驶起点到终点的距离叫作"路程"。

追问：所说的"时间"指的是什么呢？

预设：8分钟和4小时。

追问：速度呢？

预设：每分钟行驶900米和每小时行驶65千米叫"速度"。

小结：像900、65这样，表示每分钟行驶的米数或者每小时行驶的千米数，在数学上称为"速度"。

谈话：现在我们把关系式化简后就成了"速度×时间＝路程"。

总结：同学们，每分钟、每小时行驶的路程叫速度，还有哪些时间行驶的路程也叫速度？

预设：每秒、每天、每年……

总结：如果我们把这些时间叫作单位时间，那单位时间内行驶的路程就叫作速度。

【设计意图】

模型意识主要是指对数学模型普适性的初步感悟。知道数学模型可以用来解决一类问题，是数学应用的基本途径；能够认识到现实生活中买卖、路程问题都与数学有关，有意识地用数学的概念与方法予以解释。

通过学生的列式先让学生列出算式900×8，让学生说说为什么这样列式，然后得出数量关系，每分钟行驶的米数×行驶的时间＝车站与物流中心的距离，再通过问题"西城与物流中心相距多少千米？"得出数量关系式：每小时的千米数×行驶的时间＝西城与物流中心的距离和算式。同时，教师为了让学生进一步理解它们三者的关系，采用了线段图进行展示，这是学生第一次接触到关于行程问题的线段图，也会为接下来学习相遇问题借助线段图来建构模型打下基础。在此基础上，结合数量关系式和算式对应着抽象出速度和路程的概念，让学生明白单位时间行驶的距离叫作速度，从行驶的起点到终点的距离叫作路程，然后引导学生通过举例抽象出数量关系式，"速度×时间＝路程"。这样给学生在直观和抽象之间架设一座桥梁，利于学生模型的建构，为后续学习奠定基础。

借助实际测量，发展学生量感

青岛郑州路小学 刘 佳

【教学内容】

《义务教育教科书·数学》（青岛版）六年制三年级下册第五单元，P50—P54页信息窗1。

【教学目标】

（1）学生在解决问题的过程中，认识面积和常用的面积单位，建立1平方米、1平方分米、1平方厘米的表象。

（2）学生在经历观察、操作、思考、建构等学习过程后，认识面积及常用的面积单位，建立面积单位的表象，发展学生空间观念和推理能力。

（3）学生在交流解决问题的过程中，体验数学与生活的密切联系。

【教学过程】

（1）认识平方厘米。

① 测量。

谈话：同学们在测量卡片时用到的这个小正方形（出示1平方厘米的卡片），它的面积就是1平方厘米。它的边长是多少？量量看。

② 描述。

谈话：边长是1厘米的正方形，面积就是1平方厘米。从学具盒中找到边长1厘米的正方形卡片，与同位互相看看说说。

③ 总结。

小结：边长是1厘米的正方形，面积是1平方厘米。1平方厘米用字母1 cm² 表示。

（板书）

④ 寻找。

谈话:生活中哪些物体表面的面积大约是 1 平方厘米?(大拇指甲盖的大小,1 分硬币的大小……)

⑤ 用面积单位测量。

谈话:同学们刚才用了 1 平方厘米测量了卡片的面积,两张卡片的面积分别是多少?

预设:36 平方厘米,32 平方厘米。

谈话:你还能找到哪些物品的面积?

预设:橡皮的面积是 6 平方厘米……

(2)认识平方分米。

谈话:1 平方厘米可以用来测量,用它量一量我们课桌桌面的面积吧?

预设:太麻烦了。

谈话:看来应该选择更大的面积单位。

预设:平方分米。

① 建构 1 平方分米表象。

谈话:刚才我们学习 1 平方厘米时先是测量了它的边长,再说说它是怎样规定的,之后又找了生活中的 1 平方厘米,借助学习 1 平方厘米的学习经验自主学习 1 平方分米。

谈话:边长是 1 分米的正方形面积是 1 平方分米。1 平方分米可以用字母 $1 \, dm^2$ 表示。

生活中哪些物体表面的面积大约是 1 平方分米?(手掌、粉笔盒……)

② 理解图形的面积是多大就是含有多少个面积单位。

谈话:用 1 平方分米测量课桌桌面的面积吧。

预设:30 平方分米。

③ 体会形状变化,面积不变。

(3)认识平方米。

谈话:如果要测量教室的面积,选什么面积单位合适?

根据学习经验,类推 1 平方米。

谈话:边长是 1 米的正方形面积是 1 平方米。1 平方米可以用字母 $1 \, m^2$ 表示。

生活中哪些物体表面的面积大约是 1 平方米？（一块黑板、一扇窗户……）

追问：几张课桌面的面积大约是 1 平方米？

学生活动，4 个人一组围一围，初步感知 4 张课桌桌面的面积大约是 1 平方米；再通过直观展示 1 平方米教具，建立表象。

【设计意图】

"量感"一词最早源于造型艺术，即人类通过视觉、触觉、嗅觉等对某一物体味道、形状、速度、大小、轻重等特征予以观察，并在脑内形成的感性认知。对应在数学学科中，"量"便是教学中学生必然接触的高度、长度、面积、时间、角度等词汇，量感则是学生是否能正确使用这类单位的能力体现。

"面积"的认识是学生的认知基础，充分联系学生的生活经验去感悟。教学过程中在认识了面积单位后，让学生找一找 1 平方厘米、1 平方分米、1 平方米的物品，大量生活实例让学生建立了直观认识，鼓励学生进行实际测量，通过测量卡片大小、课本大小、课桌大小，亲身实践加深学生对面积单位的认识，了解图形的面积多大就是含有多少个面积单位。在整个教学实践中，为学生提供了丰富的素材，引导学进行分析比较。学生在观察、思考、尝试、交流、操作中积累了活动经验，加深了对面积单位的认识，发展了学生的量感，提升了数学素养。

借助学具操作,理解算理,渗透运算能力培养

青岛郑州路小学　　孙文珠

【教学内容】

《义务教育教科书·数学》(青岛版)六年制一年级上册第七单元信息窗2《8加几》。

【教材简析】

本信息窗呈现的是运动会操场一角"分发饮料的情景",借助问题"两组一共领了多少瓶果汁?",引入对"8加几"进位加法的学习。本节课是在学生已经学习并掌握"9加几"的计算方法的基础上教学的,是"凑十法"的延续和巩固。基于低年级学生优势智能,通过学习让学生再次体会到"凑十法"的简便性,为后面进一步学习6、7的进位加法和20以内的退位减法打好基础。

【教学目标】

(1)使学生在已有经验的基础上,进一步理解"凑十法"的算理,并能正确、熟练的计算"8加几"的进位加法。

(2)在经历探索"8加几"计算方法的过程中,学生体会数学知识之间的内在联系,并能运用迁移、类推能力探索新知,感受"迁移、类推"等数学方法在解决新问题中的价值,提高学生解决问题的能力。

(3)在自主探索、合作交流中体验成功学习的乐趣,增强学好数学的信心。

(4)培养学生勇于探索、敢于质疑、善于思考的理性精神和愿与同学分享的优良品质。

【教学过程】

教学片段：汇报交流，理解算理

一、全班汇报，理解算理

谈话：大家都想到了哪些方法来验证 8 + 7 是否等于 15？哪个小组来汇报？

预设 1：用小棒摆一摆。（展台投影）

学生边摆边说："先摆 8 根，再摆 7 根，从 7 里面拿出 2，8 和 2 凑成十，10 加 5 等于 15"

谈话：你边摆边说，讲得真清楚。大家看懂了吗？谁能提一个问题呢？

预设：为什么要从 7 里面拿出两根呢？

评价：真会观察，真会思考，这个问题提得很有价值，老师也想知道，为什么要从 7 根里拿出 2 根呢？

预设：8 和 2 凑成 10。

谈话：对呀，8 和 2 能凑成十，看到 8 就想到 2，又一次用到我们"窗一"学习过的"凑十法"。

谈话：我们一起来看屏幕。计算 8 加 7 时，因为 8 和谁能凑成 10？ 2，所以我们把 7 分成 2 和 5，先算 8 + 2 = 10，再算 10 + 5 = 15。

谈话：我们把这个分小棒的过程在黑板上写下来好吗？

谈话：把 7 分成 2 和 5，先算 8 加 2 等于 10，再算 10 加 5 等于 15。

同时板书框架图与计算过程。

预设 2：用计数器拨一拨。（板贴"拨一拨"）

学生边拨边说："先拨 8 个珠子，再拨 2 个珠子（加上 2 个珠子等于几个珠子？先算 8 + 2 = 10，10 个一就是一个十，满 10 进 1），再拨 5 个珠子，10 加 5 等于 15。"

谈话：大家看清楚了吗？在拨的时候，他也是先算的 8 + 2 = 10，再算 10 + 5 = 15。我们又用凑十法解决了问题，一共领了多少瓶果汁？

答：一共领了 15 瓶。

预设 3：算一算。

谈话：除了用 $8 + 2 = 10, 10 + 5 = 15$ 这种算法，谁还有不一样的算法？

预设：$10 + 7 = 17, 17 - 2 = 15$。

谈话：你是怎样想的？

预设：把 8 看成 $10, 10 + 7 = 17$，多算了 2 个，所以 $17 - 2 = 15$。

课件展示　$8 + 7 = 15$

想：（10）

$$10 + 7 = 17$$
$$17 - 2 = 15$$

小结：是这样吗？你也是看到 8 就想到 10。而且你思考问题还很全面，前面多算了 2 个，结果就要再减去 2。

二、沟通联系，深化算理

谈话：刚才的同学用了不同的方法来验证 8 加 7 是不是等于 15，大家看看这些方法有没有相通的地方？

预设 1：都是先算 $8 + 2 = 10$，再算 $10 + 5 = 15$。

预设 2：都是运用了凑十法来计算。

谈话：大家的思考很有价值！就像大家所说的这些验证方法都运用了凑十法，看来凑十法在我们解决 10 以内的进位加法中有着重要的作用。

【设计意图】

《义务教育数学课程标准（2022 版）》关于第一学段数的运算教学提示中指出：要让学生借助具体操作活动感知加减运算要在相同数位上进行，利用对应法理解加减法的计算算理。计算教学中，教师不仅要让学生把握运算的结构模型，还要让他们经历运算的推理过程。本节课，教师引导学生借助"9 加几"的学习经验，自主探究"8 加几"的算理。学生借助小棒、计数器等学具展示算理的探究过程。学具展示有效地将抽象的算理变得直观形象，容易理解，符合低年级学生的思维特点。学生在交流的过程中，教师适时引导学生质疑，营造生生互动的学习氛围，激发学习数学的热情，从而有效实现旧知识迁移类推解决新问题，进一步深化"凑十法"算理，帮助学生积累数学活动经验的同时，提升了学生的运算能力。

借助学具、多元体验，初步培养学生量感

青岛郑州路小学 孙文珠

【教学内容】

《义务教育教科书·数学》（青岛版）六年制一年级下册第八单元信息窗1。

【教学目标】

（1）认识厘米，体会厘米的实际意义，会进行简单的计算和测量。初步学会估测和测量物体的长度，发展学生的量感。

（2）在实际测量活动中，了解测量方法的多样性，初步体会统一单位的必要性。通过生活情境，感受厘米测量的意义，感知数学的严谨性。

（3）培养学生的观察能力、动手操作能力及合作意识，使学生养成细心、认真的学习习惯，使学生在参与数学活动的过程中培养合作交流意识，感受数学与生活的密切联系。

【教学过程】

1. 认识1厘米

（1）刻度尺上刻度0到刻度1之间的长度就是1厘米。谁知道在刻度尺上还有哪一段长是1厘米？

根据学生的回答教师小结：刻度0到刻度1之间的长度是1厘米，每标有相邻数字的两个刻度之间的长度都是1厘米。比方说刻度1到刻度2之间，刻度3到刻度4之间……

（2）初步建立1厘米的长度观念，感知1厘米的实际长度。

① 对照着尺子比画一下1厘米有多长（大拇指和食指比画）。

② 为了让同学们比得更准确一些，拿出准备的1厘米的小棒来比画一下。轻轻地放下小棒，闭上眼睛，想一想1厘米有多长。想起来了吗？好，现在你能

用手直接比画出 1 厘米有多长了吗？通过摸、想、比画，你感觉 1 厘米怎么样？（比较短，所以测量较短物体的长度一般用厘米做单位）

③ 想一想在我们身边或身上哪些物体的长度大约是 1 厘米？

2. 画 1 厘米

怎样画 1 厘米长的线段？

学生说完后教师示范画：直尺放平，在刻度 0 上面点个点，一直画到刻度 1 就停下，在刻度 1 上面也点个点。这就是 1 厘米长的线段，在线段的上方标上 1 厘米。

厘米可以用字母 cm 表示，1 厘米可以写成 1 cm。

3. 认识几厘米画几厘米

（1）你知道刻度 0 到刻度 3 之间的这段有多长吗？刻度 0 到刻度 4 之间的一段呢？刻度 1 到刻度 6 之间的一段呢？ 7 到 11 呢？

小结：有几个 1 厘米（大格）就是几厘米。

（2）怎样画 4 厘米长的线段？

学生汇报画法教师示范：从刻度 0 画到刻度 4，就是 4 厘米长的线段，在上面标上 4 厘米。

学生画教师巡视。学生再画 6 厘米长的线段，强调从刻度 0 开始画。

4. 认识线段

刚才咱们画的 1 厘米、4 厘米、6 厘米的线都是线段：线段都有端点，直直的，可以测量长度。（连结两个点的直直的线就是线段）

5. 测量线段的长度

（1）出示：课本 95 页小电脑博士提出的问题：这几条画的都是线段，你能量出它们的长度吗？

学生说，教师注意纠正，并示范测量方法：刻度 0 对准线段的一端，直尺紧紧挨着线段，另一端对着刻度几，这条线段就是几厘米。然后在线段上方标上几厘米。

学生比着老师的方法量第一条线段，再量剩下的两条线段。教师边巡视边强调：刻度 0 对准一端，量完后别忘了在线段上面标上几厘米。

【设计意图】

"量感"归根到底是一种"感觉",它是对物体的大小、长短、轻重、快慢等量态的感性认识。小学生量感的形成是一个由抽象到具体的过程。"厘米的认识"是学生认识长度单位的开始,对长度单位有一定的感性认识,知道自然界中的物体之间存在着长度上的不同,能够比较直观地比较某些物体在长度上的差异。

本环节学生开展多样化的学习活动,通过估一估、认一认、量一量、画一画等课堂活动,在操作和体验中获得真实的感受,加深对厘米的认识,体会厘米的用途,同时培养了学生的量感以及估测能力、应用能力。

在信息和问题的分析中,培养学生的模型意识

青岛郑州路小学　孙文珠

【教学内容】

《义务教育教科书·数学》(青岛版)六年制二年级下册第八单元信息窗1。

【教材简析】

本课需要学生能在熟悉的生活情境中运用数和数的运算,合理表达简单的数量关系,解决简单的问题。能在解决问题的过程中,体会解决问题的道理,解释计算结果的实际意义,感悟数学与现实世界的关联,形成初步的模型意识、几何直观和应用意识。

【教学目标】

围绕单元目标细化课时的教学目标,课时目标依然围绕四个维度。

（1）结合具体情境图,学会分步解决两步计算的乘加（减）问题,初步了解用乘加（减）解决问题的思路。

（2）经历用乘加（减）分两步计算来解决实际问题的过程,在解决问题的活动中渗透解决问题的策略。

（3）结合具体情境,学会从数学角度发现问题、提出问题、分析问题、解决问题,发展应用意识。

（4）在解决实际问题的过程中深刻感受数学与生活的联系,培养学生的数学兴趣。

【教学过程】

一、解决问题 1

谈话:我们已经知道,9 人一组,已经分了 4 组,还剩 5 人,旅游团一共有多少人？ 先自己独立思考,然后小组交流,注意在交流的时候说说你是怎么想的。

教师巡视,学生尝试解决问题。

（虽然学生刚接触两步计算问题,解决问题有一定的困难,但是有前面解决一步计算问题的经验,给学生一些空间,以独立思考为前提,然后小组交流,让他们自己开动脑筋寻求解决问题的思路）

学生先独立思考,然后小组讨论。

谈话:想必你们心中都有了答案,请把它写在学习卡上。

谈话:哪个小组的同学想分享一下？

预设:$4 \times 9 = 36$（人）　　　　$36 + 5 = 41$（人）。

谈话:你是先求的什么？

预设:先求 4 个小组的人数。

谈话:再求的什么？

预设:再求出旅游团一共有多少人。

谈话:你能完整地说一说吗？

预设:先求 4 个小组的人数,再求出旅游团一共有多少人。

（根据新课标的要求,不断向学生渗透核心素养内容,因此在这里运用综合法,让学生根据已有的条件不断地推理和演算,最终导出结论,求出结果）

谈话:谁还想再说一说？

预设:$4 \times 9 = 36$（人）　　　　$36 + 5 = 41$（人）。

谈话:你是怎么想的?

预设:先求出 4 个小组的人数,再求出旅游团一共有多少人。

(让学生充分交流,有利于学生思维能力的培养,使学生信心十足地学知用知,并从中获得成功的经验)

二、解决问题 2

你问我说:

● 小汽车比大汽车多几辆?

小汽车停了 3 排   每排 7 辆   大汽车停了 9 辆

谈话:我们已经解决了关于多少人的问题,再来解决关于车的问题。

课件出示。

谈话:我们已经知道小汽车停了 3 排,每排 7 辆,停了 9 辆大汽车,小汽车比大汽车多几辆?请同学们独立思考,如果遇到困难了,再和同桌交流。

(充分放手给学生一些空间,以独立思考为前提,如果遇到困难再小组交流,让他们自己开动脑筋寻求解决问题的思路)

谈话:想必你们心中都有了答案,请把它写在学习卡上。

谈话:哪个小组的同学想分享一下。

预设:$3 \times 7 = 21$(辆) $21 - 9 = 12$(辆)。

谈话:你是先求的什么,再求的什么?

预设:先求小汽车共有多少辆,再求小汽车比大汽车多几辆。

谈话:我们要想求得小汽车比大汽车多几辆,我们就要知道小汽车有几辆,大汽车有几辆,在这里大汽车有几辆知道吗? 所以我们要先求出小汽车有几辆呢? 大汽车有 9 辆,那么小汽车就比大汽车多了 12 辆。

(根据新课标的要求,不断向学生渗透核心素养内容,因此在这里运用分析法,从结论出发,让学生通过推理和演算,不断追溯使结论成立的原因)

谈话:谁还想再说一说?

预设:$3 \times 7 = 21$(辆) $21 - 9 = 12$(辆)。

谈话:你是先求的什么,再求的什么?

预设:先求小汽车一共有多少辆,再求小汽车比大汽车多几辆。

谈话:请大家观察这两个问题,它们有什么相同点和不同点?

预设 1:都是两步算式解决问题。

预设 2：第一步都是用乘法解决。

预设 3：第一个问题先用乘法后用加法解决，第二个问题先用乘法后用减法解决。

谈话：这就是我们今天学习的两步计算的乘加（乘）减应用题。

【设计意图】

模型意识主要是指对数学模型普适性的初步感悟。其主要表现为："知道数学模型可以用来解决一类问题，是数学应用的基本途径；能够认识到现实生活中大量的问题都与数学有关，有意识地用数学的概念与方法予以解释。"小学阶段，模型意识有助于开展跨学科主题学习，增强对数学的应用意识，是形成模型观念的经验基础。以数学思考为主线，在分析信息时，更加注重引导学生用数学语言说算理，关注学生的真实想法及推想过程，让学生在交流中加深解题思路的理解，让学生独立提出问题、分析问题并且解决问题，在对比观察中抓住解决问题的关键点，培养学生充分利用信息解决实际问题的能力，进一步掌握两步应用题的解题思路，形成一个良好的认知结构。

操作体验,推理概括,在《体积与体积单位》教学中培养量感

青岛郑州路小学　王　倩

【教学内容】

《义务教育教科书·数学》(五年级下册)第七单元《体积和体积单位》信息窗 3 的内容。

【教学目标】

(1)借助实验和模型,通过经历观察、猜测、验证、比较、操作等活动,理解体积的含义,了解立方厘米、立方分米、立方米等常用的体积单位。

(2)在具体的问题情境中,经历探究、类推、验证等学习活动过程,培养观察、想象、推理、判断和概括能力,积累数学活动经验及思考方法,发展初步空间观念。

(3)体验获得成功的乐趣,建立学好数学的自信心。

【教学重点】

使学生感知物体的体积,初步建立 1 立方米、1 立方分米、1 立方厘米的体积观念,培养学生量感。

【教学难点】

帮助学生建立体积是 1 立方米、1 立方分米、1 立方厘米的大小的表象,能正确应用体积单位估算常见物体的体积。

【教学过程】

一、认识体积

1.实验操作,感知概念

谈话:石头真的占了水的空间吗?我们再来做个实验验证一下。

让学生以小组为单位,做两个实验,并汇报总结过程和结果,教师出示课件演示实验过程:

实验一:把一个石块放入有水的玻璃杯中,让学生观察水面的变化,思考水面为什么会上升了?

明确:水面升高了是因为石头占据了水的一部分空间。

实验二:把大小不同的两个石块分别放入盛有高度相同水的两个玻璃杯中,你又发现了什么? 说明什么?

引导学生比较它们所占据空间的大小,说明物体所占空间有大有小。

由生活经验总结体积概念。

2. 丰富体验,理解概念

谈话:同学们,用手在课桌抽屉里摸一摸,左右活动活动,说说有什么感觉?

学生摸一摸,并说感觉。

追问:请把书包放进抽屉,再用手活动活动,现在又有什么感觉? 这是为什么?

引导学生说出:因为书包把抽屉的空间占了。

3. 借助素材,抽象概念

总结:物体都占有一定的空间,而且所占的空间有大有小。我们把物体所占空间的大小叫作物体的体积。(板书)

追问:想想生活中哪些物体也占空间? 学生举例说明。

二、建立体积单位表象

谈话:有的物体可以通过观察来比较它们的体积大小,下面的长方体和正方体,谁的体积大?

引导学生分析要想知道到底谁的体积大,大多少,必须知道它们的体积是多少。怎样才能知道它们的体积到底有多大呢? 和解决长度和面积的问题一样,要想知道物体体积的大小,也必须用一定的计量单位来计量。

1. 认识 1 立方厘米

谈话:1 立方厘米到底有多大呢?

(1)课件演示:1 厘米的线段;边长为 1 厘米的正方形(面积为 1 平方厘米);

棱长为 1 厘米的正方体(体积为 1 立方厘米)。

教师将 1 立方厘米模型粘在黑板上。

(板书:棱长为 1 厘米的正方体,体积为 1 立方厘米)

(2)学生拿出学具盒里的 1 立方厘米小正方体看一看、量一量、摸一摸,用手指比画比画,把它的大小记在脑海中。

(3)用橡皮泥试着做出 1 立方厘米大小的正方体,再任意做出喜欢的造型,想一想,什么变了,什么没变?

(4)回顾生活中体积为 1 立方厘米的物体。

预设:花生米、食指尖、巧克力豆、小石子……

(5)测量小盒子的体积。

2. 认识 1 立方分米

设问:牛奶箱的体积用立方厘米做单位来测量合适吗?

学生感觉太小,产生认识更大体积单位的需要。

(1)引导学生回想刚才认识 1 立方厘米的过程,学习 1 立方分米。

想一想,试着用数学语言叙述;用身边的学具做出或找出 1 立方分米的正方体;回顾生活中体积为 1 立方分米的物体。

(2)学生汇报交流。

教师结合学生回答,将 1 立方分米模型粘在黑板上。(板书:棱长为 1 分米的正方体,体积为 1 立方分米)

学生用学具做出棱长为 1 分米的正方体框架,并用手比画大小,记住它。

学生回顾生活中的"1 立方分米",粉笔盒、笔筒、纸巾盒、魔方……

3. 认识 1 立方米

谈话:集装箱的体积用立方分米做单位来测量合适吗?学生自然想到用更大的体积单位——立方米。

设问:在小组内讨论一下什么是 1 立方米? 1 立方米的物体有多大? 你能试着展示出 1 立方米的大小吗?周围的哪些物体用立方米来计量。

教师根据学生回答板书:棱长为 1 米的正方体,体积为 1 立方米。

预设 1:装 29 英寸电视机的纸箱的体积大约是 1 立方米。

预设 2:学生用米尺或几人用手臂合作展示出 1 立方米的大小。

猜一猜,估一估,1 立方米的空间能站几位同学?

学生猜测并验证。

4. 提升方法

设问：想一想，在体积单位的探索过程中，我们运用了什么方法？

预设：由面积单位的探究过程，类比、迁移学习体积单位。

【设计意图】

《义务教育数学课程标准（2022年版）》中提出：要在图形认识和测量过程中，进一步形成量感、空间观念和几何直观。量感，是对事物可测量属性及大小关系的直观感受；知道度量的意义，能够理解同一单位的必要性，会针对真实情境选择合适的度量单位进行度量，会在同一度量方法下进行不同单位的换算。体积的意义十分抽象，学生难以理解。教师设计了两次实验操作突破该难点。第一次实验，让学生通过观察、思考、认识物体"占有空间"；再通过第二个实验，让学生形成"空间有大小"的直观印象，帮助学生理解体积含义，建立"体积"的概念。教师又通过两个长方体体积大小的比较，引导学生思考感知计量物体的体积要用统一的体积单位，从而引入"体积单位"的教学。整节课通过实验操作、课件演示、推理概括等教学方式，让学生对体积和体积单位建立起直观表象，发展了量感，促进了学生数学素养的提高。

借助多样化研究方法,培养学生的数学逻辑推理能力

青岛郑州路小学　王　倩

【教学内容】

《小数的性质》一课是义务教育教科书青岛版小学数学四年级下册第五单元信息窗 2 的内容。本课内容是在学生对小数和分数有了初步认识并且学习了小数的意义、小数的大小比较的基础上进行学习的,是深入学习小数有关知识的开始。通过这部分内容的教学,学生能够进一步理解小数的性质,为今后学习小数四则运算打好基础。

【教学目标】

(1)初步理解小数的性质,会应用小数的性质把末尾有 0 的小数化简,把一个数改写成指定位数的小数。

(2)借助多样化研究方法,让学生在现实的情景中通过猜想、验证以及比较、归纳等活动,经历规律探究的全过程,激发学生探究兴趣,培养学生分析、概括、归纳、推理能力,培养学生数学逻辑智能。

【教学过程】

教学片段:猜想验证,探究性质

1. 合作探究

(1)师:那么你们能不能用你手中的素材来验证 0.5 = 0.50 呢? 让我们来试试吧。

(事先准备好实物元角分、方格、米尺、数位顺序表等)

(2)学生分组合作,进行讨论、探究。

2. 全班交流(每个小组派代表交流)

生 1:我是用手中的钱来验证的。5角就是0.5元,50分是0.50元。所以我认为0.5 = 0.50。

生 2:我是用米尺来验证的。5分米是0.5米,50厘米是0.50米。它们在米尺上的长度都一样,所以我认为0.5 = 0.50。

生 3:我是用数位顺序表来验证的。0.5中的5在十分位上,是5个0.1,0.50的5也是在十分位上,也是表示5个0.1,所以我认为0.5 = 0.50。

生 4:我是用涂方格来验证的。0.5是画5个方格,0.50是画50个小方格,所以我认为0.5 = 0.50。

3. 深化理解

教师演示课件:

第一个图把单位"1"平均分成了10份,其中的一份就是0.1,0.5表示其中的5份;第二个图把单位"1"平均分成了100份,一份就是0.01,10份就是0.10,50份就是5个0.1,即0.50。

小结:刚才同学们通过不同的方法,经过小组合作探讨和验证,证明了0.5 = 0.50。如果同学们还有更好的方法,课后可以继续研究。

4. 举例验证

师设问:我们的猜想是不是对所有的小数都适用?

组织学生进行举例,然后小组合作验证,全班交流

引导学生观察举例所得数据,说一说有什么发现?

5. 归纳性质

师设问:谁能用一句话说说你们的发现? (小数末尾添上0或者去掉0,小数的大小不变)

通过交流,总结板书:小数的末尾添上0或者去掉0,小数大小不变。(板书课题:小数的性质)

你认为"小数的性质"概念中哪些文字比较重要? (突出末尾、0、小数的大小不变)

【设计意图】

逻辑推理能力、分析能力以及识别图标和数字的能力,是数学逻辑智能的

重要组成部分。新课标指出：让学生尝试在真实情境中发现提出问题，探索运用基本的数量关系以及几何直观、逻辑推理、方法分析与解决问题，形成模型意识和初步的应用意识、创新意识。由于学生生活背景和思考角度不同，所使用的方法必然是多种多样的。本节课，教师尊重学生的想法，鼓励学生独立思考，提倡探究方法的多样化。为了探究的需要，教师为学生提供了丰富的学具与素材，钱、米尺、正方形方格纸、数位顺序表等，让学生运用多种方法进行观察、猜测、操作、验证，从而推理、归纳、概括出小数的性质，有效地培养了学生的数学逻辑推理意识和能力。

在直观操作中，增强学生数感

青岛郑州路小学 孙文珠

【教学内容】

《万以内数的认识》是义务教育教科书青岛版小学数学二年级下册第二单元的内容，本单元是在学生在认识了 100 以内数的认识的基础上进行教学的，是认数范围的一次扩展。它不仅是学习万以内数计算的基础，也是以后认识万以上数的基础，对发展学生的数感有着重要的意义。

【教学目标】

（1）通过具体的实例让学生感受到万以内的数在生活中的应用，建立形象的感性认识，了解大数的价值，发展学生的数感。

（2）认识新的计数单位"千""万"，进一步理解相邻的两个计数单位之间的十进制关系。

（3）学会读、写万以内的数（中间、末尾有零），知道数的组成，掌握数位顺序表。

（4）进一步学习用具体的数描述生活中的事物，与他人进行交流，培养学习数学的兴趣和自信心。

【教学过程】

教学片段一：一千有多大呢

1. 认识一千

师：一千有多大呢？让我们一起来数一数好吗？

引导学生先一百一百地数，数到九百；再一十一十地数，数到九百九十；最后一个一个地数，数到九百九十九，借助课件最后一个小正方体的降落，让学生明确这个"一"的重要性，引导学生总结"满 10 进 1"。并直观感受"一千有多大"。教师顺势板书:10 个一百是一千(千用红笔)。

师:这是我们今天认识的一个新的计数单位。

2.通过拨数,理解相邻计数单位之间的十进制关系,引出新的数位"千位"

师:现在你能在计数器上从 999 拨到 1 000 吗?

师:那千位在哪里?

引导学生确定千位,并提升:百位上满十了,就要退去,然后向千位进一。

师:我们认识了新的数位"千位"后,就在千位上拨 1 个珠子表示一千,而不再在百位上拨 10 个珠子表示一千了。

师:那现在你知道为什么 1 000 的百位、十位、个位都要写 0 吗?

师:让我们一起读出这个数。(课件出示 1 000 的读法:一千)

同学们,我们通过努力又认识了一个新的数位:千位。在计数器中从右往左数,第四位就是千位。

教学片段二:认识一万有多大

(二)一万有多大?

1.学生汇报交流

(1)我用小木块摆的,一千、二千、三千……数到十个一千是一万。

(2)我用计数器拨的,一千、二千、三千……拨到十个一千就是一万。

2.课件演示,理解一万有多大

(1)理解 9 999 再加 1 是 10 000。

师:同学们说得真好,现在让我们再仔细回忆一下一万是如何得来的。教师课件演示。

预设:学生跟着课件数数。一千一千地数,数到 9 000,一百一百地数,数到 9 900,一十一十地数,数到 9 990,一个一个地数,数到 9 999,再加 1 就是 10 000。使学生明白:9 999 再加 1 是 10 000。

(2)理解 10 个一千是一万。

预设:把 10 个 1 放在一起是一个 10,把 10 个 10 放在一起是一个 100,把 10 个 100 放在一起是 1 000,把 10 个 1 000 放在一起是 10 000。使学生发现 10 个一千是一万。

【设计意图】

数感,即对数的感知能力。培养学生的数感,对引导学生自主探索、分析和解决数学问题有着至关重要的作用。在教学实践中,我们要让学生在观察中启蒙数感,在体验中建立数感,在操作中形成数感,在比较中发展数感,在交流中优化数感,在解决问题中强化数感。而直观,又是指通过对客观事物的直接接触而获得感性认识的一种方式。本环节通过让学生数小正方体,并在计数器上拨出来等一系列直观操作活动,使学生感悟到数是数出来的,同时为学生建立了大数的表象,渗透数形结合的思想,发展学生的数感。并通过动画直观演示,当小方块满十了,为了认读方便,要把它摆成一列,渗透了"个位满十,要向十位进一",突破了接近整十、整百拐弯儿处的数法这一教学难点,同时渗透相邻两个计数单位间的十进关系,使学生的认识由感性上升到理性,数感与推理能力再次得到增强。

第四章
空间智能的绽放

彩绘世界，我的创意天地！

青岛郑州路小学　四年级二班　李梓宸

　　画画是我最喜欢的事情，每当我拿起画笔时，我就充满了激动和快乐。在画画的过程中，时间仿佛停止了，周围的人、动物和植物都静静地守候。我就像一个画中的小精灵，在那个美丽的世界里自由地跳跃和奔跑。当我最后一笔颜色涂抹完成时，我从画中跳出来，世界重新开始运转，水流动，汽车的轮子滚动，人们又回到各自的忙碌中。

　　画画不仅是我的兴趣所在，也展现了我的丰富想象力。当我仰望天空中的皎洁明月时，我会想象它是一颗巨大的月亮冰淇淋，上面镶嵌着五彩缤纷的水果，每一口都是甜蜜的味道；当我观察蝴蝶的翅膀时，它们就像华丽的公主裙，闪烁着耀眼的光芒；当我看到一朵盛开的鲜花，我想象它变成了一只可爱的精灵，散发着花香，拥有神奇的魔法。

　　每一次画画，都是一场创意的冒险之旅。我可以在画纸上创造出无限的奇迹和趣味。有时，我会画一幅神奇的海底世界，其中有可爱的小鱼儿在欢快地游动，还有闪亮的珊瑚礁和隐藏着宝藏的沉船。有时，我会画一座神秘的城堡，它拥有高耸的塔楼和华丽的花园，里面住着勇敢的骑士和美丽的公主。这些画面充满了童趣和想象力，让我沉浸其中，忘却了一切烦恼。

　　从 4 岁开始画画，每次画完，我的手上、脸上都沾满了五颜六色的颜料，手上也留下了一道道痕迹。曾经，我也想过放弃，但我选择坚持下去。现在我已经 10 岁了，让我来算一算——哦，哦！我已经坚持学习画画整整 6 年了，真是不容易啊！

这些年的努力让我有了很多收获。首先，我结识了许多新朋友，他们和我一样热爱绘画，我们一起交流创意，互相激励。其次，我学到了许多绘画的技巧，比如如何运用明暗和阴影来表现物体的形状和质感。当我细心地描绘出水果表面的纹理、阳光照射下的阴影时，画面就仿佛有了生命，让人感受到了真实的立体感。最重要的是，我学会了坚持不懈。每一次挑战都是一个机会，我相信只要持之以恒，我的梦想就会变成现实。

通过画画，我不仅感受到了快乐，而且锻炼了我的思维能力和创造力。我可以将自己的想象力化为绘画，创造出属于我的彩色世界。在这个世界里，我可以成为任何角色，探索无尽的奇迹和冒险。画画不仅是我的优势智能，也是我快乐的源泉和童年的记忆。

所以，同学们，我鼓励大家发掘自己的优势智能，找到属于自己的兴趣和梦想。无论你们擅长什么，只要坚持努力，就一定能够收获美好的成果。让我们一起加油，为了自己的梦想，创造属于我们的精彩！

发掘优势智能，迎接未来挑战

青岛郑州路小学　　五年级一班　　耿慕真

当今社会充满了机遇和挑战，我们作为小学五年级的学生，必须积极发掘自身的优势智能，以迎接未来的挑战。我是五年级一班的耿慕真，而我的优势智能是空间智能。

在众多的人类智能中，空间智能是指我们处理空间信息的能力。通过我自身的经历，我想和大家分享一下。

有一次，妈妈向我提出了一个挑战，让我折叠一个正方体。我欣然接受了这个任务，但随后我陷入了困惑，因为我知道如何折叠正方形，但对于正方体却一筹莫展。我开始思考，正方体有六个面：上下、左右和前后。我一边思索，一边拿起一张卡纸，在脑海中构思出一个完美的图纸。我想象着正方体的前面位于中间位置，两侧是左面和右面，上下分别是上面和下面。至于后面应该在哪里呢？没错！它位于右面的背面。这样折叠下去就能形成一个完整的正方体。我兴奋地按照自己构思的图纸剪裁，并成功制作出一个漂亮的正方体，送给了妈妈。看到妈妈满意的笑容，我感到非常自豪和开心。

我的想象力非常丰富。有一次，我们学习了一首古诗《鸟鸣涧》，其中描述了"人闲桂花落，夜静春山空"的美景。这些诗句在我的脑海中活灵活现：静谧的夜空，桂花悄悄飘落，朦胧的月亮挂在天边……我仿佛身临其境，完全融入了诗意之中，陶醉其中。

空间智能不仅帮助我解决日常生活中的问题，还使我能够更深入、更广泛地学习知识，探索未来的可能性。

当下，科技的迅猛发展让人工智能成为热门话题。最近，全球轰动的ChatGPT-4 人工智能聊天机器引起了广泛关注。它能够提供有用的答案，进行有趣的对话,计算能力甚至超过了人类,展示出了巨大的潜力,可以代替人类从事繁重的重复性工作。尽管人工智能的崛起引发了人们的担忧,但进一步的研究表明,它缺乏人类独有的好奇心、创新能力和共情能力。

与此相比,人类拥有九大独特的智能,包括语言智能、数学逻辑智能、空间智能、音乐智能、肢体运动智能、内省智能、自然探索智能、人际交往智能和存在智能,这些智能难以被人工智能所取代。

在这个充满机遇和挑战的时代,我们必须坚定地发掘和发展自己的人类智能,以充分利用人工智能的力量,为国家和人类的发展贡献出自己的智慧和力量。

作为小学五年级的学生,我们可以通过积极学习和实践,不断提升自己的能力。我们要善于发掘自身的优势智能,去发现问题,解决问题。同时,我们也要关注科技的发展,了解人工智能的优势和局限,以便更好地运用人工智能,为人类社会做出贡献。

让我们发掘自己的优势智能,迎接未来的挑战,共同创造一个智能化的美好世界。

绘画的奇思妙想

青岛郑州路小学　六年级二班　马若涵

科学家们将人类的智能分为九大方面,而在这九个方面中,我在空间智能方面有着突出的优势,想象力比较丰富,经常有各种各样的奇思妙想。

有一次,当我阅读着书中的"江南水乡"时,仅仅几句话就勾起了我对江南的丰富想象。书中描述了江南的湖水清澈,市民友好,但我想江南一定还有更多美好的景象。江南一定有茶,飘溢着茶香;江南一定有莲,纯净无瑕;江南一定有湖,波光粼粼;江南一定有垂柳,随风摇曳……我想江南的景色一定像孕育着美丽女子的土地一样,清秀脱俗!阳光洒在湖面上、洒在乌黑的房瓦上、洒在简约的渔船上,一切都如此美好!我想江南的市民们会看到鱼儿拍打水面,落在石头上;他们会站在桥上欣赏诗意盎然的湖面;品味令人回味无穷的龙井茶……江南充满了诗意和宁静,让我非常想将它画在纸上。

于是,我迫不及待地拿起画笔勾勒它的模样。但是,画了一通之后,我觉得无法完美地呈现它的美丽。我左思右想,不知道该如何才能将这个优雅美丽的地方展现出来。于是,我在书包里找到了一包剩下的美术课陶泥,这让我像看到了彩虹一样开心。我翻看着一个个照片,终于找到一个合适的场景,有花、有草、有树、有房屋,还有一个湖和一座桥。然后,我急切地在草稿纸上奋笔疾书,按照比例尺细心描绘。经过多次涂改,我最终完成了图纸,接下来就是捏图形和填色了。

我仔细观察屋顶的花纹,跑下楼去观察草的姿态,一根根捏好,然后小心翼翼地调配颜色,生怕出错。完成模型的那一刻,我心里充满了甜蜜的喜悦,就像吃了蜜一样。我还用一点胶水将每个小物品固定在模型上,这样更容易让我想象江南人民的生活场景。

通过这件事和其他许多时刻，种种迹象显示了我在空间智能方面的优势。空间智能带给我无尽的想象力，这让我更加自信。如果把我的人生比作一朵花，那么空间智能给予我养分和阳光。我将更加热爱并努力在空间智能方面取得更出色的成就！

空间想象力的奇妙世界

青岛郑州路小学　五年级一班　李奕谦

　　每个人都有自己的特点和才能。有些人擅长语言，有些人擅长运动，还有些人对音乐特别敏感，这些特长被称为我们的优势智能。而我发现，我的优势智能是空间智能。

　　这一发现是在一个平凡的下午。当时，我正专心写数学卷子。做到一道关于正方体和长方体的难题时，我闭上眼睛片刻。突然间，无数个与这道题相关的立方体和长方体，在我的脑海中形成了一幅幅动态的画面。我能够清晰地"看见"被切割后的几何体，它们的形状、大小和边长都在我的脑海中清晰呈现。凭借这样的能力，我成功攻克了这道难题。

　　实际上，在我更小的时候，也曾有过类似的经历。那是在我们学习各种几何形状的面积时，因为头疼，我请假回家休息。到了晚上，当我开始做家庭作业时，遇到了一道关于长方形面积的问题，我不知如何下手。于是，我闭上眼睛，开始思考。突然间，脑海中浮现出一个被对折多次的长方形图像。当这个被对折后的长方形展开时，它变成了许多小长方形，并且每个小长方形上都标有边长。我仔细数了一下，进行了计算，成功地解出了这道题。

　　空间智能不仅在数学方面有用，还可以在其他事情上发挥作用。有一次，我去中山公园游玩，很容易就记住了各条小路的方向和各个景点的布局。晚上，我躺在床上冥想，将整个公园的样子想象了出来，仿佛身临其境地再次游览了一遍。这样的空间想象力帮助我更好地探索和理解周围的世界。

　　我相信空间智能的用处绝不止于此。通过不断发掘和利用自己的优势智能，我将能在学习和生活中取得更多的成就，迎接未来的挑战。

探索书法之旅

青岛郑州路小学 六年级一班 徐晓寒

每个人都有自己独特的才能和优势,我们的长处会在不同的地方展现出来。而我的特长就是书法。

书法是中国的一门古老艺术。我还记得,那是我上三年级的一个上午,妈妈带我去了书法博物馆。看着那一幅幅优美的书法作品,我内心既紧张又兴奋。在欣赏完柳公权等大师的作品后,我兴奋地对妈妈说:"妈妈,我也想学书法。"妈妈欣慰地回答:"既然你有兴趣,就一定要好好练习。"下午,妈妈立刻带我去了附近的一家书法班,并为我报了名。

第一天上课,我特别紧张。老师给我递来书法纸、毛笔和墨汁。老师让我练习写一条横,我心想:"这太简单了,我马上就能写出来。"然而,很快我就笑不出来了。无论怎么写,我都写不好。我写的横线像一条条毛毛虫,蜿蜒爬行。虽然费了很大力气,我终于写出了一条相对好看的横线,满怀信心地拿给老师看。可是老师却说要两头粗,中间细。让我回去再练习。我心情瞬间低落,感觉就像被雷劈中一样。回到家后,无论怎么练习,我都写不好。我回想起当初信誓旦旦对妈妈说的话,我下定决心,绝不能放弃。从那时起,我不能辜负妈妈对我期望,鼓励自己不断努力朝着这个目标前进。经过艰苦的努力,我终于学会了草书,并且达到了 10 级。我看着自己取得的成就,心里充满了喜悦。

书法带给我快乐,它让我在艺术方面得到了训练。书法的魅力激发了我对古代文化的兴趣。我相信只要坚持不懈、不断提升自己,我的书法技巧会越来越出色。我会一直热爱书法,并且从中不断探索乐趣。

每次我拿起毛笔,轻轻蘸上墨汁,感受到那丝丝的冷凉,我就仿佛踏上了一段神奇的书法之旅。我用心地挥毫,每一笔每一画都凝聚着我对艺术的热爱和执着。逐渐地,我掌握了基本的笔画和结构,能够写出端庄的楷书和狂草的气韵。我喜欢欣赏自己的作品,每一次的进步都成为我前进的动力。

不仅如此,书法还教会了我耐心和坚持。在练字的过程中,我遇到了无数次的挑战和困难。有时候,我看着纸上凌乱的笔迹,感到灰心丧气。但是,我明白只有通过不断的努力和坚持,才能逐渐提升自己的水平。每一次的失败都是一次宝贵的经验,我学会了从错误中吸取教训,不断改进。

书法不仅让我在艺术上有所收获,还培养了我的专注力和细致观察力。当我用毛笔细细描绘每一个笔画的时候,我会沉浸其中,忘却周围的喧嚣。我学会了用心去感受每一笔的起落,每一点的浓淡。这种专注和细致的观察也在我的学习和生活中起到了积极的作用。

书法给予了我更多的乐趣和机会。在学校的书法比赛中,我积极参与,展示自己的才华。我还参加了社区举办的书法展览,和其他书法爱好者一起交流和学习。通过这些机会,我结识了许多志同道合的朋友,一起分享书法的魅力。

书法不仅仅是一门艺术,更是我人生中的一片蓝天。我会继续努力,不断提高自己的书法水平,用毛笔书写出美丽的文字和神奇的故事。无论何时何地,我都会带着对书法的热爱,不断追寻艺术的道路。

我的独特之处：发现自我，创造精彩

青岛郑州路小学　五年级一班　李浩然

每个人都有自己独特的特长，每个人的能力也各不相同，各有所长，各有所短……

我是一个非常特别的人。每当我做图形题的时候，我总能在脑海中准确地构造出与问题完全一样的图形。

就在今天的数学课上，老师给我们出了一道题，是一个图形题。问题是，"哪一个平面图可以折成一个长方体？"之后，老师问道："有谁能回答这个问题？如果有人答对，我会给他／她送礼物哦。"

一听到"礼物"这两个字，我迫不及待地想要解答。于是，我闭上眼睛，突然间，我脑海中出现了一个图形，正是那个长方体！我开始将它展开几次，仔细研究。每一个边角、每一块面都在我脑海中清晰可见。

终于，我找到了答案。我站了起来，高举起手，说道："这个题我知道，选 B。"老师微笑着点头回答："不错，答对了，这是给你的礼物。"我迅速走上前去接过属于我的礼物，那是一支非常漂亮的钢笔，闪着金属的光芒。我感到无比的自豪和喜悦，这个经历深深地刻在了我的心里。

还有一次，放学回家的时候，我突然迷失了回家的路。迷茫的心情让我愁眉不展，然而，我不想就这样束手无策。于是，我闭上眼睛，试图回忆妈妈接我回家时所经过的景物。

突然间，脑海中浮现出妈妈手牵着我的场景。我看到了那条熟悉的街道，路边的花坛，还有那棵高大的梧桐树。我睁开眼睛，开始朝着家的方向走去，依靠着那些熟悉的景物作为指引。

每一步都让我感到更加接近家的温暖。当我走到脑海中回忆到的景物时，我看到了家！那是我自己的家！一股安心和欣慰油然而生，我回到了家中，心中充满了对家的思念和归属感。

我走进家门，妈妈正等待着我，她的脸上带着担忧的表情。看到我平安归来，她松了口气，紧紧拥抱着我。我向妈妈讲述了我如何回忆景物，找到回家的路。

妈妈欣喜地笑着说："我的聪明孩子，你真是与众不同。你的记忆力和空间想象力真是让人惊叹！"

这些经历让我更加自信和自豪。我意识到，我的独特能力帮助我在生活中解决问题，成就自己。我开始更加珍惜并充分发挥自己的特长，尽可能多地探索和发展自己的潜能。

我的独特之处不仅仅是在学习上，还体现在与他人的交往中。我用心倾听他人的需求和情感，关心他人的感受，与他们建立起真挚的友谊和信任。

通过我的独特之处，我明白了每个人都有自己的价值和特长，而我们应该互相欣赏和尊重彼此的不同。每个人都是特别的，我们的独特之处让世界变得更加丰富多彩。

所以，无论在学习还是生活中，我都会坚持发掘和发展自己的特长，为自己和他人创造更美好的未来。

我的空间智能之光

青岛郑州路小学　五年级一班　贾凯铭

　　每个人都有自己独特的特点和才能,而我的才能就是空间智能。在其他方面,我或许不如别人,但在空间智能上,我自信自己很有优势。

　　语文课是我展示空间智能的舞台。当老师讲课文时,我能够迅速地形成图像。在构思阶段,当别人还在苦恼时,我能够迅速找到最佳解决方案。比如有一次,老师讲解了一篇描写风景的课文,她生动地描述着一座山的景色,我闭上眼睛,脑海中立刻浮现出那座山的巍峨身姿,我能够感受到山上的翠绿树木、风吹过的声音和清澈的溪流。我能够将文字转化为画面,让自己仿佛置身于其中。

　　在感知问题时,我能够准确地从众多错误中找出正确答案。一次数学课上,老师出了一道关于几何形状的难题,要求我们计算一个复杂多面体的体积。同学们纷纷低头思考,而我闭上眼睛,脑海中立即浮现出那个多面体的立体图形,我可以清晰地看到每个面的形状、大小和边长,我轻松地计算出了正确的体积。

　　在创造方面,我与众不同。其他人可能会模仿老师的方法,但那是否真正属于他们自己呢?跟随老师的指导固然没错,但这并不意味着一定是最好的。也许自己的作品不是最完美的,但它们是源于我的灵感,那才是我最好的作品。例如,我们在美术课上进行了一次自由创作,老师给出了一些主题,但我们可以自由发挥。我闭上眼睛,想象着自己置身于一个无限创意的世界,各种色彩和形状在我的脑海中闪烁。我用心灵的画笔勾勒出一个个独特的形象和景象,尽情展示我的空间智能的力量。

　　空间智能在解决魔方问题方面也有很大的作用。大家对于魔方问题,许多人可能会陷入困境,费尽心思才能成功还原六个面。然而,对我来说,这只是小菜一碟。我还记得在一次魔方竞赛中,同学们纷纷挑战自己的解密能力。当我接过魔方时,我闭上眼睛,双手轻轻转动魔方,仿佛在空中看到每个小块的位置和颜色。我能够凭借空间智能的洞察力,迅速找到每个块的正确位置,并进行精准的操作。在很短的时间内,我成功还原了整个魔方,惊艳了大家。

通过充分利用我的空间智能,我不仅能够在学习中取得好成绩,还能够在创造和解决问题时展现出与众不同的能力。我相信每个人都有自己独特的天赋和潜能,只要我们用心发掘和培养,每个人都能成为最出众、最棒的自己。

所以,让我们珍惜我们的大脑,充分利用我们的空间智能,展现出独特的光芒,创造属于自己的辉煌吧!让我们相信,我们每个人都可以在自己的领域中成为一颗闪耀的星星。

新奇发现:素描西红柿的细致之美

青岛郑州路小学　四年级一班　樊晓雅

我是一名四年级的小学生,对于素描绘画我非常热爱,每次画素描都让我心情愉悦。

我的素描老师姓王,大家都叫他王老师。我和三年级、五年级的同学一起学习素描绘画。

记得有一次,王老师给我们布置了一项挑战,要画一个非常难的物体——西红柿。或许你们会觉得画个西红柿有什么难的呢?你们可能会说:"画这个多简单啊!花几分钟就能画完。"但是实际上,画一个西红柿比我们想象的要困难得多。

西红柿的表面有许多微妙的细节,从皮肤的纹理到光亮的部分,甚至要把西红柿中间的小梗也画出来。我用铅笔轻轻勾勒出它的形状,再用阴影来表现它的立体感。我观察着它的明暗部分,细心地描绘每一个曲线和阴影。当我画出了皮肤上微小的凹凸和细微的纹理,西红柿的形象就逐渐栩栩如生了。

在绘画过程中,我不仅要注意西红柿的整体形状,还要捕捉它的光影变化。当光线照射在西红柿上时,一部分区域会明亮,而另一部分则会被阴影覆盖。我运用不同的线条和阴影处理技巧,使得我的素描作品更加逼真。

除了绘制西红柿的整体形态,我还注重细节的描绘。比如,我画出了西红柿上的果蒂,它是那么细小,但却能让整个画面更加生动。我还注意到西红柿表面的细微凹凸,那是因为它并不是完全光滑的。我努力地用线条表现出这些细节,使得我的素描作品更加精致。

西红柿是一个看似普通的蔬菜,但是通过素描绘画,我发现了它独特的美。我学会了观察事物的细节,感受它们的形态和纹理。每一次画西红柿,我都能感受到它们的鲜活和生命力。

素描绘画给了我表达自己想象力和观察力的机会。当我用铅笔轻轻描绘西红柿的曲线和纹理时,我仿佛能够感受到它们在我的手中变得栩栩如生。我通过明暗的处理,使得西红柿的轮廓更加清晰,阴影的运用让它们显得更加立体。我甚至可以想象到光线照射在西红柿上的那一瞬间,它们散发出的微光和阴影的变化。

绘画西红柿不仅是一项技术上的挑战,也是一次对细节观察的锻炼。我学会了仔细观察每一个物体的特点,用线条和阴影勾勒出它们的形态和质感。我注意到西红柿的颜色变化,从鲜红到深红,再到暗红,每一个色彩都是如此细腻而丰富。我尝试着用不同的铅笔压力和阴影层次来表现这些颜色变化,让我的作品更加生动。

通过素描绘画,我不仅仅是在画纸上描绘物体,我在感受和发现美的世界。每一次绘画都是一次探索和表达的旅程,我通过绘画发现了自己的特别优势。我发现自己对细节的观察力和创造力在素描绘画中得到了发挥,这让我感到非常自豪和满足。

通过学习素描,我不仅培养了专注力和细心观察的能力,还体验到了创造的乐趣和成就感。我相信只要我坚持不懈,我的绘画技巧会越来越精湛,我的想象力和创造力也会得到更好的发展。

所以,让我们一起走进绘画的世界,用素描记录我们的观察和想象,发现美的细节,创造属于我们自己的艺术世界!

乐高拼装中的苦与乐

青岛郑州路小学　　五年级二班　　闫瑞琦

　　我喜欢拼装乐高积木。每一次的拼装,我都会享受专注拼装的过程,沉浸在动手创作的快乐中。而每次拼装过程中所经历的失败、返工、重建也磨炼了我的耐心和意志,培养了我的动手能力,丰富了我的空间想象。

　　假期来了,妈妈送给了我一个新的乐高玩具:导弹驱逐舰。封面宣传图上栩栩如生的信号杆、吊塔、炮台、雷达深深地吸引了我。我仔细看了一会示意图,把它深深地印在了脑海里,便迫不及待地开始了拼搭之旅。

　　第一天晚上,我拆开了所有的袋子,一边找需要的零件,一边照着说明书一点点地拼插。很快,就把船身拼好了。我喜滋滋地拿出去给家人显摆,弟弟钦佩地夸我好棒,爸爸妈妈也称赞我速度快。但是不一会儿,我发现了不对劲的地方:船身做得太窄了。我脑子嗡的一下,心想:我太急躁了,没有仔细看清示意图就动手,这下好了,要拆了重建。时间已经很晚,我只能全部拆掉,第二天再重新开始。

　　第二天晚上,我早早地吃完饭回到房间,拿出了零件准备开始。妈妈提醒我要认真看图纸,找对零件,细心耐心地做。

　　我深吸一口气,投入搭建工作中。这次我不再急于求成,而是先把不同颜色的积木分开,然后把相同的积木分开。用了将近二十分钟,我终于把所有的积木都分好了。然后,我按照图纸的步骤,先找齐积木,再进行拼插,有条不紊地忙活了好久,直到妈妈催我洗漱睡觉,我才发觉时间已经来到了晚上 10 点。我恳求妈妈,让我完成拼装再睡觉。妈妈看了看我,同意了,并且和我一起拼装。她提前把我需要的积木挑出来放在我面前,我只需要看图纸安装就可以。很快,我的驱逐舰终于拼装好了。当最后一块积木安上时,我深深地松了一口气。

躺在床上时,我看着这个完整的作品,就像看着自己的"孩子",简直是爱不释手。妈妈说,这个作品难度很大,我之所以成功,是因为坚持认真,遇到困难不退缩。这也是她让我玩乐高的初衷。

  在玩中体验快乐,在玩中学会面对困难和挑战,在玩中学会专注和认真。我想,这也是我的收获吧。

我是乐高拼装小能手

青岛郑州路小学　　五年级三班　　姚佳兴

今天，我们家里举行了一年一度的乐高积木大赛，这个大赛不仅激动人心，还培养了我和弟弟妹妹动手，动脑的能力。

比赛开始了。我并不着急动手拼摆，而是先观察所有组装件怎样能最有效地为我所用，再对自己想要拼成的模型充分加以想象。俗话说，磨刀不误砍柴工嘛！最终我决定利用这些组件拼装一个超级洲际导弹。接下来，我选一个板子当为底座，在下面又放了大型的轮子，又在轮子前面上方加中力轴，再向上面放上三叶扇，三叶扇与三角边放在一起，再拿了一根棍子与三角边和在一起。随后又拿了一块紫色与黑色方块做了一个位子，作为前面还有一个按钮，由于我认为只装按钮不好看，便心生妙计，将"虎牙"与"导弹"放在一起，导弹在后，虎牙在前，看起来格外帅气，最主要的发动机，安装在最前。一架超级洲际导弹闪耀登场，随时做好准备腾空而起！

我回头看了下妹妹拼的战果：一辆履带式装甲车，车头是一个不太规则的半圆形，车头中间装有高射炮，四周各架上一挺机枪，贴纸装饰闪闪发光，很有氛围感。小学一年级的妹妹的作品让我很是佩服！小弟弟拼了一个旧式的绿皮火车，只不过火车头安装成了他喜欢的恐龙的形象，长长的绿色车厢拖在恐龙车头的后面，居然一点都不违和！

弟弟妹妹年龄虽小，可空间想象和动手能力却不能小觑！而我也在玩乐高的过程中丰富了知识，锻炼了能力。我想这就是爸爸妈妈鼓励我们玩乐高的目的所在吧！

这次的比赛不仅好玩，还开发了我的动手动脑能力。成长与快乐并存，我是乐高拼装小能手！

在《圆柱与圆锥》教学中培养学生空间观念

青岛明德小学　唐秀华

【教学内容】

《义务教育教科书·数学》(六年级下册)17—35页的内容。

【教学目标】

1. 学会空间想象

学生能认识圆柱和圆锥,掌握圆锥及圆柱的各部分名称及特征,认识圆锥及圆柱的侧面图及平面图。能正确认识生活中哪些是圆锥哪些是圆柱,认识圆柱的底面、高及侧面,认识圆锥的高及底面,认识圆柱和圆锥的关系。

2. 学会计算并解决问题

学生能掌握圆柱的表面积及侧面积的计算公式,并学会正确计算,学生能理解圆锥、圆柱体积的计算公式,会利用切割长方体体积计算贾柱的体积,掌握圆柱体积与圆锥体积的关系,会利用公式计算容积、体积,并解决有关的实际简单问题。

【教学过程】

1. 创设情境,合理想象

在生活中进行教育是有效的学习方法。圆锥与圆柱广泛存在于人们的生活中,但由于经常和其他事物组合拼装,使得学生不能及时发现。在学习这一章节时,可以给学生播放一些图片和视频,例如谷堆、沙堆、甜筒、漏斗、子弹头、水杯、水管、水桶、笔杆、笔筒等,并让学生找出生活中哪些东西运用了圆锥或圆柱的结构,锻炼学生的观察力,使学生产生学习兴趣,认识到圆锥与圆柱来源于生活中,并且能够初步认识它们的特点,有利于对圆锥与圆柱的探究。

2. 有效衔接,化解难点

学生在学习新知识时,若将已经学过的知识联系起来,则能促进学生学习兴趣,提高学习效率。新旧知识有效衔接,有利于授课流畅自然,学生容易从旧的知识中找出与新的知识的联系之处,并举一反三,化解难点问题。

在学习圆柱的体积时,可以利用转化的方法。在探求圆的面积计算公式时,学生曾利用切割长方形拼摆圆形的方法,从而推导出圆的面积。教师引领学生思考:长方形可以通过切割拼摆得到面积相等的圆,那圆柱是否也可以运用这样的方法,把圆柱转化成我们学习过的图形,进而推导出圆柱体积的计算方法呢?学生借助学具开展探究,不难发现沿着圆柱底面的直径和高把圆柱切开,可以得到大小相等的 16 块、32 块……可以将其拼成一个近似的长方体,并进一步发现分成的扇形越多,拼成的立体图形就会越接近于长方体。那么此时圆柱的底面积等于长方体的底面积,圆柱的高等于长方体的高,由于长方体的体积 = 底面积×高,因此圆柱的体积 = 底面积×高,$V = Sh$

在学习圆锥的体积时,同样可以利用转化的方法。教师给学生出示等底等高的圆柱和圆锥容器各一个,引导学生观察并发现圆锥和圆柱等底等高并引发猜测:这两个容器的容积哪个大?这两个容器的容积是否存在联系?有什么方法可以证明?学生借助操作演示和互动交流发现:圆锥里装满沙子,再将沙子倒入圆柱,让学生观察圆锥的沙装了 3 次,才能把圆柱正好装满。也就是等底等高的圆锥和圆柱之间的体积关系是一比三,那么在求圆锥的体积时就可以利用圆柱的体积求出。

3. 全面总结,课堂升华

在学习《圆柱与圆锥》时,要充分利用学生的空间想象能力,在发展学生的空间智能的同时进行教学,提高课堂教学效率,培养学生的探究能力。

【设计意图】

(1)空间智能是人们学习生活中的基本能力,在小学生的学习过程中培养空间智能的能力,有利于小学生更好地接受事物,基于空间智能培养学习《圆柱与圆锥》的内容有利于提高学生的学习效率。

(2)儿童从一出生接触世界开始,就对外部空间有了感知能力。随着人们对儿童的空间智能的培养,儿童对大千世界已经有了一定的认识,能在大脑中初步形成一个空间,在空间智能培养中教会儿童对圆锥与圆柱的认识,有利于加快儿童对新生事物的接受,培养空间智能意义及利用空间智能进行圆锥与圆柱教学的策略。

（3）形成空间智能最重要的一方面就是发展儿童的想象力,基于身边的事物进行想象,从而构建出二维或三维的空间。发达的空间智能不仅能培养孩子的想象力,还能提高儿童对外部事物认知的准确性和敏感性,从而探索世界。在小学,学生学习《圆锥与圆柱》内容时,通过利用自身对空间的感知及想象力,学习图形的特点,掌握圆锥与圆柱的特征,并且能够解决有关简单问题。

（4）加强数学知识与实际生活的联系,提高运用所学知识解决实际问题的意识与能力。引导学生经历知识的探索过程,培养学生自主解决问题的能力。充分关注操作与想象相结合,发展学生的空间观念。

借助空间想象,培养学生空间观念

青岛郑州路小学　李　辉

【教学内容】

《长方形和正方形的认识》是义务教育教科书青岛版小学数学二年级下册第六单元信息窗1的内容。本节课内容是学生第一次完整经历观察、操作、归纳、概括的过程,对图形特征进行再认识。而在今后,学生将面临对更多更复杂图形知识的认识和探究。

【教学目标】

（1）借助观察、操作,认识长方形和正方形的特征;并用语言描述长方形和正方形的特征。初步认识五边形、六边形。

（2）在探索长方形和正方形特征的过程中,借助动手操作和空间想象,培养探究意识,学会归纳、概括、应用图形特征知识的同时发展学生的空间智能。

（3）在具体情境中,感受、欣赏图形美,受到爱护鸟类、保护环境等思想教育。

【教学过程】

教学片段一:借助素材初步感知长方形

1. 教师引导学生整体观察实物鸟巢,初步感受鸟巢的结构

谈话:看,老师也做了一个鸟巢,你们看,这个鸟巢是什么形状的呢?

生:长方体。

师:这个长方体上还有些平平的面呢?这些平平的面都是什么形状的呀?

生:长方形和正方形。

师:哪些面是长方形?哪些面是正方形的?快来指一指。

师小结:也就是说做这样一个长方体鸟巢,要用四块长方形纸板和两块正方形纸板,对吗? 我们把它打开看看,验证一下我们刚才观察的对不对。(点击课件,展示鸟巢的分解与合拢)

小结:看来呀,我们要想把鸟巢做好,就要进一步的认识长方形和正方形。(板书副课题)

2. 抽象图形,让学生感悟从体抽象出形的过程

师:把鸟巢上这个长方形的面画下来会是什么样子? 闭上眼睛想一想?(老师边说边沿着长方体的一个面画出了长方形)

睁开眼睛看看,老师画的跟你想的一样吗?

新课标指出,第一学段的图形教学要让学生经历从实际物体中抽象出简单几何体和平面图形的过程。教学中要加强模型观察,让学生建立比较清晰的感性认识,为抽象出几何图形的概念打好基础。教师利用动画给学生创设了做鸟巢的现实情境,并借助实物长方体鸟巢让学生从整体上去观察,抽象出“长方体”。接着让学生去发现长方体上有长方形的面和正方形的面。之后,教师引导学生闭上眼睛想象一下,画下来的长方形的样子,再通过沿着实物鸟巢上长方形的面将边线描下来,给学生呈现出“长方形”,让学生经历了从实物到几何体,由几何体到平面图形的抽象过程,充分体现了空间智能的培养。

教学片段二:长方形长和宽的概念教学

提问:现在老师想在黑板上画一个长方形,并且已经画好了一条边,根据这一条边,你能想象出我要画一个什么形状的长方形吗? 来,比画比画?

一条边能不能确定长方形的形状呢?

有的学生认为能,有的学生认为不能。

老师继续演示课件。

追问:那至少要画几条边才能确定一个长方形的形状呢?

生:两条。

师:说说理由。

生:因为长方形的对边相等,所以老师画出了下面的边,我就能想象出上面的边;老师画出了左面的边,我就能想象出右面的边。

师:真了不起,你已经学会了用长方形对边相等的特征来思考!

师相机引出“长”和“宽”的概念:看来这一长一短两条边缺一不可,在数

学上有个规定,将长方形中这组较长的对边叫作长,较短的对边叫作宽。

【设计意图】

空间智能包括对色彩、线条、形状、空间及它们之间关系的敏感性,能将视觉和空间的想法在大脑中具体地呈现出来。空间智能的培养有赖于动手操作和空间想象。新课标也指出要让学生通过观察和操作,经历实物抽象出几何图形的过程,感悟点线面体的空间关系。因此,在教学中,教师要尽可能为学生提供观察、操作的机会,让学生借助想象将长方体的线条、形状在大脑中具体的呈现出来,以此来积累丰富的空间感知。在以往长方体"长"和"宽"的概念教学中,往往采用直接告诉的方式,让学生知道长边叫作长,短边叫作宽。在此环节的教学中教师做了一些创新,让这个环节的教学既是对长方形正方形特征的应用过程,又是一个空间想象的绝好素材,让本来仅仅是规定性内容的背后蕴含了丰富的数学意义,提升了学生的数学思维能力,发展了学生的视觉空间智能。

音画相融,深入感知艺术作品中的抽象元素

青岛郑州路小学 韩筱鸥

【教学内容】

本节课是人美版小学美术教材五年级上册第三课《认识抽象画》的内容,属于"欣赏·评述"学习领域。

【教学目标】

(1)了解抽象画的基本概念,认识抽象画的创作元素,认识并区分冷抽象和热抽象作品特点。

(2)通过观看视频资料、聆听讨论等过程和方法,引导学生了解抽象绘画的概念及创作元素等相关知识。

(3)激发学生尊重、热爱多元文化艺术的情感,对抽象画产生初步的兴趣,提高美术素养和审美能力。

【教学重点】

引导学生学会从美术语言、画面组织、画家情感等多个角度欣赏理解抽象画作品,学会欣赏和评述的方法,提高学生美术欣赏和评述的能力。

【教学难点】

引导学生综合运用美术语言大胆地分析、表达自己对抽象绘画作品中情感的理解与感受。

【教学过程】

1. 导入与感知

上课一开始,教师出示著名抽象画家康定斯基的作品《构图8号》。

提问:同学们,你在画面中看到了什么?联想到什么?

这幅作品和你之前看到的美术作品相比有什么不同?

在此之后,教师进一步介绍:

这幅画的作者是一位了不起的俄国律师、业余大提琴手、诗人,作者自幼学习钢琴,他的名字叫康定斯基。他是将绘画与音乐共同诠释的第一人。来,让我们聆听色彩的声音,看一看音乐的形状。出示视频,展示康定斯基抽象画中的音乐性。

2. 初识与感受

看完视频,相信同学们对这位画家已经充满了好奇。此时教师会介绍:康定斯基认为,画面中的点如同一个个跳动的音符,粗细不同的线像高低不同的声音,组合在一起,就像不同音调组成的旋律,而这其中的面,正是音乐中的不同节拍。康定斯基说:"色彩是琴键,眼睛是琴槌,心灵则是钢琴的琴弦。画家是演奏的手,抚弄着一个又一个琴键,引发心灵的震颤。"

3. 美术音乐相结合

进一步追问:我们继续走进这位音乐捕手的绘画世界,找一找他用哪些形状诠释了音乐?并顺利衔接新课主题:康定斯基用形状与色彩演奏,成为抽象画的先驱。今天我们就一起来认识抽象画。(板书课题:认识抽象画)

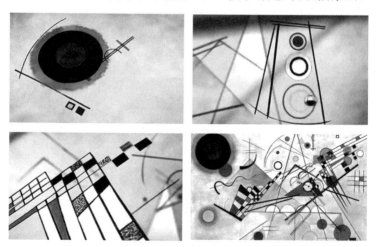

通过音乐配合视频对康定斯基作品的诠释

【设计意图】

"美术是人类文化的一个重要组成部分,与社会生活的方方面面有着千丝万缕的联系。"因此美术学习应视为一种文化学习。通过美术学习,感知多元文化,提升艺术审美,领略生活的表现多样性及艺术对社会生活的独特贡献。

《义务教育美术课程标准(2022年版)》提出要加强美术课与其他学科的联系，美术与其他学科间的互相渗透和融合，是现代课程改革的发展趋势。本节课中，教师在美术课堂中注入音乐，带领学生感知抽象画的元素、色彩，以体验抽象画创作的魅力。将音乐融入美术课堂，在聆听中体验，既有利于创设课堂教学的审美氛围，又有利于学生愉悦身心、激发灵感、发展思维，更容易使学生身临其境的感受画家作品的形式美、内容美、韵律美，促进学生空间智能及音乐智能的相互促进与发展。

抽象画是一种高度概括和表现性强的艺术形式，其视觉效果和意义是开放的，需要观者通过自己的想象和理解来解读。"音乐是流动的画面，绘画是无声的音乐。"教学中将画面与音乐结合，在教学中创设音乐情境，有选择性地播放一些音乐，引导学生深入了解画面的点线面，视觉的冲击配合画家的内心独白，将成为激发学生想象力的源泉。在音画相融的环境中，有助于激发学生学习情绪，活跃学生思维，更有助于深入感知艺术作品中的抽象元素。

借助绘画欣赏，理解国画画面布局，提高传统文化审美素养

青岛郑州路小学　韩筱鸥

【教学内容】

《生活与艺术中的花》属于"欣赏·评述"学习领域。学生在以往的学习中曾经接触过这一主题的内容，其中有一年级《花的世界》、二年级《茂密的花》和本课教材中的后续课程《娇艳的花》。

【教学目标】

（1）了解花卉的美好寓意，知道花卉在生活中有着广泛的应用，能够从花的造型、色彩、用笔、寓意、构图等方面，用自己的语言对花卉作品进行欣赏评价。

（2）对比观察，在欣赏中交流、表达感受，运用比较、讨论、合作、研究等方法，完成对生活和艺术中的花的欣赏学习。

（3）感知岛城之美，体验艺术欣赏活动的乐趣，形成善于观察、互助合作的学习态度，进一步激发学生热爱家乡、传递爱、传递幸福、传递奋发向上的激情的品质。

【教学重点】

认识生活中的花和艺术作品中的花之间的关系，知道花卉在生活中有着广泛的应用。

【教学难点】

能够对花卉作品大胆地表达自己的感受。

【教学过程】

教学片段：艺术照进生活，赏作品之美

十梅庵梅园，赏《墨梅》与《雁荡山花》：

春日赏花第一站，我们来到我国北方最大的梅园，我们青岛的十梅庵。

在乍暖还寒的初春，十梅庵的蜡梅悄悄绽放了。（欣赏十梅庵的梅花）

这些梅花都有什么颜色？

美丽的梅花，同样也出现在众多大师的作品当中。

欣赏《墨梅》：

首先我们看到的是收藏于故宫博物院的中国画作品，王冕的《墨梅》。（板书：中国画）

（1）这些梅花的形态都有什么不同？（板书：造型）

有的含苞欲放，有的绽瓣盛开，有的残英点点，犹如玉珠洒在树枝上。

（2）画面中的梅花大多分布在哪里？

长枝的枝头和短枝处，中间这段树枝的花不多。

梅花有的地方繁密，有的地方疏空，体现了我们中国画"密不透风疏可走马"的布白趣味。（板书：构图）

（3）生活中你看到的梅花是什么颜色？画家为什么要用墨色画梅？（板书：色彩）

作品中，还有画家的一首题诗，请同学帮老师读一下？

"不要人夸好颜色，只留清气满乾坤"，读了这句诗，伴着这幅图，你觉得画家想要表达什么寓意？（板书：寓意）

高洁的花朵与如铁骨铮铮的枝头相应照，画家的题诗升华了梅花代表的精神，不向世俗献媚的高尚情操。

在中国画中，画家常常"借物抒情"，表达理想和愿望。

欣赏《雁荡山花》：

我们来看国画大师潘天寿的一幅作品《雁荡山花》。

（1）画面中你看到了哪些花草？

竹子、菊花等，画家借这些雁荡山上普通的花草比喻平凡的事物。

（2）画面枝叶的用笔多是刚直还是柔美？

画家借刚直的笔法，表达了画家对雁荡山花顽强生命力和坚韧不屈精神的赞美。

（3）根据我们刚才对《墨梅》的欣赏，请你找出这幅作品构图上的疏密虚实？

枝叶巧妙的疏密穿插，展现着雁荡山花的张力与豪气，渗透着时代精神。

【设计意图】

学生的审美素养包括对美的感知和鉴赏能力、对文化背景和历史文化的理解、对人文关怀的重视、对个性表达的能力、对艺术形式的理解和欣赏能力等。在本节课的教学中，教师为学生审美素养的发展创设了积极的条件，采取"青岛春日赏花"活动的形式进行"打卡式体验"，对比岛城的绚烂花海与画家笔下的花卉，更贴近学生生活，激发学生对家乡的自豪感的同时，充分启发了学生的想象力和创造力，易于学生个性的彰显与表达，同时也使课程充满了浓浓的人文气息。

小学美术中审美素养的提升属于多元智能理论中的视觉 —— 空间智能范畴。根据多元智能理论，每个人都有不同的智能类型，包括语言、逻辑数学、身体 —— 动觉、音乐、空间、人际关系和内省等。空间智能指的是人们对于视觉信息和空间关系的敏感性和理解能力。在小学美术教育中，学生需要通过观察、分析、绘画等方式，培养对于美学的感知和理解能力，从而培养出对于视觉和空间的敏感性和理解能力。空间智能对于学生色彩、线条、形状、形式、空间关系的发展有很大帮助。课程中,教师通过创设情境,引导学生欣赏各大景点、路边、校园中的花海,感受身边的花之美,并进一步促进学生在欣赏中交流、讨论、合作、研究的积极性,更易深入理解作品主题、发掘作品意蕴,去唤醒、开发学生的智能,敏锐地捕捉教育契机。通过这些活动,学生能够感知到美,并逐渐培养出自己的审美能力,从而更好地欣赏和创造艺术作品。

　　作品赏析是提升学生艺术素养的重要途径。让学生与大师直接对话,对美的觉知和选择也更加敏感。学生通过交流自己的感受,把自己对作品独到的见解和鲜活的思维充分展现出来,教师适当地对作品的含义和与此对应的形式作一些规范的理性分析,从而让学生个体感受与群体感受达成"共振",有利于学生审美能力的发挥和培养。在美术教学实践中充分运用多元智能理论的先进理念,对于因材施教,开发学生潜能,以优势智能的发展带动全面素质的完善,实现教育的人性化具有现实的意义。

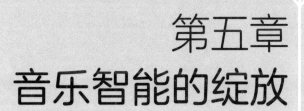

第五章
音乐智能的绽放

我热爱音乐

青岛郑州路小学　三年级一班　张馨文

今天,我要介绍一下自己。我有一条短短的小辫子,还有一双水汪汪的大眼睛,以及一张能说会唱的樱桃小嘴,非常可爱哟!

虽然我没有什么特别擅长的事情,但我非常热爱音乐!我喜欢音乐,因为它能给人带来温暖、安慰和快乐。音乐不仅美妙动听,还可以帮助我放松心情。

我也喜欢唱歌,每当我在家跟着节拍唱起来时,妈妈总是夸我唱得很好!我希望将来能考上一所优秀的音乐学院。我坚信自己要去音乐学院,所以我开始勤奋练习!当我感到疲倦时,音乐可以帮助我放松心情,让我陶醉其中,心情变得愉悦无比!

音乐就像跳动的音符和快乐的节奏,它是我快乐的源泉。每天放学后,我一完成作业,就拿起妈妈的手机听音乐。当我在手机里听到美妙动听的歌声时,我充满了动力,心里一直在告诉自己:加油!加油!再加油!你是最棒的!

不仅在家里,我也在学校里表现出色。音乐课上,我经常受到老师的表扬。记得有一次,老师教我们唱了一首特别动听的歌曲。回到家后,我查了一下,原来这首歌曾经获得了奖项,而我居然能唱得有声有色,真是太有成就感了!那七个音符巧妙地组合在一起,能把你带入另一个神奇的世界。

我为什么如此喜欢听音乐呢?因为我的姐姐经常在家里唱歌、听歌,慢慢地,我也养成了听歌、唱歌的习惯,也被姐姐所影响!

这就是我,一个有趣的我,一个热爱音乐的我。让我在音乐的世界中不断提升,享受其中的快乐吧!

音乐的魔力

青岛郑州路小学　四年级一班　王　莹

我叫王莹,十一岁的小学生。

我非常喜欢音乐。音乐可以让人放松心情,让心情变得更好,给予我们美妙的享受,让我们产生无限的遐想。

尽管我唱歌容易跑调,但我依然热爱音乐。在音乐课上,当老师给我们播放音乐时,我会闭上眼睛,感受那无限美妙的声音。它在我心中占据了全部空间,时而婉转动人,时而高亢激昂,时而欢快雀跃,时而悲伤哀婉,让我的心灵也被深深感染。即使放学后,我也忍不住在心里哼着曲调。

我喜欢唱歌,也喜欢听歌,因为听歌可以带给我快乐和幸福。有一次,我心情很糟糕,于是拿起平板电脑,播放了一些欢快的曲子,我轻轻地跟着节拍,静静地聆听。随着音乐的声音,我的心渐渐平静下来,忘记了所有的烦恼,抛开了一切的顾虑,感受到了一丝愉悦。有时,在学校开心的时候,我也会在放学的路上轻轻地唱一些欢乐的曲子,表达我的快乐之情。

我喜欢音乐,因为它给我带来了无尽的欢乐、美妙和遐想。我深深感受到音乐无穷无尽的魅力,它是那样的神奇和迷人。它就像一种魔法,能够改变我的情绪,让我忘记烦恼,带给我无限的想象和美好。每当我沉浸在音乐的世界里,我感受到了生命的美好和无限可能。

我相信,音乐将一直陪伴着我,给予我力量和快乐。未来,我希望能够更多地学习音乐,发掘自己在音乐方面的才能,并与更多的人分享我的音乐之梦。音乐,你是我生活中最美妙的伴侣!

音乐与我，默契的伙伴

青岛郑州路小学　六年级三班　苗新雨

我特别喜爱音乐，它仿佛是我生命中必不可少的一部分，更像是时刻陪伴我的朋友。

我认为听音乐是一种享受。当我心情烦躁不安时，动听的旋律让我立刻放松下来；当我开心时，我会跟着音乐一起唱几句；当我悲伤时，我会用歌曲来宣泄内心的伤痛。

我非常喜欢听周杰伦的歌曲，尤其是他的《稻香》。旋律动人，曲调优美。虽然开头平平无奇，但高潮部分却跌宕起伏。"还记得你说家是唯一的城堡，随着稻香河流继续奔跑，微微笑小时候的梦我知道。不要哭，让萤火虫带着你逃跑，乡间的歌谣永远的依靠，回家吧，回到最初的美好。"这首歌希望我们能够变得坚强和幸福。

这首歌也是周杰伦写给汶川大地震的歌曲，歌词中包含了童年、梦想、成长和释怀。或许就像歌词中所说的："追不到的梦想，换个梦不就得了，为自己的人生鲜艳上色"。在生活中，不要给自己太大压力。功成名就并不是目的，让自己快乐才是最重要的。也许生活就是这样。

接下来，我想分享一下我亲身经历的故事。五年级的时候，我们参加了一次合唱比赛，准备了两首歌曲，分别是《妈妈的红灯笼》和《乡间的小路》。我被分到高声部唱《妈妈的红灯笼》，幸运的是，我在《妈妈的红灯笼》这首歌中没有遇到太大的问题。但是，在《乡间的小路》的后半部分，我们轮唱时遇到了困难。我们高声部唱着唱着突然唱成了低声部的部分，而低声部的同学们也唱错了高声部的部分。我们都感到焦急，就像蚂蚁在热锅上团团转。幸好，我们的音乐老师兰老师一次又一次地鼓励我们，给了我们新的动力。在兰老师坚持不懈地带领下，我们坚持到了比赛的那一天。虽然过程中遇到了挫折，付出了许多汗水，但我们终于迎来了胜利的曙光，我们只获得了二等奖。这个过程中，音乐的种子在我的心里生根发芽。

就像岳飞曾经说过的："莫等闲，白了少年头，空悲切。"我们不应该等到老了才为自己的理想和才华奋斗，因为等到那时，可能已经太晚了。从现在开始，从此刻起，让我们手牵手，走向新的辉煌。让音乐伴随着我们，成为我们忠实的朋友，给予我们力量和快乐。

通过音乐，我学会了享受生活中的美好时刻，也学会了面对挑战时坚持不懈。我相信，只要我们用心去追求自己的梦想，为自己的人生添上鲜艳的色彩，我们就能够活出精彩的人生，创造属于自己的辉煌。

音乐与我的快乐

青岛郑州路小学　四年级一班　高佳琪

我喜欢音乐，它给我带来了无尽的快乐。

冼星海曾经说过："音乐是人生最大的快乐，是生活中的一股清泉，是陶冶性情的熔炉。"这句话让我深有感触。音乐无处不在，它给予了我无限的乐趣。

我妈妈告诉我，我从小就喜欢哼着歌曲摇摆舞动。记得在幼儿园，我第一次接触钢琴，我感叹它是多么神奇的乐器！从那时起，我对钢琴产生了浓厚的情感，我的学习过程也经历了起伏。好奇、喜欢、困难、抵触、克服、磨炼、热爱……我相信每一个学过钢琴的同学都有过相同的感受。

老师告诉我们，天赋只占1%，而努力占了99%。这同样适用于学钢琴的学生们。我们通常会先进行听音练习，也就是听音训练。老师会弹一个音，然后让我们猜是什么音。一开始我总是猜不对，但通过我坚持不懈的练习，最终我能够全部猜对了，再也没有什么问题能难倒我了。

节拍器是钢琴的好伴侣，当我准备考级弹奏《欢乐》时，我从最慢的节拍开始练习。老师告诉我："不行，你弹的曲子是《欢乐》，你调得太慢了就不欢乐了。"看着琴谱上密密麻麻的音符，我的眉头不由自主地皱了起来，心想："这也太不欢乐了吧！"然而，我静下心来对自己说："每当遇到困难，我都要勇敢地努力克服和面对，不要被困难吓到。我只需要像以前一样多加练习就好。"现在，我已经能够完美地演奏这首曲子了。

音乐在寂寞时能化解我的孤单，当我感到失意时，哼一首调子能给我安慰。而在兴奋的时候，唱一首快歌能更添兴奋的气氛！

音乐陪伴着我成长，它不仅给予我快乐，而且吸引着我。我决心努力学习音乐知识，让自己在音乐领域更加出彩。音乐将成为我追求人生目标和理想的动力。我会一直热爱音乐,享受其中的乐趣。

在音乐的世界里,我感受到了前所未有的快乐。当我弹奏钢琴的时候,指尖轻触琴键,美妙的旋律从我手指间流淌出来。我闭上眼睛,全身心地投入其中。音符飞舞,音乐声如同一股清泉流进我的心灵。我仿佛置身于一个奇妙的世界,忘却了周围的一切。

有一次,我心情很糟糕,觉得世界都变得灰暗无光。我拿起平板,播放了一首欢快的曲子。我轻轻地跟着节奏拍打着手指,静静地聆听着音乐。随着音符的跳跃,我的心情逐渐平静下来,烦恼和忧愁都悄然离去,取而代之的是一丝愉悦和宁静。有时,当我在学校里度过愉快的一天后,放学的路上,我会轻声地哼唱一些欢乐的歌曲,以表达我的快乐和满足。

音乐对我来说,不仅仅是一种娱乐和消遣,它是我灵魂的滋养和心灵的寄托。它能够让我忘记一切的烦恼和压力,让我感受到内心深处的平静和安宁。我从音乐中汲取力量和勇气,面对生活中的各种挑战和困难。

我相信,随着时间的推移,我会不断进步,成为一名更出色的音乐人。我将努力练习和探索,追求音乐的完美,让音乐在我的生命中绽放出绚丽的色彩。

我热爱音乐,它使我快乐。无论是弹奏钢琴还是唱歌,我都能找到属于自己的乐趣和满足。

音乐中的女鼓手

青岛郑州路小学 四年级一班 王芊蔚

我喜欢打架子鼓，这是一个很特别的乐器，女孩子很少学。但我是个例外，我比大多数男孩子都擅长打鼓。架子鼓的鼓谱非常复杂，有各种不同的节奏和类型，还有重音和轻音，还有脚踏鼓和旋律。女孩子更加细心，所以我在这方面有很大优势。

有一次，我要演奏一首非常难的乐曲。老师告诉我不要紧张，因为很多学生需要四五节课才能演奏好，但她相信我凭借自己的天赋一定能顺利完成。我决心努力将这首曲子演奏好，不辜负老师的信任。接下来的一周里，我每天都坚持在家练习。尽管乐曲的音符非常多、密密麻麻，层次也各不相同，但我相信只要坚持练习，我一定能成功。

终于到了上课的时候，我充满期待又紧张。当老师播放那首曲子时，我自信地开始演奏，之前的那些重音和各种难点都被我克服了，我感到非常高兴。老师表扬了我，说我这次的表现特别出色，这更加在我心中种下了音乐的种子。

这颗种子慢慢地生长发芽，我给它浇灌各种音符和旋律。我也参加了许多比赛，每次比赛我都能稳定发挥，不断成长和进步。甚至连老师都夸奖我快赶上职业选手的水平了。

尽管我是一个女孩，喜欢打架子鼓，但音乐没有男女之分。这颗音乐的种子在我的心中不断成长，我相信在不久的将来，它会开花结果，创造出巅峰的价值。我期待着那一天的到来！

沉浸式学习与体验，感受音乐的魅力

青岛郑州路小学　四年级二班　刘雨鸥

我爱音乐。音乐带给人精神上的享受，时而使人心旷神怡，时而使人潸然泪下，让人在美妙的旋律中感悟人生、感慨生命。我离不开音乐，音乐还曾带来太多美好的记忆。

妈妈在我很小的时候就发现了我对音乐的喜爱和敏感。也是在妈妈的支持下，四岁半的我就开始了声乐的学习。虽然当时我是最小的学生，但是我的乐感和记歌词的能力从来没有落后于同班的哥哥姐姐，这给了我很大的自信和坚持的决心。之后每一次的演出和比赛，有成就有挫折，使我欣喜使我落泪，但我热爱音乐的心越来越坚定。

暑假刚刚开始，我就参加了"辰星音乐夏日微光音乐会"。我演唱了一首难度较大的英文歌曲 *Yesterday Once More*。演出前我做了充分的准备和练习，信心满满。当我候场的时候，虽然屡次站上舞台，但每次还是会经历这样突突的心跳加速。站在舞台上，面对着台下的观众，控制不住的紧张让我忘记了几句歌词。但是我还是努力地跟着伴奏完成了演唱。下台后，妈妈说很棒很棒。虽然我很激动，但内心还是有点小失落，觉得自己可以演唱得更好。妈妈鼓励我说，一点不完美才是进步的动力，让我继续加油，继续努力。

有的歌曲充满快乐，有的歌曲含有忧愁，还有的歌曲蕴含着深刻的人生哲理。这就是音乐的魅力，也让我沉浸其中，不能自拔。持续六年之久的学习，不知不觉音乐已经成了我生命的一部分，浸透进了我的生活，生生不息，伴我成长。

学钢琴的快乐之旅

青岛明德小学　　三年级三班　　丁梦萱

　　我喜欢音乐。我从五岁就开始学弹钢琴，到现在已经有四年的时间了。钢琴陪伴着我快乐成长。"我长大后要像李老师一样，当一名幼儿园老师，可以弹着琴教小朋友唱歌、跳舞、做游戏！"这个梦想我在上幼儿园时经常和妈妈提起，于是妈妈就买了一架钢琴带我开启了学琴之旅。

　　还记得我五岁那年，第一次踏入钢琴教室时，我既好奇又紧张。钢琴老师张老师见到我，先轻轻捋了捋我一双紧张的小手，然后温柔地微笑着对我说："这双长手指是弹钢琴的好料，以后肯定会弹得很棒。"瞬间我就不紧张了，跟着张老师的节奏和指导很快结束了第一节钢琴课。回到家按照老师布置的作业，每天我都练得很起劲。但是没到一个月我就后悔学钢琴了，每天的练琴很枯燥，我便开始找借口逃避练琴。一会儿说饿了，一会儿说渴了，总之妈妈一让我练琴，我就开始"浑身不舒服"。爸爸妈妈看出了我的小心思，他们使出浑身解数，试图让我坚持练下去。有时我弹琴，爸爸就在旁边伴舞，或者跟着我弹的节奏做鬼脸逗我笑。我当时很想尽快弹会新曲子，好让爸爸过来展示他拙劣的舞姿，实在是太好笑了。妈妈会摆上一堆小娃娃给我当"观众"。我记得我那时经常弹《两只老虎》，我边弹边唱扮演幼儿园老师。就这样，在爸爸妈妈的鼓励引导下，我才逐渐适应了学琴的初期阶段。

　　当我小学一年级的时候，我参加钢琴比赛，获得了银奖的好成绩。这是我获得钢琴比赛的第一个奖杯，我很开心，同时又有点失望，为什么不是金奖呢？妈妈鼓励我说："当你觉得你不够幸运，那就再多努力一点。"我默默地给自己定目标："下一次我一定要拿金奖。"在我不懈的努力下，我终于在三年级的时候拿到了钢琴比赛的金奖。获奖证书本身并不重要，但它具有重要的意义，它让我体会到了努力之后真的可以有回报。

练琴时我经常会遇到很多困难,出现错音或者不熟练,我就会很烦躁。但是钢琴老师张老师会给我做心理疏导,让我知道了练琴是需要方法的。运用块状练琴法,把错音和弹不熟的地方挑出来反复磨,弹熟之后再把曲子练到有趣生动。

学钢琴对我的学习帮助很大。我把练琴的方法运用到学习中,遇到问题不退缩,先找方法,高效解决问题。通过学习钢琴,使我愈发阳光开朗、坚强有毅力。

乐小白的成长之歌

青岛郑州路小学 四年级一班 高晟凯

我特别喜欢音乐。音乐不仅带给我很多的快乐,还增强了我的自信心。音乐已经成为我生命的一部分。

我从 2018 年年底开始学习钢琴。这几年的学琴生涯让我从音乐小白逐渐成长,现在能够快速试奏并熟练弹奏各种乐曲。钢琴是一个需要长期坚持练习的科目,88 个琴键,仅仅记住各个音符的位置就需要一段时间。这些像小蝌蚪的音符组成了一首首美妙的乐曲,有的舒缓,有的激昂,有的让人感动,有的又有些悲伤。

在这几年中,我学习了一些伟大作曲家的作品。2021 年,我专注练习了法国作曲家保罗·塞内维尔和美国作曲家奥立弗·图森共同创作的《童年的回忆》。这首曲子曲调柔和,节奏由快到慢,听起来很舒服,真的能让我想起童年的许多快乐回忆。凭借这首曲子,我还获得了 BOYA 钢琴音乐节青岛赛区儿童组的冠军。在山东省的决赛中,我还弹奏了德国著名作曲家库劳的《D 大调小奏鸣曲第二乐章》。这首曲子曲调轻快活泼,同时也对弹奏者手指的灵活性有较高要求。在曲子的后半段,有一段非常有难度的连续弹奏,我苦练了一个多月,终于在比赛中一气呵成,获得了山东省决赛儿童组的冠军。

音乐给我带来了快乐,在心情不好的时候给予我一个释放的空间。音乐赋予我勇气登上舞台,让我的自信心不断提升。音乐教会了我坚持的意义,虽然坚持很困难,但我会努力不懈。

希望你也会喜欢上音乐,让我们一起聆听这些动人的乐曲吧!

运用图谱教学，感知音乐情景，培养学生乐感

青岛郑州路小学　王涌泉

【教学内容】

《乒乓变奏曲》是人音版音乐教材四年级上册中的一首欣赏曲目。其主题音乐取材于儿童歌曲《小小球儿闪银光》，旋律活泼欢快。本节音乐欣赏课侧重于让学生听辨并判断音乐中的情绪变化和情感变化，在感知音乐的过程中了解变奏曲的曲式结构，听出主题部分及变奏的次数，感受主旋律及伴奏部分的相互交织所迸发出来的强烈的感情色彩，从而体会通过音乐的形式去感受乒乓赛场的情景。

【教学目标】

（1）聆听《乒乓变奏曲》，感受音乐活泼欢快的情绪，分辨音乐要素的变化等，培养音乐欣赏能力。

（2）能准确听辨出音乐主题及其变奏旋律出现的结构和次数，了解变奏曲式的结构，丰富音乐基础知识。

【教学重点】

了解变奏曲式，感受音乐要素的改变及音乐形象产生的变化。

【教学难点】

听辨主题及其变奏旋律出现的次数。

【教学过程】

教学片段:分段欣赏,描绘变奏图谱

1.感受主题形象

谈话:当主题音乐出现时比赛就开始了吗?这时比赛正准备开始,想象一下我们手中也有个乒乓球,是不是要先试一试这球弹性怎么样,弹性好不好是不是就会影响比赛。那这个弹性就得看你们是怎么拍了。

预设:(轻巧、有弹性地拍)拍球表现主题音乐。

2.欣赏变奏一、二

谈话:你们的球很有弹性,现在比赛要开始了,仔细听,第一和第二场的比赛时,这两段的音乐与主题音乐相比,发生了什么变化?

预设:主题是单声部旋律,变奏一的主题是右手演奏旋律,左手分解和弦伴奏;变奏二的主题由左手演奏旋律,右手进行分解和弦伴奏。

追问:(出示图谱)你觉得老师手中的图谱表现的是哪一个变奏?

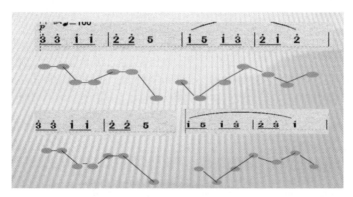

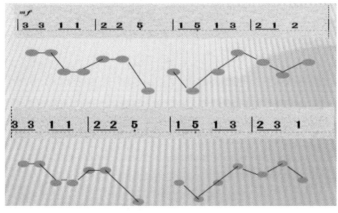

3. 欣赏变奏三

谈话: 变奏三发生了怎样的变化?

预设: 音乐变得更加活泼了。主旋律由八分音符变成了十六分音符。

追问: (出示图谱, 启发想象)这部分音乐让你想到了什么? 这球要怎样打? 有没有之前那么淡定轻松? (更紧张、更活泼)

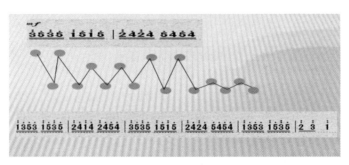

【设计意图】

图谱教学法是通过图画、线条等形式,让学生感受音乐的变化,让聆听与视觉结合的一种教学手段。学生在欣赏音乐时,不仅靠倾听感受音乐的魅力,还可以通过看图谱的形式感受音乐,从而激发学习兴趣。与传统乐谱相比,图谱教学具有直观、生动、形象的特点,听觉和视觉的结合,有利于加深学生的记忆和理解,让学生充分感受音乐旋律、节奏的变化,以欣赏的眼光看待音乐,提高学生的欣赏能力,培养学生的综合素养。

让学生去感知、发现、体验和欣赏艺术美、生活美,提升审美感和能力,并且发展创新思维,积极地参与创作、表演、展示等艺术实践活动。在学生已经对这首变奏曲有了一定认知的基础上,通过分段欣赏,逐步感知每个变奏的特点,描绘出五个变奏的图谱,将抽象的音乐具象化,帮助学生更好地感知音乐及其传达的情绪,逐步提高学生的乐感。

运用体态律动,把握音乐节奏,体会民族韵律

青岛郑州路小学 王涌泉

【教学内容】

人音版音乐教材二年级上册第二课中的《彝家娃娃真幸福》,是一首彝族舞曲,节奏明快,旋律流畅,采用典型的彝族民歌音调和节奏写成,矩小简洁,很适合边歌边舞。总体上,歌曲的旋律起伏平缓,一字一音为主,语言韵律性强,节奏有规律的变化重复,歌词内容具有情节性,从陈述到质疑再到释疑,惟妙惟肖地描绘出儿童的天真与无邪,启迪孩子们热爱大自然,热爱生活。

【教学目标】

(1)欣赏彝族相关的录像资料及图片,通过观察、感受、模仿等活动初步了解彝族生活的地域、风俗等特点,感受彝族的民族特色。

(2)能够用轻巧、富有弹性的声音演唱歌曲。

(3)能运用简单的体态律动为歌曲伴奏。

【教学重点】

通过学唱歌曲,利用舞蹈动作来感受彝族音乐节奏,体验彝族音乐的欢快。

【教学难点】

用轻巧、富有弹性的声音演唱歌曲。能够用简单的肢体律动为歌曲伴奏,边唱边跳。

【教学过程】

1. 学唱歌曲

(1)请听音乐,猜猜他是谁?

(播放《彝家娃娃真幸福》)

你能猜出谁发出的邀请函吗?

彝族娃娃。

他邀请我们去哪里呢?

去感受他的家乡彝族自治州的风土人情。

你们想不想去呀?

那我们首先要找你彝家娃娃才行,他有什么样的特点。

(2)聆听歌曲《彝家娃娃真幸福》,熟悉歌词。

寻找歌词,你听到了什么?

银项链,白衣白帽,爱跳舞,爱唱歌。

跟着老师一起来读歌词吧,老师读每一句的前半部分,你们读后半部分,发现了什么。

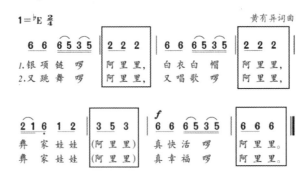

出现最多的歌词是什么? "阿里里"这个词是具有彝族歌曲特点的衬词,请同学们和老师一起唱一唱吧。

(背直挺,肩放松,微微笑)

(3)老师来唱歌词的前半部分,你们来唱"阿里里",演唱的同时请"×××|"(节奏处加入的拍手动作)。

试着完整演唱一次歌曲吧,通过演唱,你觉得音乐的情绪是什么样的?

4. 你们表现得太好啦,让我们来完整地演唱一遍歌曲吧。

2. 动作创编

我们学会了歌曲,能够通过歌声找到邀请我们的彝家娃娃,现在让我们加入舞蹈动作,一起跳起舞蹈、唱起来吧。

创编一:学生们手拉手,身体侧身跟着音乐做:走走、走走、拍拍手,前三乐句在胸前拍手,最后乐句双手举高拍手,并围成圆圈。

创编二:学生们手拉手,加入颤膝,边走边稍晃动手,前三乐句在胸前拍手,最后乐句的最后一拍摆一个自己喜爱的动作造型。

【设计意图】

体态律动教学法又称达尔克罗兹教学法,是瑞士作曲家、音乐教育家达尔克罗兹创造的音乐教育体系,是由音乐与律动两个模块组成,简单来说就是如何将音乐内容与身体表达能力相结合的一种多元化教学法。像这样带有彝族韵味简单易学的动作,学生们做完就能在第一时间感知到音乐带来的欢快、愉悦之情,再一次做动作时他们就会由心而发地带着欢快、愉悦的心情做动作。这样,以固定节奏型设计动作不仅切合了歌词的节奏,还让学生们清晰直观地感知到歌曲一段体结构,更让他们体验了一把彝族儿童欢快歌舞的场景,从而提升了学生的肢体运作智能和音乐智能。

第六章
自然探索智能的绽放

锯齿状叶子的启示

青岛郑州路小学　六年级三班　曲海翔

　　在我记忆的沙滩上,有许多琐事像一排排深浅不一的脚印,被岁月的浪花一拍就消失得无影无踪了。唯有两件事深深地印在我心里,久久不能忘记。

　　一天,在放学的路上,我兴致勃勃地采摘各种叶子。突然,不小心被一片带有锯齿状边缘的叶子划伤了皮肤。疼痛的同时,我忍不住对这片叶子产生了一些好奇和思考。

　　回到家后,我小心翼翼地拿出那片有锯齿状边缘的叶子,放在放大镜下进行细致的观察。这时,那划伤我的画面浮现在脑海中。突然,我灵光一闪,联想到鲁班发明锯子的故事。也许鲁班就是从类似这片叶子的形状中得到灵感,创造出了锯子!想到这里,我更加兴奋地投入对这片叶子的观察和研究中。

　　透过放大镜,我细致地观察叶子的纹理和结构。它的锯齿状边缘让我想起锯子的锯齿,而叶子划伤我的经历则让我联想到锯子的使用。也许这片叶子的锯齿状边缘也有某种特殊的功能和用途,就像锯子在木工中起到切割和加工的作用一样。

　　夏季雨后,我猜想外面可能会有蜗牛。下楼后,在草丛中我发现了几只蜗牛正在吃叶子。我捧起一只放在手上,过了一会儿就感到痒痒的了。大家知道为什么吗?我查了相关资料,原来蜗牛是世界上牙齿最多的动物,有100～800颗牙齿,真神奇!我把它带回家,放进我的生态瓶里,作为宠物养了起来。

　　我喜欢观察和探索,了解这个美妙的世界。未来的探索中,我渴望发现更多自然奥秘。也许我会发现一种奇特的植物,它能够在没有土壤的环境中生长;或者我会发现一种神奇的昆虫,它具有特殊的能力。

我会像一名小小的科学家一样,带上放大镜、收集器和笔记本,走遍大自然的每一个角落,观察和记录我发现的每一个细节。我会仔细观察植物的叶子、花朵和果实,描绘它们的形状、颜色和纹理。我会观察昆虫的飞行轨迹和行为习性,研究它们与大自然的和谐相处。

将来,或许我会成为一名生物学家,深入研究生物多样性和生态系统。怀着对自然的热爱和好奇心,我将用智慧和创造力去探索这个美丽而神奇的世界。我相信,通过不断地观察和研究,我能够为人类对自然的理解和保护做出贡献,让我们的地球变得更加美好。

蚯蚓的奇妙世界

青岛郑州路小学　六年级二班　徐　琪

　　我家后院的菜地里,有一次我进行了一次奇妙的大自然探索。当我仔细观察菜地的时候,我发现了一条细长的蚯蚓正在松软的泥土下钻来钻去。我眯起眼睛,专注地观察着它的头部。哇! 我惊讶地发现,蚯蚓竟然没有眼睛。那么,它是如何能确定前进的方向并避免撞到墙壁呢?

　　就在我疑惑的时候,我用手挡住了蚯蚓前方的路。可它竟然灵巧地绕开了我的手! 我猜想,蚯蚓是否和蚂蚁一样,通过前方的触须来感知方向呢? 但是,我发现蚯蚓并没有长长的触须。于是,我又用手挡住了它前进的道路,想确定它是否真的没有眼睛。然而,它还是成功地绕过了我的手。真是太神奇了!

　　为了更深入地了解蚯蚓,我将它放在了菜地的外面。它仿佛失去了家的感觉,急急忙忙地滚回了菜地,又开始钻来钻去。我对这一切感到好奇,于是查阅了资料。原来,蚯蚓是靠鼻子来感知方向的。它的皮肤还能感知土壤的温度,进而判断方向。太不可思议了!

　　除此之外,我还了解到蚯蚓还有一个超级厉害的本领。当蚯蚓被切成两段时,过了一段时间,它竟然可以再生为两条蚯蚓! 这和壁虎的再生能力是一样的。壁虎的尾巴断了,它可以再长出来;而蚯蚓则会完全变成两个不同的个体。

　　大自然真是奇妙无穷! 它还有许多神奇的生物等待着我们去探索和发现。让我们保持好奇心,继续走进大自然的怀抱,发现更多美丽而神奇的事物吧!

我喜欢观察这个奇妙的"桑葚"

青岛郑州路小学　六年级二班　王馨彤

一天，我和其他小朋友在外面玩沙包。不小心，我的沙包飞到了一棵小树上。我急忙跑过去取回沙包，突然，"咦？我发现了一个看起来像桑葚，却又不是桑葚的东西！"大家都看向我，我轻轻折下了连接这个"奇怪东西"的树枝。迫不及待地，我跑回家找了一个透明的正方形盒子，把它小心放了进去。我停下来细细观察着它。这时，爸爸走了过来，他说："这是蝴蝶虫卵，过一段时间它会变成蝴蝶。你要好好照顾它哦。"

几天后……我惊喜地发现，它竟然变成了一只幼小的虫子！我赶紧上网查了一下，原来这是它的幼虫时期。我得知它孵化后需要大量进食，并要经历几次脱皮。我兴奋地大喊："哈哈，姐姐要开始喂食了！"我迅速穿好衣服，快速跑下楼去收集一些绿叶子。"我回来了！"我气喘吁吁地说道，"快给它喂食吧！"我打开盒子，放进一片树叶，只见幼虫大口大口地吃着，没一会儿，一大片树叶都被它吃光了。"中午别忘了再喂哦！"我妈妈提醒我。"好的！"我回答道。

蝴蝶的幼虫时期过去了，接下来是蛹时期。幼虫长大后，它用丝把自己牢牢固定在一个隐蔽的地方，变成蛹。爸爸告诉我："它现在虽然看起来像个坨坨，但过几天后就会变得很漂亮了。"可是，我觉得蝴蝶应该是非常美丽的呀，为什么现在看起来这么丑呢？因此，我决定要仔细观察它，一直到蝴蝶破茧而出。于是，每天我都盯着它的一举一动，只要有一点动静，我都会睁大眼睛凝视。早上吃饭时，我看着它；中午吃饭时，我也看着它；放学后，我还是盯着它；甚至到了晚饭时，我也没有忘记去看它。

"成虫时期，当蛹成熟后，蝴蝶会从蛹中破壳而出。"爸爸解释道。"这蛹熟了吗？"我迫不及待地问。"再等等吧，可能还需要几天呢。"爸爸回答。"没意思，我先出去玩了。"我有点失望地说道。"等等！先别走，它有动静了！"爸爸突然喊道。于是，我们全家人趴在桌子上，静静地观察着这个蛹，看看它会有什么变化。

"你瞧，你瞧，它马上要出来了！"我激动地喊道。"快拍照！"妈妈急忙取出相机。"看，我就知道会成功的。"我得意地说，"快打开盒子，让蝴蝶飞走吧。"我们小心翼翼地打开盒子，蝴蝶在天空中自由自在地飞翔。

未来还有更多奇妙的生物等待着我们去观察和探索。每一次的发现都让我充满好奇和惊喜，我喜欢用心观察大自然中的美妙事物。通过观察和探索，我们能够学到很多知识，也能更加珍惜和保护我们美丽的自然环境。

夏日的乐趣

青岛郑州路小学　六年级一班　孟鑫泽

　　四月一个阴沉的早晨,我和小红一起去动物园玩。我满心愉快地踏进了动物园。然而,刚进入动物园,天空突然下起了倾盆大雨。就像是天空给了我们一个出乎意料的惊喜。小红生气地责怪我:"你看,又下雨了!如果不听你的鬼话,我们就可以多睡一会儿觉了。非要带我来动物园散步。真是'乘兴而来,败兴而归'。再见!"我听了她的话,心里想,难道夏天就不能出去玩吗?我不相信。我决心要弄清楚如何判断何时会下雨。

　　暑假转眼就到了,我回到了故乡。在家里,我每天都出去观察下雨前的特征。经过几天的观察,我发现下雨前燕子会低飞。我感到非常兴奋!于是,一个七月的早晨,我看到燕子低飞,就决定不出门了。然而,那一天从早到晚都没有下一滴雨。我开始思考燕子低飞和下雨之间的关系。我向爸爸请教,他告诉我燕子低飞是因为它们在寻找食物时飞得更低,而并不意味着一定会下雨。我对此感到有些困惑,但并没有放弃。于是,我决定每天早出晚归地进行观察。经过一段时间的观察,我发现只要蚂蚁搬家,就意味着即将下雨!这个发现让我感到非常兴奋。

　　关于蚂蚁搬家和下雨的关系,我注意到当天气条件逐渐变得潮湿,空气中的湿度增加时,蚂蚁会频繁地搬家。这可能是因为它们需要寻找更加安全和干燥的地方来保护自己和它们的蚁巢。因此,蚂蚁搬家可以作为一种指示,提示即将有雨水降临。

　　回到学校后,我见到了小红。我对她说:"今天我们去动物园玩一会儿吧!"她回答:"上次就下雨了,我不想去了!"我坚定地说:"相信我,今天不会下雨!"小红犹豫了一下,说:"好吧,我再相信你最后一次。"果然,那天没有下雨。小红好奇地问:"你怎么知道今天不会下雨?"我回答:"通过观察蚂蚁的搬家行为,我发现它们没有迹象要搬家,这暗示着今天不会下雨。"

　　这就是我的自然探索能力所带来的优势。通过不断观察和思考,我深入理解了自然现象,并学会了利用这些观察结果来做出推测。夏天不仅是下雨,还有许多其他有趣的活动和探索等待我们去发现。只要我们保持好奇心和观察力,就能找到属于自己的夏日乐趣!

怪石滩

青岛郑州路小学　四年级二班　韩雨昕

我来到一个名叫"怪石滩"的沙滩。海水"沙——沙——"地冲刷着沙滩，沙子被海水打磨得像一颗颗珍珠一样。

和煦的海风迎面而来，多么让人心旷神怡。怪石滩为什么叫怪石滩呢？因为那儿怪石嶙峋，一眼望去，沙滩上布满了大大小小、密密麻麻的石头。有的石头像贝壳，有的石头像小鱼儿，有的像蛇，有的像螃蟹，有的尖锐得像一把匕首，还有的像一块光滑的宝石，千姿百态，令人喜爱。

怪石滩的潮十分壮观，下午是最好的观潮时间。刚开始的时候，风平浪静，好像什么都没有发生一样，过了一会儿，远处传来了闷雷般的响声，随后水天相接的地方，一根银线蠢蠢欲动，慢慢地，银线越来越大，越来越宽，最后像一座移动的山峰一样，铺天盖地地朝着沙滩呼啸而来，震耳欲聋，地动山摇。"嘣"的一声巨响，浪头打到了沙滩上，无情拍打在石壁上，像两个针锋相对的勇士，一次又一次狠狠地撞到了一起，溅起许多白沫。高潮结束了，可海面依然久久不能平复下来。

怪石滩的落日也很有名。傍晚，太阳变得没那么亮了。好像工作了一天也渐渐疲倦了，它慢慢地落了下去，揉着它那无神、疲乏的双眼。渐渐的太阳落入了云层中，刹那间，云层被染成了一片橘红色，像一个巨大无比的调色板，天空上的云彩渐渐变淡，直至最后整个太阳消失在天幕上，调色板也像被冲刷干净了似的没有了色彩，剩下海天相接处的一抹余晖，还在眷恋着光和热。

不久后，天色暗了下来。夜空中，只剩下繁星伴着明月在空中欣赏着怪石滩的美，美在她的怪石，美在她的海潮，美在她的日落，美在每一个深爱着她的人心里。

蝉

青岛郑州路小学 四年级二班 兰师宁

今年暑假,我们全家去乡村游玩。夏天的乡村环境优美,漫步在午后的山间,溪水环绕,绿柳成荫。静静地走在林间深处,蝉鸣四起,鸟声悠扬,忽然让我想起王籍的诗句:"蝉噪林逾静,鸟鸣山更幽。"

蝉又叫金蝉、知了、知了猴,它有很多名字,每个地方都有不同的叫法。我发现蝉没有我们平常看到的传统模样的口腔,它的嘴巴叫作针刺式口器,一根长长细细像针一样的管子。它用这根针管刺进树木的皮肤,吸食树汁。

蝉是个音乐家,但我发现并不是每只蝉都会发声。怎么区分呢?原来蝉也分公母。抓住蝉后,捏住它的两侧,翻过来看它的肚子。如果有两块大的挡板并紧紧地合在一起,那样的蝉是公的。没有挡板的则是母蝉。公蝉通过努力唱歌来吸引母蝉。

乡村的夜晚,炎炎夏日的暑气一扫而光,徐徐凉风扑面而来。爸爸带我去树林看看,说那里有更大的惊喜。我们拿着手电筒,看到树上、玉米叶上、草地上有很多蝉脱皮的外壳,我捡了一小袋。我发现蝉的足十分锋利,只需在皮肤上轻轻一划,就很容易刮破。这也是它们能够在树上抓得那么牢固的原因。爸爸说可惜不是雨后,雨后的傍晚会有很多幼蝉破土而出。据了解,蝉的幼虫在地下蛰伏数年,历经破土、蜕皮、羽化,方可高居树上,一鸣惊人。我们也应该学习蝉的这种精神,努力积累知识储备,有朝一日能够一鸣惊人,成为对国家有用的人才!

这次旅途中,我们发现了许多有趣的事情,以前我们并不知道。其实,发现就在生活中!

菲律宾"热"闻

青岛郑州路小学　　五年级二班　　肖寻文

　　我非常喜欢阅读有关地理和历史的书籍。尽管这些书上的描写非常出色和精彩，但总感觉还差了一些东西。直到我去菲律宾旅行的那次经历，我才真正理解了董其昌所说的"读万卷书，行万里路"的真正含义。

　　一下飞机，我立刻感受到了"热"。菲律宾位于亚洲东南部，东经120度，北纬15度，处于赤道与北回归线之间。这里的常年平均温度为27℃，简直就是四季如"夏"！即使我已经穿上了裙子，也做好了从零下十几度到零上二十几度的过渡准备，但面对扑面而来的热气，我还是被"熏"了一下。不过，这也点燃了我对旅行的热情。

　　在去宾馆的路上，我看到了许多高大的树木，有些树甚至可以容纳三四个人环抱。路边的每户人家都种植着各种花草。菲律宾属于季风性雨林气候，温暖而多雨，这使得各种植物的叶片非常宽大。而北方地区由于四季分明，为了抵御寒冷，叶子都偏小，甚至像松树的叶子都呈现针状。现在回想起来，以前我在书上看到的关于"小心落叶"的笑话警示牌，以及家里最大的像手掌一样的叶子，再看看眼前这些比人还长的香蕉叶子、两米多高的椰树叶子，以及三米长的芭蕉叶子……让我目瞪口呆。如果被这些叶子砸到，可能真的要去医院了！

　　到了旅馆，我看到院子里有一个游泳池，作为一个喜欢游泳的人，我非常高兴。后来我了解到，宾馆配备游泳池是很常见的，因为由于气温较高，加热游泳池的费用是不需要的，完全依靠太阳加热。所以，游泳池在这里可以说是基本配置了。对于我这个北方孩子来说，除了夏天，其他季节完全没有机会游泳，所以我真的很羡慕这里的人可以每天游泳。

　　不过，室外游泳也有一些不好的地方，如果不做好防晒，很快就会晒黑。我问妈妈,菲律宾的人都是黑皮肤吗?妈妈笑着解释说,菲律宾位于亚洲东南部,离赤道较近,所以肤色会比较黑一些。傍晚的时候,我们去海滩玩耍,看着各种肤色的人们,三三两两,或者游泳,或者在海滩上堆沙、闲坐。整个场景都散发着宁静美好的生活气息。

　　七天的时间真的很短暂。坐在返回的飞机上,我将从书上学到的知识与亲眼所见相互印证,受益匪浅。这让我深刻体会到,"纸上得来终觉浅,绝知此事要躬行"的真谛。只有走出去,才能开阔视野,丰富阅历,对人生有所裨益。

风貌奇特的溶洞王国

——山东临沂地下大峡谷

青岛明德小学　　五年级二班　　于恩泽

暑假已至,我们心血来潮,乘车直奔奇妙的山东临沂地下大峡谷。

站在大峡谷景区门口,我看到清澈的溪水潺潺流出,仿佛把我心中的杂念全部冲走。顺着溪水而上,洞内渐渐明朗起来,绚丽的灯光照在巨大的钟乳石壁上,宛如《驯龙骑士》中的仙境。我们陶醉其中,细细地欣赏着家喻户晓的溶洞代言人——钟乳石"先生"。他奇特的姿态引人飞舞联想:有的仿佛天庭歌姬,有的好像"泰坦尼克号"巨轮,有的宛若雪白的仙鹤……怪石嶙峋,鬼斧神工。观赏的同时,我不禁深感疑惑:如此巧夺天工的"设计",又是如何实现的呢?

我思考着,冥想了一会儿,终于有所了解,钟乳石就像房檐上的冰柱一样,我急忙查看网络上钟乳石的形成过程。原来,含有二氧化碳的水渗入石灰岩中与碳酸钙反应生成碳酸氢钙,当碳酸氢钙从洞顶滴下来时,会分解成碳酸钙、二氧化碳和水,溶解的碳酸氢钙又会变成固态,形成钟乳石。钟乳石的形成一般需要上万年甚至几十万年的时间,具有极高的考古价值。

没想到,我的猜测居然是正确的,一种极大的满足感从内心涌上心头。这也让我想起了牛顿的一句话:"没有大胆的猜测就作不出伟大的发现。"这次奇妙的大峡谷之旅不仅让我领略了大自然的魅力,还让我体会到了探究的重要性。

在这次奇妙的大峡谷之旅中,我不仅欣赏到了大自然的魅力,还深刻领悟到了探索的重要性。通过了解钟乳石的形成过程,我学到了二氧化碳与石灰岩的反应原理,以及钟乳石形成需要漫长时间的事实。这些知识不仅增长了我的见识,也激发了我对科学的兴趣。

这次旅程让我明白,只有勇于猜测和探索,才能获得更多的发现和理解。像牛顿所说的那样,大胆的猜测是伟大发现的起点。我希望未来能继续保持好奇心和探索精神,不断学习和探究未知的领域。

山东临沂地下大峡谷给我留下了深刻的印象,它是一个风貌奇特的溶洞王国,充满了壮丽景观和自然奇观。这次探索之旅让我更加热爱大自然,也更加珍惜我们的地球。希望将来还能有机会继续探索其他神奇的地方,领略大自然的无限魅力。

偶遇螳螂

青岛郑州路小学　五年级三班　信梦杰

有一天,我和妈妈出去郊游,在山里,我看见了许许多多的小昆虫。有蝴蝶、有蜻蜓、有甲虫,还有一只被我突然发现的螳螂。当时我跟着妈妈走,旁边就是一片丛林。走着走着,我眼角的余光突然看见了一片张牙舞爪的"叶子"。强烈的好奇心驱使着我看个究竟。原来,那是一只螳螂。螳螂的头部是三角形的,身体有头、胸、腹三部分组成。头上有一对触角,胸上有三对足,其中一对前肢镰刀般锋利。它身体的颜色和身旁的丛林融为一体,如果它静止不动,我还真会以为那是一片叶子呢。我想这就是保护色吧!

这只螳螂睁着大眼睛瞪着我,似乎把我当成了它的"猎物"。不过,这只是它温顺的一面,它也有另类的地方。母螳螂要生小宝宝的时候,身体内的蛋白质和营养成分不足,不能把它的小宝宝养育大。所以,母螳螂要把公螳螂吃掉,吸收公螳螂体内的营养成分,养育自己的小宝宝。我虽然了解了这件事,但是我一直有点愤愤不平。"母螳螂太坏了!"我生气地说道,"它们为什么一定要吃公螳螂呢?它们的宝宝出生看不见自己的爸爸多伤心啊。"妈妈抚摸着我的头,徐徐地说道:"只有公螳螂体内的物质才和母螳螂相符,而且抓到猎物也不是一件容易的事。为了养育自己的后代,母螳螂不得不把公螳螂吃掉呀!"

今天的一次意外收获真让我大开眼界啊!只要你留心观察身边的事物,仔细钻研,知识的大门就会向你敞开!

水蝇"气垫船"

青岛郑州路小学　五年级一班　孙皓轩

五月的一天,我们一家去龙潭峡游玩。这是我第一次去那。虽然时间变了,但这里的景色依然美丽:山洞、溪流、峡谷……

我们一家人走呀走呀,来到了一条小溪边。咦?那是什么?突然,我发现有只昆虫浮在水面上。是不是看错了?我揉了揉眼睛,定睛一看。没错!那是只虫子,身体像一艘细细的船,"船"的两侧各伸出了3根细细长长的"桨"。它就用这些"桨"支撑着浮在水面上。这是什么呀?我再仔细一看,哦,原来是只水蝇。

"水蝇为什么能浮在水面上沉不下去?"我疑惑不解地问妈妈。妈妈说:"自己回家查哦!"于是,我决定回家查电脑。

一回家,我立刻打开电脑,一查,果然有奥妙。原来,那些"小桨"是水蝇的腿。这些腿上长有数千根细小的刚毛,刚毛之间的缝隙内吸附着空气,形成了气膜。气膜就像个小气垫,挺举着水蝇的身体,让它能够像气垫船一样在水面行动自如,却不会下沉。"哦,原来是这样!"我恍然大悟。

大自然真是太奇妙了!

这可真是个有趣的发现。

阳光岛见闻

青岛郑州路小学　五年级三班　赵海青

我最近和家人一起外出旅游,这是我人生中第一次去远离家乡的地方旅游。在旅途中,我发现了很多令人惊奇的自然风光,也学到了很多诗词知识。

我们的旅行目的是一个叫作阳光岛的地方。根据了解,阳光岛面积约 3 平方公里,拥有白色细软的沙滩。那里的气温全年在 28 摄氏度左右,水温也在 27 摄氏度左右,非常适合游泳和水上活动。当我们到达那里的时候,我被眼前的景象吸引住了。阳光岛是一个美丽的小岛,周围都是碧蓝的大海。我们登上了一艘小船,开始了环岛游。船只慢慢地行驶在海面上,我看到了很多奇特的景观,阳光岛周围的海洋生态非常丰富,我看到了海龟、海豚和鲨鱼……

首先,我们来到了一个叫作仙女湖的地方。仙女湖是一个湖泊,湖水清澈见底,像是一面镜子。湖边有很多高大的树木,树上有许多小鸟在唱歌。我静静地坐在湖边,欣赏着湖水的美丽和小鸟的歌声。我感到自己仿佛置身于仙境中。

在旅行中,我还发现了很多与学习诗词相关的现象。比如,在神鸟山的山脚下,有一片茂盛的竹林。我想到了古代诗人杜甫的名句:"青青子衿,悠悠我心。"这里的竹林就像是诗句中描述的那样,青青的竹子让人感受到了宁静和悠远。另外,在仙女湖的湖面上,有一朵朵盛开的莲花。这让我想起了宋代诗人陆游的名句:"疏影横斜水清浅,暗香浮动月黄昏。"莲花的美丽和诗句中的描写让我想起了水乡的宁静和美好。

我发现,这些独特的自然风光都有自己的原因。比如,神鸟山之所以形状奇特,是因为它经历了地壳运动的作用,经过了数万年的风雨侵蚀。而仙女湖之所以清澈见底,是因为它的水源来自雨水和山泉,没有受到任何污染。这些原因使得这些自然风光变得独特而美丽。

通过这次旅游,我不仅欣赏到了美丽的自然风光,还学到了很多与学习诗词相关的知识。我意识到,自然风光和诗词之间有着紧密的联系,诗词可以帮助我们更好地提高知识水平,发现更广阔的世界。

游泰山的发现

青岛郑州路小学　　五年级一班　　李子墨

今年暑假,我有幸游览了驰名中外的五岳之首——泰山。 这是我第二次爬泰山,第一次因为当时的我太小,半路睡着了,根本没有欣赏到泰山的雄伟,这次我一定要好好欣赏。

6月22日午后,我和爸爸妈妈一起乘车来到了泰山。 原来泰山不只是一座山,大大小小的山峰个个相连,有高的、低的、宽的、窄的,不计其数。山峰上是无数块奇形怪状的石头,有的石头缝里还长出了几棵小树,远远望去,满山苍翠。泰山上最高的山峰有1 524米,最低的有600多米,宽的延绵上百公里,窄的也有几百米。山顶上云雾笼罩,看上去若隐若现。

很快,我们的车就到了泰山脚下,又在盘曲的山路上走了10分钟,就到达了"泰山索道"。我们下了车,坐上了索道。一路上,我们看到了满山遍野的树木和鲜花,有红的、黄的、蓝的……在阳光的照耀下,显得格外鲜艳。缆车底下,一道瀑布从山上流到下面的小潭里,小潭里的水不深,清澈见底,还可以看见潭底有一层细沙呢!

下了缆车,就是"南天门"。走近一看,这个"南天门"像是北京宫殿的门,气势磅礴。最上面镶着三个金色的大字:"南天门。"南天门下面的石阶是十八盘,是登山路上最险的一段。从下往上看,像是一条陡直的"天梯"。胆小的我吓得腿都哆嗦了,但是我还是鼓起勇气跟随爸爸妈妈继续往上爬。

看完十八盘,我们穿过南天门继续往前走,来到了一块刻着"泰山"两字的巨石前。在那里可以感觉云雾扑面而来,就像人间仙境一般,让人流连忘返。

我们继续往前走,到达了钟楼。钟楼里有一座巨大无比的钟,据说有一位富人在泰山许愿,愿望成真了,所以他修建了这座钟楼。我也悄悄地为自己许了一个小小的愿望。

　　再往前走就是玉皇顶了,玉皇顶上有一个玉皇庙。庙前是一块刻着"五岳独尊"的巨石,字是红色的,深刻有力,给人一种豪迈的感觉。

　　游完玉皇庙,我们原路返回,乘坐缆车下山了。

　　泰山的美丽风光令人向往和赞美,真不愧为五岳之首。这次登山虽然很累,但是收获很多。泰山的雄伟壮观和独特的风景让我永生难忘。

旅行中的发现之张掖丹霞地貌

青岛郑州路小学　二年级一班　杨世钰

　　我去过一个地方，那里的山就像彩虹一样，色彩斑斓，交相辉映。我久久地站在那里，眼睛根本离不开这些彩虹山脉。这是哪里呢？原来这是甘肃省张掖丹霞地貌。

　　看着这彩虹山，我突然在想，这如诗似画的丹霞地貌到底是怎么形成的？我查了电脑，读了书，终于才知道，原来它是漫长历史时期地壳运动的产物，是大自然鬼斧神工的杰作。张掖祁连山丹霞主要由红色砾石、砂岩和泥岩组成，有明显的干旱、半干旱气候的印迹，以交错层理、四壁陡峭、垂直节理、色彩斑斓而示奇，它是一个以自然风光为主的自然风景区，集广东丹霞山的雄、险、奇、幽、美于一身，揽新疆五彩城的色彩斑斓为一体。这还真是最特别的自然风光之一呢。

　　丹霞地貌这么美丽，让我很惊讶，原来大自然这么神奇，不过，如果中国没有和平的环境，我们还看不到呢。以前打仗的时候，解放军叔叔为了中国的和平稳定，为了我们的幸福生活，浴血奋战，他们看不到这些奇特的美丽风景。这让我想到，作为新时代好学生，我们要好好学习，为了祖国的和平稳定，奉献一份自己的力量。为了自己，为了别人能看到美丽的风景而努力。

教学案例

在观察眼球结构、探究视觉产生过程中 培养学生观察能力和空间感知能力

《视觉》教学设计 青岛郑州路小学科 刘 鹏

【教学内容】

本课为小学科学六年级下册《人体感知环境》单元第一课,教科书呈现了眼球内部结构图,目的是引导学生通过观察眼球结构图,认识眼球结构。通过探究活动提示学生之所以能看到物体是因为眼睛在起作用,进而思考视觉产生的过程。

【教学目标】

(1)知道视觉是怎样产生的。

(2)能基于所学知识,观察眼球结构,认识视觉产生的过程。

(3)对眼睛的结构、功能表现出进行科学探究的兴趣。

(4)用所学的视觉知识指导生活,保护眼睛。

【教学过程】

(1)分组观察眼睛。以同桌为单位分组互相观察对方的眼睛,找出眼睛的特点,结合课前搜集的资料,尝试说出能够看到的眼睛的结构,并猜想各部分的功能。在这一步活动要求中,除了让同桌互相观察眼睛并说出结构和功能,也加入一些互动性更强的对比观察,如静止物体和运动物体、近处物体和远处物体,体会观察不同物体时眼睛的变化。

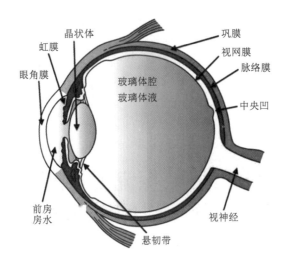

（2）分组观察视觉器官模型。在初步观察基础上进行进阶观察,帮助学生更好地理解和记忆眼球结构和功能。在学生汇报和交流环节,可以鼓励学生发表自己的观点和猜测,并互相交流探讨,以促进思维深度和团队合作能力。

（3）观看视觉原理微视频。学生观看微视频,再进一步了解视觉器官各部分对应的功能及工作原理。通过交流和分享达成共识,教师适时评价。

【设计意图】

本环节让学生通过分组观察同学的眼睛、观察视觉器官模型、观看视觉原理微视频三个探究性学习活动,在相互合作与交流中走进人体的视觉器官,感受视觉的神奇,从而使学生产生珍爱生命、关注生命科学、关注自我健康成长的思想感情。学生通过进阶观察逐步了解视觉器官的结构,在大脑中构建视觉器官的模型和理解视觉是怎样产生的原理,使他们在探究活动中体验科学发现的过程和方法,提升其观察技能和空间感知能力。

从小学生的学习角度出发,该片段设计更具互动性、趣味性和可视化,能够更好地帮助学生理解和探究视觉的形成过程,提高学生的学习效果和兴趣。在探究“视觉的过程和眼睛的结构”的教学片段中涉及多元智能的空间智能。空间智能是指人们对空间和物体形态、大小、位置、方向等信息的感知和处理能力。这种智能通常表现为对图像、图表、图形等视觉信息的敏感度、理解力和创造能力,以及对空间关系的掌握和利用能力。在探究视觉产生的过程和结构时,通过观察和分析眼球的结构、理解光线的传播和反射规律、推测视网膜的作用等过程,培养学生的空间感知能力。

在制作电磁铁的过程中培养学生的
观察能力和动手操作能力

《电磁铁(一)》教学设计　青岛郑州路小学科　马海燕

【核心概念】

能的转化与能量守恒。

【教学内容】

(1)能的形式、转移与转化

(2)知道动能、声能、光能、热能、电能、磁能等都是能的形式,了解这些能的相互转化现象。

【教学目标】

(1)科学观念:知道电磁铁是由铁芯和线圈构成的,电磁铁是将电能转换成磁能的装置;电磁铁通电有磁性,断电后磁性消失。

(2)科学思维:能用观察、比较、类比推理等方法推测电磁铁可能具有哪些性质,提出可探究的问题。

(3)探究实践:制作一个电磁铁,研究、发现电磁铁的特点。

(4)态度责任:认识到细致观察和善于观察思考在科学学学习中的重要性。体会到科学技术的发展和应用影响着社会的发展。

【教学简介】

学生对磁和磁能的认识是进阶安排的。二年级知道了一些磁铁的知识,四年级了解了简单的电现象和磁现象及简单电路的知识,为本课的"电生磁"概念的建立打下良好的基础。充分体现了课标中的概念深化、思维进阶和科学实践思想。

本课主要包括认识电磁铁、制作简易电磁铁和根据磁铁性质推想电磁铁的性质三部分内容。小马达对学生来说比较熟悉,在电动小汽车中常见,学生知道只要给小马达通上电,它就会转动。但对这种现象没有进行深入研究和了解。因此本课的教学重点是引导学生认识电磁铁的基本构造、制作简易的电磁铁,教学难点是根据磁铁的性质利用类比推理的方法推测电磁铁的性质。课前需要准备好小马达、螺丝刀、钳子、铁钉、导线、曲别针、电池和电池盒、实验记录单等。

本节课基于课标大概念和单元概念框架,立足学生已有经验和学习起点,基于前概念,以教师自制的电磁起重机的操作使用入手,激发学生的探究兴趣,层层递进深入,注重培养学生的自主探索和研讨交流的能力,由观察电磁起重机的结构和制作材料,认识电磁铁的基本结构,到制作简易电磁铁实验的所需器材、实验方案、注意事项、展示交流等,再由磁铁性质类比推理电磁铁性质,探究实践的设计。力求使学生理性思维得到梯度发展,让学习进阶发展与本单元和课标大概念吻合。最后通过动画视频形象展示马达的工作原理和电磁铁发展的科技史,以及拓展作业的布置,开拓了学生的视野和思路。

【教学过程】

教学片段:认识电磁铁。

(1)学生两人一组操作自制的电磁起重机吸住回形针、移动方位后将回形针掉落。

老师引导:通过刚才的观察,你知道电磁起重机为什么能吸住回形针? 它的关键的力在哪里? (生:前面有磁性)为什么回形针又掉下来了?

(2)老师小结:这个装置具有磁性,这个磁性与电有关,我们把这种装置叫作电磁铁。200多年前,丹麦科学家奥斯特用了8年的时间,一次又一次地重复实验终于发现了电和磁之间的秘密。今天,我们也要像奥斯特一样,用严谨探究的精神,去研究电磁铁的秘密。

(3)然后再指导学生观察,电磁起重机是用了电磁铁的原理来制作,你认为它是由几部分组成的? 使学生知道把中间的铁钉称为铁芯,把绕成圈的铜线称为线圈,当电流通过绕制的线圈时,使铁芯有了磁性,电磁铁就开始工作了。

【设计意图】

通过教师操作自制的电磁起重机入手,激发学生的探究兴趣,并通过观察电磁起重的结构,初步了解电磁铁的组成部分。在制作电磁铁的过程中培养的学生的优势智能是自然观察者智能。自然观察者智能指的是对自然的景物(例如:植物、动物、矿物、天文等)有诚挚的兴趣、强烈的关怀及敏锐的观察与辨认能力。自然生态保育者、农夫、兽医、宠物店老板、生物学家、地质学家、天文学家等是自然观察者智能者适合从事的工作。

在观察植物根过程中培养学生观察能力和逻辑思维能力

《植物的根》教学设计　　青岛郑州路小学　　魏玉凯

【教学内容】

《植物的根》是青岛版小学科学三年级上册《植物的生活》单元的第二课时。本节课以观察植物的根为线索,通过给根分类,认识不同根系的特点,让学生探究植物根的作用,体验交流合作的快乐以及尊重实验中观察到的事实根据。

【教学目标】

1. 科学观念

(1)知道植物的根(根据形状)主要分成两大类:直根系和须根系。

(2)知道植物的根有固定植物和吸收水分等作用。

2. 科学思维

(1)在教师的引导下,观察并描述不同植物根的形状特点,能正确给根分类。

(2)在老师的引导下,能正确讲述探究植物根的作用过程。

3. 探究实践

(1)能运用感官和选择恰当的工具,认真观察植物的根,描述根的外部形态特征,用观察图表等记录和整理信息,能够根基根的形状进行分类。

(2)能乐于尝试运用多种材料、多种思路、多种方法自行设计探究植物根的作用的活动,体会创新的乐趣。

4. 态度责任

(1)愿意分享自己的想法,乐于倾听他人观点。

(2)树立保护植物的意识。

【教学过程】

教学片段：观察不同植物的根，探究不同种类根的结构特征。

1. 根据已有的生活经验描述植物根的形态，建立初步概念

出示植物图片（把植物的根部遮盖住）提问：你们认识这些植物吗？

学生举手发言说出是哪种植物，洋葱、大葱、白菜、大蒜、芹菜、香菜、菠菜、茴香。

教师引导学生根据自己的生活经验描述植物的根长什么样子。

学生根据已有的生活经验或认知描述植物的根。

教师进一步激发学生的探究欲望：我们描述的植物的根是日常生活中看到的，你们想不想在课堂上实际研究一下植物的根呢？

2. 小组讨论，制订探究方案

在观察之前，老师提出问题：你们打算怎样研究植物的根？

学生会说出用眼睛看、使用放大镜的观察方法。因一年级学过闻一闻、摸一摸等探究方法，学生自然会联系以前学过的知识，尽可能多地说出观察的方法。

此时教师适当引导：同学们提到用眼睛观察，将活动的重点引到观察根的形状上。

老师出示温馨提示：① 请同学们认真观察，如果看不清楚可以借助放大镜；② 观察后认真填写观察记录表；③ 注意小组的分工合作。

3. 观察不同植物的根，探究不同种类根的结构特征

以小组为单位开始观察实验，小组内分工明确，有的同学负责观察、有的同学负责记录。在观察过程中，教师巡视，了解学生实验过程，遇到问题给予帮助，好的方面予以鼓励。而后指导学生完成观察记录表，将根的形状画下来。

学生观察，在小组内交流。

小组代表上台汇报：观察的不同植物的根的形状。

老师提出问题：在观察的过程中你们有什么发现，植物的根有什么秘密？

此时学生回答：会涉及植物的根闻起来的气味、尝到的味道、摸起来的硬度等，适时引导学生从根的形状观察，找一找哪些植物根的形状是相同的？

学生根据观察到的情况总结。

教师根据学生回答建构直根系、须根系的概念。并要求学生把刚才观察的

植物中直根系的放到一边,须根系的放到另一边。

学生分类、小组上台展示。

通过游戏巩固根的分类方法。

根据学生在分类的过程中有的小组对于胡萝卜的根拿不定主意,不知道分到哪一类,教师拿出胡萝卜实物首先认识胡萝卜的根,引导学生认识变态根。

【设计意图】

从学生的生活经验出发,给学生展示的植物是学生在日常生活中经常见到的,但要让学生把遮挡住的根描述出来有一定的难度,大多学生可能有印象但说不出来或说不准确,从而激起学生好奇心,进一步想要探究这些植物根的兴趣,另一个意图是让学生了解今天要研究的都是什么植物的根。

以学生为主体,充分运用多种感官,仔细地、有序地、全面地观察,在此基础上,引入本课观察重点,指导学生观察植物的根,引导学生制订简单的观察探究方案。指导学生掌握基本的科学方法,充分利用感官仔细观察根,能如实记录观察实验的信息,尊重事实,并用适当的词语描述根的特征,培养具有用事实说话的意识和初步的探究实践能力。同时一步步引导学生通过观察找出形态相同的植物的根,从而引导学生通过分类、归纳、整理的逻辑思维方法,建构直根系、须根系的概念,让学生经历由个体基本特征到群体基本特征的归纳这种科学学习方法的训练,学习活动从简单到综合,达到螺旋上升的课程目标。

第七章
肢体运动智能的绽放

奔跑与跳绳：我的快乐童年运动

青岛郑州路小学　四年级一班　张轩瑞

大家好，我是张轩瑞，我最擅长跑步和跳绳。

首先，说说我的跑步能力。在体育课上，老师常常安排我们进行短跑训练。我迈着轻快的步伐，如同一只小鹿在草地上蹦蹦跳跳。我知道，跑步不仅仅是快速前进，还需要注意姿势和呼吸。我保持身体的挺直，脚步有力，时刻掌握着呼吸的节奏。当我迎风奔跑时，风在脸颊上拂过的感觉特别好，心情愉悦，仿佛融入了大自然的怀抱。每一次的训练都使我更加有自信，我相信只要努力，我可以跑得更快，追逐梦想。

接下来是我最喜欢的跳绳。跳绳是一项需要技巧和节奏感的运动。我掌握了一些技巧，比如双脚交替和双摇。双脚交替要求我将脚交替跳起，一只脚着地，一只脚离地，身体保持平衡，我像一只跳跃的小兔子，灵活自如。而双摇则需要我双手交替摇动跳绳，跳跃的同时，手臂和腰部协调运动，像是一个欢快的舞蹈。每次跳绳，我都充满了热情和活力，我能感受到每一次跳跃带来的快感，仿佛自己是一颗充满活力的小火箭，冲向蓝天。

在每一次的体育课上，我总是积极参与，并与同学们互相切磋。我们一起比赛，互相鼓励。有时候，我会向一些技术更好的同学请教，他们会分享一些经验和技巧。我们一起进步，共同努力。

运动让我感受到了生命的活力和快乐。在奔跑和跳跃的过程中，我学会了坚持和努力，无论面对什么困难，我都会勇往直前。我相信只要我努力，就能取得进步。我体会到了每一次运动带来的快乐与成就感。

跑步和跳绳不仅是简单的运动,它们还培养了我许多重要的技巧和品质。在跑步中,我学会了坚持和毅力,因为只有持之以恒地训练,才能提升自己的速度和耐力。而跳绳则锻炼了我的协调性和节奏感,我需要时刻抓住正确的节奏和技巧,才能跳出优美的动作。

我还记得有一次体育课上的比赛,我参加了跳绳比赛。我准备了一个精彩的表演,通过双脚交替、双摇等技巧展现出我的灵活和协调。当我站在跳绳场地,观众的目光聚集在我身上,我感到一丝紧张,但我深呼吸一口气,放松自己,迎接挑战。音乐响起,我跃起,手腕轻扭,跳绳在我周围飞舞。我全身心地投入,感受到每个动作带来的愉悦。

通过运动,我不仅让自己的身体更加健康,还收获了许多宝贵的品质。我学会了坚持不懈、自信乐观和团队合作。我明白了只有付出努力和持之以恒,才能不断突破自我,取得更大的进步。

在未来的日子里,我会继续享受运动带来的快乐,努力提高自己的技能。无论是跑步还是跳绳,我都会全身心地投入,展示我的才华。我相信,只要坚持努力,我的跑步和跳绳水平一定能越来越高!

翻越技击之路，迈向跆拳道巅峰

青岛郑州路小学　四年级一班　高晟凯

我最擅长的是跆拳道，这是一项充满技巧性的运动。我从 2018 年开始学习跆拳道，这项运动需要我提高体能、协调性和柔韧性。

在每周的跆拳道课上，教练总是带领我们进行全面的训练。首先，我们会进行跑步热身，从最初的 300 米、500 米，逐渐增加到现在的 1 500 米、2 000 米和 3 000 米。我可以明显感觉到自己的体能在不断提高。体育课上的跑步也变得更轻松，我能够很好地完成老师布置的任务。

除了跑步，我们还进行各种技巧性的练习。例如，我们练习踢腿时，要注意保持平衡和力量，确保每一次踢腿都准确有力。在控制腿的练习中，我们需要灵活运用身体的协调性，确保腿部的动作准确无误。而压腿训练则需要耐心和毅力，每一次都要逐渐提高腿部的灵活性和柔韧性。通过不断练习，我能够做出更高、更稳定的踢腿动作，展现出更加出色的技巧。

这些年来，我几乎没有错过一次跆拳道课程。无论是刮风下雨还是下雪，我都坚持去训练。我参加了许多比赛，通过与其他选手的较量，我不断提高自己的技术水平和比赛经验。有时候，我获得了冠军，有时候取得了亚军，但无论结果如何，我都学到了很多。

跆拳道让我不仅在身体上变得更强壮，还培养了我的坚韧和毅力。我相信只要坚持不懈地训练，我的技术水平会不断提高，我也会实现自己的跆拳道梦想。

跟随音乐的魔力

青岛郑州路小学　六年级一班　杜昕怡

大家好！我是杜昕怡，一个热爱跳舞的小学生。

舞蹈是一门奇妙的艺术，通过动作、姿态、节奏和情感展现人类的智慧和感情。我对舞蹈充满敬意和热爱。通过跳舞，我参加了各种比赛和活动，并且还赢得了许多奖项。

还记得有一次，在利群广场举行了一场精彩的舞蹈演出。演出中有各种各样的舞蹈，有民族舞、拉丁舞、街舞、肚皮舞等。我选择了拉丁舞作为我的演出项目。当我小心翼翼地走上舞台时，我感到有点紧张，生怕出现闪失。音乐响起时，我默默地数着每个节拍，在心里默默地念着"one, two, …"我努力控制身体的每一个部位，让腿伸直，脚尖向后。每完成一个动作，我都迅速地思考下一个动作是什么。随着音乐渐渐接近尾声，我的动作也逐渐结束，最后我优雅地做出了完美的谢幕动作。台下传来阵阵热烈的掌声，我感到非常开心和激动。

跳舞能够给我带来宁静的心情和自信，让我忘记烦恼，每天都能微笑地面对身边的每个人。每当我跟随着音乐的节奏舞动时，我能感受到身体和音乐之间的魔力。音乐是我的灵感之源，它引导着我的每一个动作和表情。我跟随着音乐的旋律，感受着节奏在我的血液里流淌。舞蹈让我忘记了一切，只专注于舞台上的每一个动作，每一个微笑。每当我舞动身体的时候，就像是在给音乐一个生命，让它通过我的舞姿得到展现。

舞蹈是一种语言，没有界限，可以让人们用身体去表达内心的情感。我爱舞蹈，因为它让我能够展现自己，传递自己的情感。无论是快乐、悲伤还是兴奋，我都可以通过舞蹈来表达。每当我跳舞的时候，我就像是一只自由自在的鸟儿，在舞台上展翅高飞。

舞蹈不仅仅是一种艺术形式,更是一种生活态度。它教会了我坚持和努力的重要性。每一次排练都是为了更好地展示自己,每一次舞台表演都是为了给观众带来美妙的体验。我明白只有通过不断地练习和努力,才能够不断进步。

除了技巧,舞蹈还教会了我团队合作和互助的精神。在舞蹈团队中,我们相互支持,共同进步。我们一起排练,一起分享喜悦和困难。舞台上的每一个成功都离不开整个团队的努力和配合。

跳舞给我带来了很多快乐的回忆。我还记得那次在学校的舞蹈比赛中,我和我的舞伴们一起跳着欢快的街舞。我们热情四溢地展示自己的才艺,台下的观众为我们欢呼和鼓掌。那一刻,我感到自豪和满足。

通过跳舞,我学会了克服困难和面对挑战。每一次在舞台上的表演都是一次挑战,我知道只有勇敢地面对,才能够超越自己。跳舞让我变得更加自信和坚强。

我希望未来能够继续跳舞,不断提升自己的技巧和艺术表达能力。我想参加更多的比赛和演出,与更多的舞者交流和学习。舞蹈是我生命中最美妙的一部分,我将永远热爱并坚持下去。

跟随音乐的魔力,我在舞蹈中找到了快乐和自信。舞蹈不仅让我展现自己,还让我与音乐融为一体,感受到了生活的美好和无限可能。无论未来的道路如何,我都愿意跟随着音乐的节奏,继续舞动自己的梦想。

我的健康之路

——坚持不懈,成就自我

青岛郑州路小学　五年级二班　闫瑞宸

我是五年级二班的闫瑞宸。今天我要和大家分享两个让我感到自豪的成就。首先是我在跆拳道实战比赛中获得了第一名,其次是在校运动会上,我在男子二百米短跑比赛中荣获冠军。

每周五、六、日,我都会去参加跆拳道训练。在开始上课之前,教练会带领我们去体育街热身跑五公里。虽然有时候会感到有些累,但我从不放弃。无论生病还是身体不舒服,我都坚持训练。我们进行各种体能训练,提高耐力,练习腿法,并与师兄们进行实战对抗。经过持之以恒的努力,终于在一次跆拳道实战比赛中脱颖而出,夺得了第一名。尽管比赛中我受了点轻伤,有些疼痛,但我咬紧牙关坚持到了最后。

然而,我知道这只是一个开始,我不能骄傲自满。我必须持续不断地努力训练,始终保持对跆拳道的热爱。我们道馆有一句话:"半途而废的人永远不会成功,一山还比一山高,我们要做一个不能半途而废的跆拳道人。"这句话深深地激励着我,让我明白只有坚持不懈才能达到更高的目标。

除了跆拳道,我还热爱参加各种运动。晚饭后,我经常绕小区跑五圈来锻炼耐力和持久力。尽管每次跑完腿都麻了,但我从不停下脚步。

坚持不懈的锻炼,不仅提高了我的运动成绩,还增强了我的身体免疫力,让我远离感冒,越来越健康。

只有拥有一个健康的身体,我们才能更好地完成各项任务。经常运动给了我很多好处,我的身体变得更加强壮,生活也变得更加丰富多彩。

我坚信通过持续不断的运动训练,我可以实现更多的成就。运动不仅仅能让我取得荣誉,还可以培养我坚持不懈的品质。

在训练过程中,我遇到了许多挑战和困难。有时候我感到疲倦,想要放弃,但是我知道只有坚持下去才能看到进步的果实。每次训练,我都尽力发挥自己的潜力,努力超越自我。我从跆拳道中学到了坚韧不拔的精神,这也影响了我的生活的其他方面。无论是学习还是日常生活,我都会克服困难,迎接挑战,坚持不懈地努力。

此外,我还学会了与他人合作和团队精神。在道馆里,我们互相帮助、鼓励和支持。在比赛中,我感受到了团队的力量,我们相互激励,共同追求胜利。这种团队合作的精神让我更加坚定了不半途而废的决心。

除了身体健康,运动还带给我快乐和乐趣。每当我跑步或者进行跆拳道训练时,我感受到了自由和活力。我可以释放自己的能量,挑战自我,并享受运动带来的成就感。这种乐趣激发了我对运动的热爱,让我更加坚定地坚持下去。

只有拥有健康的身体,我们才能更好地面对生活中的各种挑战。运动不仅能够锻炼我们的身体,还可以培养我们的毅力、团队合作和坚持不懈的品质。让我们一起来运动,走上健康之路,追求更多的成就吧!

我的特点

——热爱运动,追逐梦想

青岛郑州路小学　四年级一班　张梓轩

　　每个人都有自己的特点,而我的特点就是热爱运动。从我上幼儿园开始,我就对运动充满了热情。随着进入小学一年级,我们开始上体育课了,而我对此感到格外兴奋。在第一节体育课上,老师教我们跳绳和做热身运动。我仔细观察着老师的动作,并且跟着做起来。随后的几节体育课我们开始跑步了。到了二年级,老师给我们进行了测试,测试项目包括跳绳、跑步和仰卧起坐等。这些项目都是基础,我努力参与其中。最后成绩出来了,我高兴地发现自己排在了前五名!这个结果让我既兴奋又惊讶。

　　到了三年级,我的运动水平越来越好。我的体育成绩也逐渐提高,从第三名到第二名,再到第一名!我没有想到自己能有这样的进步。当我看到中国运动员苏炳添在奥运会上获得金牌时,我的梦想成为一名运动员。尽管我的爸爸妈妈劝我不要当运动员,担心我坚持不下来,但我决心每天都要坚持练习,向他们证明自己的实力。

　　每逢周六和周日,我都会和爸爸在楼下打羽毛球。出门时,我们头上一点汗都没有,但回来时,我们已经满头大汗,特别是我爸爸,头上的汗水比雨点还多。爸爸累得躺在床上,大口大口地喘气。于是,我只能一个人继续运动。

　　我还和大哥哥、大姐姐一起参加过跳绳比赛!那时候,几乎每天我都在练习。虽然我只得了第八名,但我并不在意。我相信只要每天坚持训练,一定能取得更好的成绩。正如毛泽东爷爷所说:"世上无难事,只怕有心人。"

　　到了四年级,我成为全年级跑得最快的!在班里,没有一个人能超过我,同学们都对我非常佩服,老师也表扬了我,我感到非常满足和快乐。

老师的表扬和同学们的鼓励是我前进的动力,也是对我最好的奖励。我相信只要我坚持不懈,不断提升自己,我的运动水平一定会越来越出色。我也相信自己能够实现梦想,争取为祖国做出贡献!

每天的训练对我来说已经成为一种乐趣。除了学校的体育课外,我还利用课余时间和爸爸妈妈一起锻炼身体。我们常常一起去公园骑自行车、跳绳或者打篮球。每当我感到累的时候,爸爸妈妈总会鼓励我坚持下去。他们说,只有坚持不懈,才能取得更好的成绩。

我深知,运动不仅有助于保持身体健康,还能培养我的毅力、团队合作和坚持不懈的品质。我愿意将这种积极向上的精神融入生活的方方面面。不论是学习还是其他活动,我都会积极面对,勇敢挑战,永不放弃。

通过不断努力和坚持,我相信我可以在运动中取得更大的突破,实现自己的梦想。无论遇到多少困难和挑战,我都会勇往直前,努力奋斗。我坚信,只要心怀梦想,付出努力,我的特点——热爱运动,将会成为我成长的底色。

我最喜欢的运动挑战

青岛郑州路小学　　五年级一班　　李福豪

大家好！我是李福豪，一个热爱运动的小学生。运动对我来说不仅是课余生活中最重要的一部分，也是我生活中不可或缺的一环。正如法国启蒙思想家伏尔泰所说的"生命在于运动"，我对这句话深信不疑。

我的第一特点是我有毅力。

记得有一次我们在操场上进行跑步比赛，当我快跑完时，发现身后一直有一个紧追不舍的对手。他飞快地追了上来，我便使出全身力气朝着终点冲刺。在那一刻，我意识到我需要更加努力了。

于是，我开始加倍训练和锻炼。每次大量跑步训练后，我都感到筋疲力尽，每次连续跳绳后，我都累得双手麻木。但每一次训练都激发了我内心的斗志。每当我想要放弃时，我脑海里就会闪现一个念头："不要放弃！我不能被超越！加油！"经过持续不懈地努力，我的体育水平有了质的飞跃，在许多比赛中获得了第一名的好成绩。

我的第二个特点是我速度快。

比赛开始时，我总是飞快地冲到前面，甩开身后的竞争对手。当我全力冲过象征第一的终点线，同学们为我欢呼，赞美的声音充满了周围。我会兴奋地跳来跳去，大声高喊："我是第一名！我是第一名！"心里充满了喜悦。

我喜欢运动，我也相信，只要努力，每个人都可以在自己喜欢的领域中取得优秀的成绩。

下面我来分享一些关于我的运动特点的细节吧！

每天放学后，我总是迫不及待地来到操场上，穿上轻便的运动服装和舒适的运动鞋。我先做一些热身运动，像慢跑和伸展，让全身肌肉做好准备。

在跑步比赛中，我喜欢风在脸上呼啸而过的感觉。当我跑到终点时，汗水已经湿透了我的额头，但这种疲惫的感觉却让我觉得非常有成就感。我知道，只有通过不断的训练和努力，我才能在比赛中取得好成绩。

除了跑步，我还喜欢跳绳。每当绳子在我脚下迅速转动时，我就像一个小兔子一样轻盈地跳跃着。我尽可能地跳得高高的，同时保持稳定的节奏。我的双手不停地转动着绳子，让它发出清脆的啪啪声。每当我成功地跳过一连串的绳子，我都会为自己鼓掌。

除了个人比赛，我也喜欢参加团体运动。篮球是我最喜欢的团队运动之一。当我和队友们在球场上默契配合时，我们可以轻松地将球传递给对方，进攻和防守都变得更加顺畅。每当我投进一个漂亮的三分球或者助攻队友得分时，我都会看到教练和队友们为我欢呼，这种团队精神和合作让我感到非常开心和自豪。

运动让我更加健康、自信和快乐。我学会了坚持不懈，即使遇到困难也不会轻易放弃。通过运动，我结识了许多志同道合的朋友，我们一起分享快乐和成长。我相信，只要我保持努力和坚持，我的运动水平将会不断提高，为我带来更多的荣誉和快乐！

通过排球正面下手发球教学,培养学生身体控制能力

青岛郑州路小学　张　溪

【教学内容】

排球是小学体育与健康教学课程中的重要组成部分,是一项集体性、竞争性、趣味性和教育性很强的体育运动,主要通过发球、垫球、传球、扣球和拦网等技术进行进攻和防守,属于非身体直接接触的对抗性运动项目。本节课通过学习排球正面下手发球,可以发展水平三(六年级)学生的力量、速度、灵敏、协调等身体素质,并能在教学中提高学生的集体荣誉感和团队协作意识,发展学生良好的人际关系,促进学生身心健康成长。

【教学目标】

(1)了解发球在比赛中的作用,通过各种练习提高学生下手发球技术的准确性。

(2)学生通过积极参与练习和游戏,培养排球素养,提高身体上下肢的协调性和灵敏性,培养规则意识,增强学生力量、速度、反应等素质。

(3)培养学生之间互相合作、沟通的能力,提高学生社会适应能力,学练时表现出勇敢、顽强的意志品质,并能体验学习的成功感。

【教学过程】

教师:同学们,今天我们要学习动作排球正面下手发球教学。首先,请大家回忆一下我们在前面讲解过的动作要点。

(学生回忆动作要点)

教师:好的,现在请大家看我的示范动作。请注意,我将给大家展示整个动作的流程和每个环节的关键要点。同时,我将提醒大家一些常见的错误动作,以及纠正这些错误的方法。请大家认真观察我的示范。

(教师完成示范动作,并指出易犯错误)

教师:好的,现在我想再强调一下抛球手法、击球手型以及击球点和挥臂击球动作的正确规范。在进行练习时,请大家务必注意保持安全距离,保持正确的体位和姿势。如果感到疲劳或不适,请及时停止练习。同时,我也会提供帮助和支持,确保大家能够安全地完成这个动作。

(学生们开始分层练习)

教师:好的,现在请大家进行练习。在初级阶段,请大家先尝试双手自抛接球、双手自抛拍手接球。

(学生进行初级阶段练习)

教师:很好,同学们的表现非常出色!在初级阶段,大家已经成功地体会了抛球与接球的时机。接下来,我们进入中级阶段。请大家互相帮助,完成单人的正面下手发球动作,并且要准确地判断好排球落点的问题。

(学生进行中级阶段练习)

教师:非常好,同学们的进步非常明显!在中级阶段,大家已经掌握了如何抛球与挥臂击球的协调配合以及球的落点控制。接下来,我们进入高级阶段,请大家两人一组完成排球正面下手发球。

(学生进行高级阶段练习)

教师:太棒了!同学们已经掌握了两人练习——你发我接,并体会如何控制好球的稳定性。接下来,我们进行总结。

同学们,现在你们已经熟悉了排球正面下手发球动作技术,是时候考验一下你们小组合作的能力了。四个小组各自进行发球比赛,评比之后增加难度;鼓励增加发球的高度和站位的远度,完成后可获得更高的分数;强调击球部位准确、上下肢协调发力、控制发球的力度与距离。

(教师观察学生们的表现,给予必要的指导和帮助)

教师总结:同学们,今天我们学习了排球正面下手发球动作技术和注意事项。通过单人、双人和分组练习,我们逐渐掌握了排球正面下手发球动作技巧,在击球部位准确、上下肢协调发力和控制发球的力度与距离的重要问题上有了很大的进步。最后,通过小组比拼,我们更好地掌握了动作技术。希望大家能在以后的训练中继续坚持练习,不断提高自己的技能水平。

【设计意图】

在学习排球正面下手发球动作的过程中,身体控制训练是帮助学生掌握这项技能的关键。学生身体控制技能包括身体的控制和协调能力。肌肉的协调、平衡感、姿势控制等能力,是学生肢体运动智能的一部分。

排球正面下手发球是小学难度较高的体育项目,通过教学和练习可以帮助学生锻炼以下几方面的能力。

1. 身体协调能力

排球正面下手发球需要身体各部位协调配合,学生在练习中需要不断调整身体和控制球的姿势,从而提高身体协调能力。

2. 上肢力量

排球正面下手发球需要学生通过上下肢的协调配合完成动作,长期练习可以增强上肢力量。

3. 耐心和自信心

排球正面下手发球是一项技术性较高的体育项目,需要学生有耐心,理解掌握技术动作后,通过多次尝试和练习完成这个动作,学生可以增强自信心。

在进行排球正面下手发球教学时,应该根据学生的身体素质和能力水平逐步教学,避免过度训练让学生失去自信心。进行教学时,需要注意以下几点。

1. 安全第一

排球正面下手发球是一项高技术性的动作,需要保证学生在安全的环境和距离下进行练习;教练需要在场指导并确保学生的动作正确、技术规范,避免意外伤害的发生。

2. 逐步教学

在进行排球正面下手发球教学时,应该逐步教学,分步骤地进行讲解和练习,先让学生掌握简单的动作和技巧,再逐渐提高难度。不要让学生一下子尝试完成高难度动作。

3. 督促练习

排球正面下手发球需要练习,学生需要通过不断的练习才能掌握这个技能。教师需要定期督促学生进行练习,指导学生练习的方法和注意事项,帮助学生不断提高;在进行排球正面下手发球练习时,教师要强调击球部位的准确、上下肢协调发力和控制发球的力度等,这是练习成功的关键。

4.给予鼓励和反馈

排球正面下手发球是一项技术性较强的体育项目,学生可能会遇到挫折和困难。教师需要及时给予学生鼓励和正面反馈,让学生更有信心、更积极地面对挑战。

通过肩肘倒立教学，培养学生身体控制能力

青岛郑州路小学　张　溪

【教学内容】

肩肘倒立是技巧单元教学中的第一次课，对上肢、腰部肌肉的力量以及对身体倒置时，控制直体的能力方面有较高的要求。本节课通过倒立动作的学习，提升学生的身体控制和协调能力以及肌肉的协调、平衡感等，有效提升与发展身体控制能力和体能。

【教学目标】

（1）学生通过学习在保护与帮助下完成肩肘倒立的动作，了解肩肘倒立的动作结构和要领，建立正确的运动表象，明确其锻炼价值。

（2）发展上肢支撑力量、腰腹力量和身体控制的能力。

（3）培养学生相互学习、相互保护帮助的团队精神，提高学生自主学习的能力，促进学生身心健康的发展。

【教学过程】

教师：同学们，今天我们要学习肩肘倒立动作。首先，请大家回忆一下我们在前面讲解过的动作要点。

（学生回忆动作要点）

教师：好的，现在请大家看我的示范动作。请注意，我将给大家展示整个动作的流程和每个环节的关键要点。同时，我将提醒大家一些常见的错误动作，以及纠正这些错误的方法。请大家认真观察我的示范。

（教师完成示范动作，并指出易犯错误）

教师：好的，现在我想再强调一下安全和保护的重要性。这个动作需要一定的技术和力量支持，因此在进行肩肘倒立练习时，请大家务必注意安全，保持

正确的体位和姿势。如果感到疲劳或不适,请及时停止练习。同时,我也会提供帮助和支持,确保大家能够安全地完成这个动作。

(学生们开始分组练习)

教师:好的,现在请大家分组进行练习。在初级阶段,请大家先尝试直腿坐后倒的动作,体会举腿翻臀双脚触高物的感觉。

(学生进行初级阶段练习)

教师:很好,同学们的表现非常出色!在初级阶段,大家已经成功地体会了举腿翻臀双脚触高物的感觉。接下来,我们进入中级阶段。请大家互相帮助,完成肩肘倒立动作,并纠正翻臀不够、挺身不够的错误。

(学生进行中级阶段练习)

教师:非常好,同学们的进步非常明显!在中级阶段,大家已经掌握了如何互相帮助,纠正翻臀不够、挺身不够的错误。接下来,我们进入高级阶段,请大家独立完成肩肘倒立动作,并体会肩肘倒立的稳定性。

(学生进行高级阶段练习)

教师:太棒了!同学们已经掌握了如何独立完成肩肘倒立动作,并体会肩肘倒立的稳定性。接下来,我们进行总结。

独立完成动作,体会肩肘倒立的稳定性。同学们,现在你们已经熟悉了肩肘倒立的动作技术,是时候考验一下你们的独立练习能力了。请大家独立完成肩肘倒立动作,体会一下自己的稳定性和平衡感。

(教师观察学生们的表现,给予必要的指导和帮助)

再次集体进行肩肘倒立练习,更好地掌握动作技术。同学们,通过前面的练习,相信你们已经对肩肘倒立有了更深刻的了解。现在,我们再一次集体进行肩肘倒立练习,让大家更好地掌握动作技术。请各位同学按照之前学习到的动作技巧,独立完成肩肘倒立动作。

(教师观察学生们的表现,给予必要的指导和帮助)

教师总结:同学们,今天我们学习了肩肘倒立的动作技巧和注意事项。通过分组练习,我们逐渐掌握了肩肘倒立的技巧,并在独立练习中体会了动作的稳定性和平衡感。最后,通过集体练习,我们更好地掌握了动作技术。希望大家能在以后的训练中继续坚持练习,不断提高自己的技能水平。

【设计意图】

学习肩肘倒立的过程中，身体控制训练是帮助学生掌握这项技能的关键。学生身体控制技能包括身体的控制和协调能力。肌肉的协调、平衡感、姿势控等能力，是学生肢体运动智能的一部分。

肩肘倒立是小学难度较高的体育项目，通过教学和练习可以帮助学生锻炼以下几方面的能力。

1. 身体协调能力

肩肘倒立需要身体各部位协调配合，学生在练习中需要不断调整身体平衡和姿势，从而提高身体协调能力。

2. 上肢力量

肩肘倒立需要学生通过手臂和肩膀的支撑完成动作，长期练习可以增强上肢力量。

3. 柔韧性

肩肘倒立需要学生脚后跟向后抬高，使身体向上倾斜，这需要一定的柔韧性，通过练习可以增加学生的柔韧性。

4. 勇气和自信心

肩肘倒立是一项较为难度较高的体育项目，需要学生克服一定的心理障碍才能完成，通过成功完成这个动作，学生可以增强自信心和勇气。

在进行肩肘倒立教学时，应该根据学生的身体素质和能力水平逐步教学，避免过度训练和意外伤害的发生。进行肩肘倒立教学时，需要注意以下几点。

1. 安全第一

肩肘倒立是一项高难度的动作，需要保证学生在安全的环境下进行练习；教练需要在场指导并确保学生的动作正确、技术规范，避免意外伤害的发生。

2. 逐步教学

在进行肩肘倒立教学时，应该逐步教学，分步骤地进行讲解和练习，先让学生掌握简单的动作和技巧，再逐渐提高难度。不要让学生一下子尝试完成高难度动作，避免意外伤害的发生。

3. 督促练习

肩肘倒立需要练习,学生需要通过不断的练习才能掌握这个技能。教练需要定期督促学生进行练习,指导学生练习的方法和注意事项,帮助学生不断提高。强调正确的姿势和呼吸:在进行肩肘倒立时,正确的姿势和呼吸是非常重要的。教练需要强调学生正确的姿势和呼吸方法,帮助学生避免受伤,并提高动作的完成度。

4. 给予鼓励和反馈

肩肘倒立是一项较为困难的体育项目,学生可能会遇到挫折和困难。教师需要及时给予学生鼓励和正面反馈,让学生更有信心、更积极地面对挑战。

通过韵律操教学,培养学生身体表达能力

青岛郑州路小学 张 溪

【教学内容】

韵律操是学生应具备的基本运动能力之一,是提高学生灵敏性、协调能力的重要手段,本节课通过模仿动物的特点来帮助学生学习韵律操的步伐,并学会在音乐的伴奏下完成韵律操的创编,通过韵律操的学习能有效提升身体语言表达思想和情感的能力以及协调能力等。

【教学目标】

(1)学生通过学习了解和掌握韵律操的基本步伐以及韵律操的创编。

(2)发展学生的灵活性以及上下肢动作协调等身体素质。

(3)增强学生的创造力、节奏感,提升身体语言表达思想和情感的能力,促进学生身心健康的发展。

【教学过程】

教师:同学们好,今天我们要学习韵律操的基本步伐和韵律操的创编。首先,请大家跟我一起在动感音乐的伴奏下完成热身操(结合韵律操基本动作进行练习)。

教师:好的,现在请大家来模仿各种小动物,同学们大胆模仿。通过模仿老师教给大家韵律操基本的步伐(并步、后屈腿、V字步),我将提醒大家一些常见的错误动作,以及纠正这些错误的方法。请大家认真观察我的示范。

(学生们个人练习)

教师:好的,现在我想再强调一下动作的规范性。这个动作需要上下肢协调用力,因此在进行韵律操练习时,请大家务必保持正确的体位和姿势。如果感到疲劳或不适,请及时停止练习。同时,我也会请各小组长来指导大家更好

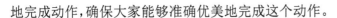

地完成动作,确保大家能够准确优美地完成这个动作。

(学生们开始分组练习)

教师:好的,现在请大家分组进行练习。在初级阶段,请大家在音乐伴奏下先尝试两人一组按要求进行挑战动作。

教师:很好,同学们的表现非常出色!在初级阶段,大家已经成功地体会了前两个八拍韵律操的挑战动作。接下来,我们进入中级阶段,请大家互相帮助,完成后两个八拍韵律操的挑战动作,并纠正上下肢不能协调用力的问题。

教师:非常好,同学们的进步非常明显!在中级阶段,大家已经掌握了 4 个八拍的韵律操动作,节奏感有明显的进步,运用身体语言表达思想和情感的能力也有显著的提高。接下来,我们进入高级阶段,请大家进行团队大比拼,学生分为四个小组,进行韵律操创编,每组结合音乐依次循环展示韵律操动作,每组结束后老师将进行评价,作为胜负标准。

教师总结:同学们,今天我们学习了掌握韵律操的基本步伐以及韵律操的创编。通过分组练习,我们逐渐掌握了韵律操的基本步伐以及韵律操的创编,发展了学生的灵活性以及上下肢动作协调等身体素质。增强了学生的创造力、节奏感,提升身体语言表达思想和情感的能力,促进了学生身心健康的发展。最后,通过集体展示,我们更好地掌握了韵律操动作技术,增强了大家的自信心,希望大家能在以后的训练中继续坚持练习,不断提高自己的韵律操水平。

【设计意图】

学习韵律操的过程中,培养学生身体表达能力是帮助学生掌握这项技能的关键。身体表达指的是通过身体语言表达思想和情感的能力。

韵律操是小学难度较高的体育项目,通过教学和练习可以帮助学生锻炼以下几方面的能力。

1. 身体协调能力

韵律操需要身体各部位协调配合,学生在练习中需要不断调整身体平衡和姿势,从而提高身体协调能力。

2. 节奏感

韵律操需要在音乐的伴奏下完成,对学生的音乐节奏感有较高的要求,通过此项练习可以很好地培养孩子的节奏感。

3. 柔韧性

韵律操需要学生有一定的柔韧性,通过练习可以增加学生的柔韧性。

4. 勇气和自信心

韵律操对于小学生来说是一项较为难度较高的体育项目,展示环节需要学生克服一定的心理障碍才能完成,可以增强自信心和勇气。

通过乒乓球发球教学，培养学生手眼协调能力

青岛郑州路小学　张祯琦

【教学内容】

乒乓球教学是小学体育教学的一部分，在提高学生快速反应能力、预判能力、决策能力，培养学生勇敢顽强、遵守规则、公平竞争等体育品德方面具有独特的育人价值。本节课是水平二三年级乒乓球发平快球，旨在培养学生基本功与实战结合的能力，提高身体协调性、反应速度与竞赛能力。

【教学目标】

（1）学生通过学习能够将基本功有效结合到实战中。

（2）发展下肢力量、反应速度与身体协调性。

（3）培养学生勇敢顽强的意志品质、规则意识与公平竞争意识。

【教学过程】

教师：同学们，今天我们要学习发平快球。首先，我们进行有针对性的热身。请同学们进行原地与行进间的颠球练习。（学生自行颠球热身）

教师：下面我们进行单手抛球和正手动作练习。（学生们开始自行练习）

教师：好的，现在同学们进行正手的多球练习，巩固基本功形成动作记忆。（学生个人练习）

教师：接下来我们进行正手发平快球，先看老师的示范，注意抛球高度与击球时机。（学生认真观看教师示范）下面请同学们自行练习。（学生个人练习）

教师：很好，同学们的表现非常出色！在刚才的练习中，大家已经成功地掌握了发平快球的要领。接下来，我们进入小组练习。请大家两人一组进行发球抢攻的实战练习。（学生进行小组练习）

教师：非常好，同学们的进步非常明显！在小组练习中，大家已经掌握了

如何将基本功运用到实战中去。接下来为了强化我们的体能与反应速度,提高手眼协调能力,两人一组进行变换方向的抛抓球练习,注意脚底的步伐不要凌乱,请看老师的示范。(学生进行体能提升的小组练习)

教师:太棒了!同学们配合得非常默契,步伐准确到位,反应迅速,体能也得到了提升,下面请两人一组进行拉伸放松。(学生进行拉伸放松)

教师总结:同学们,今天我们学习了正手发平快球,并将基本功与实战结合起来,增长了比赛经验,在协调性练习中融入了步伐,既提高了移动效率也提升了体能,希望同学们在今后的乒乓球学习中能够举一反三,不断提升技能水平。

【设计意图】

乒乓球是一项既需要力量与速度,又要兼备灵敏与智慧的运动。《义务教育体育与健康课程标准(2022年版)》中关于小学阶段水平二的学生的乒乓球教学提出,学生能在乒乓球游戏中运用所学的乒乓球基本动作和简单组合动作,如发球抢攻等。在体能方面,应通过步法与其他练习相结合的方式发展灵敏性、协调性和反应能力。本节课通过融入一人不定向抛球一人快速移动抓球的体能练习有效加强学生的手眼协调能力,充分发挥乒乓球运动在提升学生肢体运动智能方面的积极作用。

通过前滚翻教学,发展身体控制能力

青岛郑州路小学   张祯琦

【教学内容】

体操类运动是通过徒手、持轻器械或在器械上完成不同类型与难度的成套动作,充分展现身体控制能力,塑造健美形体,并具有一定艺术表现力的体育活动。本节课是水平二四年级前滚翻第二课时,对学生身体控制能力提出了更高要求。

【教学目标】

(1)知道并能够说出前滚翻相关动作术语。

(2)学生能够在同伴的帮助下比较熟练地做出前滚翻动作。

(3)提升核心肌肉力量,提高学生的协调及身体控制能力。

(4)培养学生面对困难和克服困难的勇气、合作意识,提升自我保护意识。

【教学过程】

教学片段:

教师:同学们,今天我们要学习前滚翻。首先,请大家回忆一下我们在前面讲解过的动作要点。

(学生回忆动作要点)

教师:好的,现在请大家看我的示范动作。请注意,我将给大家展示整个动作的流程和每个环节的关键要点。同时,我将提醒大家一些常见的错误动作,以及纠正这些错误的方法。请大家认真观察我的示范。

(教师完成示范动作,并指出易犯错误)

教师:好的,现在我想再强调保护与帮助的重要性。(学生们开始分组练习)

教师:好的,现在请大家分组进行练习。在初级阶段,请大家先在斜坡上仰

卧团身模仿不倒翁。(学生进行初级阶段练习)

教师:很好,同学们的表现非常出色!在初级阶段,大家已经成功地体会了团身的感觉。接下来,我们进入中级阶段。请大家两人相互观察帮助进行做支撑提臀辅助练习。第一步先练习支撑抬脚,第二步练习抬脚后低头向后看红领巾,要求循序渐进,注意安全。

(学生进行中级阶段练习)

教师:非常好,同学们的进步非常明显!在中级阶段,大家已经掌握了如何互相帮助,提臀抬脚向后看。接下来,我们进入高级阶段,请大家两人一组,一人两手撑垫两腿分开,另一名同学在后面将彩带慢慢抬起一直到支撑同学的后背位置。逐步由两腿分开加大难度转变为双腿并拢。(学生进行高级阶段练习)

教师:太棒了!同学们已经掌握了团身,头、肩、背、腰、臀、脚依次着垫子的前滚翻。

接下来,我们进行小组竞赛,让我们的动作掌握得更熟练,核心更有力量!

以小组为单位以俯卧撑预备姿势运送拼图碎片,将碎片运至指定地点后,以同样的姿势返回与队友击掌接力,直至最后一名同学完成拼图。率先完成的队伍获胜。

教师总结:恭喜获胜队伍!同学们,今天我们学习了前滚翻的动作技巧和注意事项。通过分组练习,我们逐渐掌握了团身身体依次着垫的技巧,并在独立练习中体会了动作的稳定性和平衡感。最后,通过集体练习,我们更好地掌握了动作技术。希望大家能在以后的训练中继续坚持练习,不断提高自己的技能水平。

【设计意图】

身体控制能力是肢体运动智能的子项之一,而前滚翻是身体控制能力的重要组成部分。前滚翻技巧教学应围绕技术动作、力量、身体控制和自我保护意识几个环节展开,本节课的教学重点旨在提升学生的核心力量——协调和身体控制能力。《义务教育体育与健康课程标准(2022年版)》中指出水平二的前滚翻教学应在斜坡条件下做团身滚动的身体体验练习,提高自我保护意识。针对水平二的学生前滚翻常见错误即低头不充分,可通过两腿分开低头看红领巾的方法改进。在技能提升阶段,通过"运拼图"游戏的创设,提升学生的核心肌肉力量,有效促进学生身体控制能力的发展。

通过正面持轻物掷远,学习投掷运动

青岛郑州路小学 张祯琦

【教学内容】

投掷是小学体育教学的重要内容,也是学生兴趣较为浓厚的运动项目。投掷运动主要发展上肢肌肉爆发力和身体协调性等身体素质。小学三年级阶段,仍以轻物投掷为主,本节课是三年级持轻物掷远第二课时,教学内容是正面持轻物掷远,使学生掌握肩上屈肘、快速前上挥臂的投掷动作,为接下来更高难度的投掷教学打下基础。

【教学目标】

(1)知道并能够说出正面持轻物掷远的动作名称。

(2)进一步掌握正面持轻物掷远肩上屈肘、快速挥臂的动作方法,发展投掷能力。

(3)发展学生的灵敏、协调和力量等身体素质。

(4)培养学生自我挑战的信心,与同伴相互合作、鼓励和帮助的意识,培养学生不断挑战自我的精神。

【教学过程】

教学片段:

教师:同学们,今天我们要学习正面持轻物掷远。首先,请大家回忆一下我们在前面讲解过的动作要点。

(学生回忆动作要点)

教师:好的,现在请大家看我的示范动作。请注意,我将给大家展示整个动作的流程和每个环节的关键要点。同时,我将提醒大家一些常见的错误动作以及纠正这些错误的方法。请大家认真观察我的示范。

（教师完成示范动作,并指出易犯错误）

教师:好的,现在我想再强调一下安全和的重要性。因为我们投掷出的小球落点不一定精准,所以同学们在捡球的时候一定要仔细观察,确认安全后再去捡球。（学生们开始分组练习）

教师:好的,现在请大家分组进行练习。在初级阶段,请大家先模仿钉钉子的动作。（学生进行初级阶段练习）

教师:很好,同学们的表现非常出色！在初级阶段,大家已经成功地体会了肩上屈肘、快速挥臂的感觉。接下来,我们进入中级阶段。请大家两人相互观察帮助进行正面持小球的掷远练习,并纠正强调肩上屈肘,肘部向前,前上方投出。

（学生进行中级阶段练习）

教师:非常好,同学们的进步非常明显！在中级阶段,大家已经掌握了如何互相帮助,纠正肩上屈肘,肘部向前,前上方投出。接下来,我们进入高级阶段,请大家独立完成小球掷远,若三次都超过老师设置的距离,就可以将小球换成软式标枪,体会不同投掷器材能够让我们的投掷能力更上一层楼！

（学生进行高级阶段练习）

教师:太棒了！同学们已经掌握了肩上屈肘、快速挥臂掷远。

接下来,我们进行小组竞赛,让我们的肌肉更有力量！

每组中前两人合作用肩上屈肘一前一后蹲着走的方式运送火箭的第一部分到组装点,放下火箭后,快速蹲走返回与队友击掌接力,后面两人以同样的方式,依次进行。直至火箭的所有部分运到发射中心后进行组装,率先完成组装并完成模拟发射任务的队伍获胜。

教师总结:恭喜获胜队伍！同学们,今天我们学习了正面持轻物掷远的动作技巧和注意事项。通过分组练习,我们逐渐掌握了正面持轻物掷远的技巧,并在独立练习中体会了动作的稳定性和平衡感。最后,通过集体练习,我们更好地掌握了动作技术。希望大家能在以后的训练中继续坚持练习,不断提高自己的技能水平。

【设计意图】

肢体运动智能是霍华德·加德纳（Howard Gardner）提出的多元智能理论中的一种,它指的是人们通过身体的动作、姿势和感官体验来解决问题、表达自己、理解和学习世界的能力。身体运动技能是肢体运动智能的子项之一,而投掷是身体运动技能的一种。发展投掷能力应围绕技术动作、力量、瞄准、身体控制和实战几个技术环节展开,本节课的教学重点旨在提升学生的肌肉力量与身体协调能力。《义务教育体育与健康课程标准(2022 年版)》中指出水平二的投掷教学应注重通过不同姿势与器械发展上下肢肌肉力量与协调性,并强调游戏化教学的重要性。因此,本节课在技能学练阶段通过投掷器械转换体验,不仅关注学生的积极参与、技能体能的发展,而且让每位学生根据自己的能力来选择适合自己的挑战目标,给每位学生创设了自我展示的机会,体验成功和快乐,从而培养学生敢于接受挑战的信心和勇气。在体能提升阶段,为避免枯燥的高负荷运动任务给学生带来的排斥心理从而打击学生的运动积极性与练习效果,运送火箭游戏的创设,不仅能够发展学生灵敏协调力量等身体素质,巩固投掷的动作要领,更能够激发学生的运动欲望,让学生体会到运动的乐趣。同时,通过团队协作完成比赛,有效培养学生安全、合作、规则和竞争意识。

第八章
人际交往智能的绽放

倾听的色彩

青岛郑州路小学　六年级二班　张延睿

　　每个人都有自己的长处与短处。或许是体育方面矫健的步伐，或许是音乐方面动听的歌喉，或许是语言方面令人赞叹不已的表达能力。而我，虽然不能说是聪明机智，但我的人际交往能力可谓数一数二。

　　为什么这样说呢？因为我懂得倾听。倾听是一门艺术，它释放出的色彩最耀眼。在他人发言讲话时，给予尊重，不去打断，认真地听完。这样，你在他人心目中又偷偷积攒了一分。你的人际关系就会有质的飞跃。

　　记得有一次，语文课上，语文老师要评选"作文小达人"。规则是看图写话，每个人写完后在讲台进行轮流阅读。我激动万分，这个称号可谓是朝思暮想，对整个过程都充满了激情。

　　从第一个同学开始，我就专心致志地听。对照着我的作文，看看是否有我可以学习的部分。直到我前一个同学上台，那是一个腼腆的女生。在班里不常说话，也不参加活动，她被称为"透明人"。她性格内向，能鼓起勇气上台朗读已经是最大的进步。我们全班同学注视着她走上讲台，她呼了一口气，然后开始了她的阅读。

　　"太阳肆意地挥洒着金光，小鸟在枝头叽叽喳喳说个不停……"她的作文生动活泼，文笔好极了。听她的作文就是一种享受。但同学们似乎不屑一顾，慢慢地，班里大部分的同学都开始说话。她站在台上不知所措，声音越发小了。我递给她一个鼓励的眼神，她似乎看到了，坚持读完了。我听完全段，带动全班同学为她鼓掌。她感激地看着我，我朝她笑了笑，无须多言，我们在心中就成了

245

一对亲密无间的朋友。

此后,她变得越发开朗,不再唯唯诺诺。

光,无声无息,但如果你仔细看,它蕴含了七种美丽的色彩。倾听亦是如此,它是对一个人最大的鼓励与安慰。

在学校的午休时间,我经常选择坐在校园的角落里,静静地欣赏着周围的景色。有一天,我注意到一个孤独的同学,她总是默默地坐在一旁,似乎背负着沉重的心事。我走过去,轻声问道:"你想说些什么吗?"她抬起头,眼中闪烁着泪光。我静静地倾听着她的故事,没有打断,没有评判,只是给予她一个可以倾诉的空间。她慢慢地说出了自己内心的困扰,情绪逐渐舒缓下来。我给予她一些鼓励和建议,让她重新看到希望的光芒。从那以后,我们成了真正的朋友,她也变得开朗自信了许多。

倾听不仅仅是耳朵的工作,更是心灵的交流。当我们真正倾听他人时,我们能够感受到他们的情感和思想。我们可以用关爱的眼神、鼓励的微笑和温暖的话语来回应他们,让他们感受到被尊重和理解的美好。通过倾听,我们可以帮助他人解决困惑、释放压力,并在他们的心中种下希望和勇气的种子。

所以,让我们拥抱倾听这种美丽的色彩,用它来建立更深厚的人际关系,传递温暖和关爱。当我们倾听他人的心声时,我们不仅为他们打开了心扉,也为自己带来了心灵的满足和成长。

我的交友之道：真诚

青岛郑州路小学　三年级二班　杨欣芮

我非常喜欢交朋友，通过与朋友真诚的交流，我们建立起真挚的友谊，让彼此更加了解和信任。

有一次，我遇到了一位好久没见的同学，当我看到她的第一眼时，就觉得我们好像早就认识了。她微笑着向我打招呼，仿佛敞开了心扉迎接我。我深信，我们一定会成为无话不谈的知心伙伴。

我们被分到了同一个小组，一起讨论课堂练习题。在课余时间，我和她坐在一起，发现我们的答案竟然完全一样。我们彼此感到惊讶，立刻展开了更深入的交流，分享彼此的兴趣爱好。惊喜的是，我们发现我们的兴趣和爱好居然如此相似。通过真诚的对话，我们迅速成为好朋友。

成为朋友后，还需要不断地对友谊进行加固。友谊就像一艘小船，如果我们不用真诚去加固它，迟早会出问题。曾经有一次，我差点失去了一个好朋友，这让我深刻意识到加强友谊的重要性。我主动向她道歉，诚挚地表达了我的歉意和对她的重视。我们经过一番沟通和努力，成功修补了我们之间的关系，并让友谊更加牢固。

其实，真诚是交友中最关键的元素。只有真诚对待彼此，我们才能建立起长久的友谊。真诚带来的信任和理解让我们彼此更加舒心和放松，让友情在成长中茁壮。

我交朋友是为了让自己更自信、更开朗。当我们伤心时，有朋友陪伴我们一同哭泣；当我们快乐时，有朋友陪伴我们一同欢笑。和朋友在一起，我们不再感到孤单，而是能够共同面对困难，让生活变得更加充实和幸福。

通过真诚交友，我发现了自己的长处。我擅长倾听和关心他人，善于用真诚的态度对待朋友。这样的交友之道不仅让我在人际关系中获得了更多的信任和支持，也让我更加了解自己的价值和优点。我发现，真诚的交流不仅能帮助我们建立亲密的友谊，还能促进个人成长和发展。

我希望用我的交友之道，让更多的人感受到友谊的温暖和真诚。我鼓励身边的人互相信任、互相尊重，并且勇于表达自己的情感和想法。通过真诚交流，我们可以在友谊的土壤中培育出更美好的人际关系。

真诚是交友之道的核心，它打开了心灵的大门，让我们能够真实地展示自己，同时也能够接纳和理解他人。通过真诚，我们可以摒弃虚伪和伪装，找到真正的自我，并且在彼此的支持和理解下不断成长。

在这个充满机会和挑战的世界里，真诚是我们建立人际关系的基石。它让我们与他人建立起深厚的情感联系，增进了相互间的信任和依赖。只有真诚对待他人，我们才能收获真诚的友谊，共同度过人生的起伏和挑战。

通过真诚交友，我发现了友谊的力量和它对我的成长所带来的积极影响。我也理解到真诚是一个长久的过程，需要我们不断努力和坚持。无论是在面对困难时寻求支持，还是在分享快乐时庆祝彼此的成就，真诚交友都能给予我们力量和温暖。

因此，我坚信真诚是交友之道的基石。通过真诚交流，我们能够建立起真挚而持久的友谊，让彼此的生活变得更加充实和幸福。我希望将这种交友之道传递给更多的人，让大家都能感受到友谊的力量和真诚的美好。让我们共同用真诚的心去交朋友，创造更美好的人际关系。

我的特长:倾听与关心

青岛郑州路小学 六年级二班 韩福晴

在日常生活中,每个人都有自己的长处和短处。而我很幸运地发现了自己的特长,那就是倾听他人的需求并关心他们。通过这个特长,我能够给予别人帮助和支持,让他们感到温暖和安慰。

有一天清晨,当我整理完房间后走进客厅,我立刻注意到妈妈神色疲惫。她坐在那儿,旁边还有一把拖把。我立刻明白了妈妈为什么一直皱眉。我想妈妈一定是太累了,我应该帮助她。我走到妈妈身边,拿起拖把,说道:"妈妈,我来帮您吧。"于是我开始打扫卫生。当地板擦洗完毕后,我还给妈妈捶背。看着妈妈的轻松笑容,我知道我成功地帮助了她。

通过另一件事,我更加深刻地认识到了自己的这个特长。那是一个黄昏,蝉鸣声在屋外阵阵传来,花儿向我微笑。突然,门"啪嗒"一声打开,我扭头看见是弟弟回家了。他径直走进自己的房间。蝉鸣声渐渐消失,花儿也低垂下来。直觉告诉我,弟弟心情不好。因为以往,他回到家总是会向我跑来,兴致勃勃地讲述在学校发生的趣事。但是今天,他却直接走进了房间。看到他这样,我走到他的房门前,轻轻敲响,问道:"我能进来吗?"弟弟回答:"可以。"我走进他的房间,发现他俯在桌子上抽泣。我关切地问道:"怎么了?"他抬起红肿的眼睛,哽咽着说:"今天考试成绩出来了,我考砸了。"听完他的话,他更加伤心地哭泣起来。我温柔地拍拍他的头,安慰道:"没关系,下次努力就可以了。"弟弟听后,呜咽着说:"嗯,我下次一定努力。"看到他这样,我深切地意识到理解他人的情绪并给予关心的重要性。当我们能够倾听他人的内心,关注他们的需求时,我们就能够在关键时刻给予帮助和支持。人们在面临困难和挫折时,常常需要有人来倾听和理解他们的感受。通过我的特长,我希望能够为他人带来安慰和温暖。我相信每个人都可以发掘自己的特长,为周围的人带来积极的影响。

　　无论是在家庭中还是在学校里,我努力做到倾听和关心他人。当我的朋友们面临困难时,我会静静地倾听他们的烦恼,并尽力给予建议和支持。我会为他们提供一个可以倾诉的肩膀,让他们感到安心和宽慰。同样地,我也会与家人分享彼此的快乐和忧愁,用心倾听他们的需求,尽力帮助解决问题。我相信,通过这样的互动,我们能够建立更加紧密和温暖的关系。

　　倾听和关心不仅仅是对他人的贡献,也是对自己成长的一种机会。通过与他人的互动,我学会了更加敏锐地观察和理解情绪,培养了同理心和沟通技巧。这些宝贵的技能将伴随我一生,让我能够更好地与他人相处,并在需要时给予帮助。

　　我的特长是倾听与关心,我希望能够不断发展和提升自己,成为一个更加善解人意的人。通过用心倾听他人,我希望能够为周围的人带来快乐、温暖和安慰。我相信,每个人都可以发掘自己的特长,为这个世界增添更多的爱和关怀。让我们一起努力,用自己的特长点亮他人的生活,创造一个更美好的明天。

我与同学的相处之道

青岛郑州路小学　　五年级一班　　顾心玥

　　每个人与同学相处时，都会有一些事情发生。可能是你与同学之间的矛盾，也有可能是你与同学友好相处。不管发生的事情是好还是坏，都是我成长道路上的小插曲。而正是这些小插曲，让我受益匪浅，使我明白了与同学们友好相处的方法。

　　有一次，我的同桌需要摆放东西，她的地方不够用了，所以把她的东西都放到了我的桌子上。我看到这种情况后生气了，于是把她的东西放回了她的桌子上，甚至还画了一条"三八线"。她很不开心，于是我们吵了起来。回家后，我很不开心，于是把这件事告诉了妈妈。妈妈听完后，给我讲了一个关于"六尺巷"的故事。听完这个故事后，我深受感动。故事中的张英给家人回信："千里修书只为墙，让他三尺又何妨。万里长城今犹在，不见当年秦始皇。"这让我体会到了张英的宽容、大度和礼让。第二天，我主动向我的同桌道歉，并把一部分位置让给了她，我们都很开心。

　　还有一次，在考试的时候，同桌没有带钢笔，她向我借，但我没有借给她。到了第二次考试的时候，我的笔突然不出水了，我向周围的人借，几乎问遍了所有人，但都没有人有多余的。就差问我的同桌了，我心里想："我要找她借吗？上次我都没借给她，这次她肯定不会借给我。"同桌也看出了我的心思，立刻把她的笔借给了我。我连声道谢，这也让我意识到了我上次的做法是不对的。我应该像我的同桌学习，与别人相处要互相帮助，心怀宽广，不能斤斤计较。

　　在现实生活中，我们都在同一个学校学习，难免会发生矛盾。但只要我们相互谦和礼让，宽容大度一点，就能化解纠纷，化干戈为玉帛。这样，我们才能交到更多的好朋友。

朋友的关怀让我感受到温暖与勇气

青岛郑州路小学　五年级三班　信梦杰

一天中午,我和同学们追打嬉戏的时候,不小心被绊倒了。摔倒的时候,我用手撑了一下地,不幸的事发生了——我的手臂骨折了。我赶紧到医院去治疗,医生为我绑上了石膏,而且需要绑整整一个月。

第二天,我坚持上学,一路上却担心着自己的手伤。一进教室,同学们都围上来,关心地问我怎么样了。看我行动不便,有的帮助我拿书包,有的帮我交作业,还有的帮我倒茶。我的心顿时变得暖暖的。下课了,就连平时最调皮的小木也来安慰我,帮助我。这一天,我感到自己时刻被同学的友情包围着,让我充满快乐,原来的担心也一点一点减少了。

有一天,我正在做作业,忽然放学铃声响了。我抬头一看,同学们都陆陆续续到教室外面排队,准备放学回家了。我望着我的书桌,再看一下我绑着石膏的手,不由地有些发愁。当我又一次站起来东看看西看看的时候,细心的小金看见了,他明白了我的心思,放下自己的书包,走过来帮我把书桌上的东西一样样放进书包。看着整整齐齐的书包,一种说不出的感动涌上心头,我真诚地对他说了声谢谢。这一刻定格在了我的心中,最好的朋友不就是那个在你困难的时候挺身而出的人吗?

这看上去是很简单的一件小事,却让我体会到了同学之间最宝贵的是真挚的友谊。我们的班级就像一个温馨的大家庭,上课一起学习,课间一起游戏,班级活动时一起商量,有困难时互相帮助。

结合家人的意义，帮助学生更好地与家人沟通、交流

青岛明德小学　周慧敏

【教学内容】

本课通过研究生命的孕育了解学生作为家庭一分子给家人带来的欢乐，以及自己对家庭的重要性，让学生懂得生命来之不易，学会与家人积极、健康地沟通。

【教学目标】

能感受生命的来之不易，明白自己对家庭的重要性；并学会与家人沟通、交流的方式方法，达到能理解家人、关心家人的目的。

【教学过程】

1. 动画引入，活跃教学气氛

老师激情导入："做好上课准备了吗？同学们可真有精神，老师们要送大家一份礼物。"（课件播放孕育过程动画片）"同学们你知道妈妈是怎么孕育你的吗？我们今天就一起来了解一下。"

导入以小动画开课，吸引学生的注意力，在教学开始创设了一个轻松的学习氛围，并直入教学主题。

2. 亲情询问，了解孕育过程

老师引入亲情询问，让学生带着问题，再看视频，了解母亲孕育自己时的辛苦，体会生命到来十分不易。

首先发放任务纸,让同学进行小组合作,完成任务纸上相关的亲情询问,通过同学之间合作探究,互相补充相关内容,然后进行全班交流,接着引导学生思考。在填写任务纸时看到母亲孕育时所遭遇的情况,自己在孕育过程中的变化,谈谈自己的感受,让学生明白母亲孕育我们时的艰辛,以及一个生命诞生的不易,体会自己作为新生命对于一个家庭的重要性。

3. 回归生活,感悟生命之美

老师引入活动"我当'孕妈妈'",通过给学生准备道具进行体验,让学生自己感受作为"孕妈妈"的各种不易,然后小组合作表达自己的感受,使学生切实感受到作为母亲的不易。并写下自己想要对母亲说的话,以表达自己的感恩之情。

4. 拓展延伸,升华教育主题

老师先让学生说一说自己给家庭带来了哪些欢乐,在孩子的畅所欲言中,老师对他们说出自己的心声"你们每个人都是爸爸妈妈的至宝,你的一举一动都牵动着父母的心,你的点滴进步都让父母感到高兴"。在此,老师给同学们分享一份爸爸的日记,让学生再次深刻感受自己对于家庭的重要性,明白因为自己的存在家庭变得更加快乐。

5. 总结课程,学会表达感情

老师引导学生思考:"当与家人出现矛盾或问题时,应该如何怎么才能更好地沟通?"鼓励学生尽情表达,通过自己的表达和同学们的回答,再次体会自己作为家庭一员的重要性,一言一行一定要设身处地地为家人着想,不能意气用事,说出伤人的话语或做出不理智的举动。

【设计意图】

学生现阶段已经能体会到家庭给予自己物质满足、精神慰藉、安全需要等。大多数学生能够能承担一些简单的家务活,知道自己在家庭中要承担责任。同时,有自己的见解和主张,大多数学生初步具备分析问题、解决问题的能力,能够利用学习资源在小组内合作交流,能够表达出自己的见解。

但是,学生对于家庭成员的认知还停留在浅层,会认为自己尚未成年,无论做什么、说什么都可以随心所欲,对于家人的关注度和沟通交流能力不足,没有意识到自己作为家庭成员的重要性。

针对以上学生情况,本课教学设计力求让学生了解自己作为家庭一分子给家人带来的欢乐,以及自己对家庭的重要性,让学生懂得生命来之不易,从而学会与家人积极、健康地沟通。

具体来说,通过了解自己对家庭的重要性,对学生具有以下教育意义。

1. 感受生命的来之不易

学生对于生命诞生的了解是抽象的,缺乏具体概念的,通过孕育生命的小动画,学生从直观上初步体会到生命的来之不易,为体会自己作为家庭成员的重要性起了积极的铺垫作用。

2. 理解家庭成员的重要意义

生命的到来十分不易,对于一个家庭来说,每一个家庭成员都是十分重要的,通过交流孕育过程中存在的艰辛,学生可以更加清晰的理解生命诞生的不易,体会自己作为新生命对于一个家庭的重要性。

3. 明确自己对家庭的影响

学生通过重新定位与思考自己在家庭中的重要性,进而明确自己的一言一行都会对家庭产生巨大的影响。并主动反思自己在平日生活中的言行举止,明确只有积极乐观的行为态度才能让家庭更团结、更快乐。

4. 形成积极向上的言行

学生在理解自己对于家庭的重要性并意识到自己对于家庭的影响之后,结合平日生活,思考与家人积极沟通、交流的方式方法,并能理解家人、关心家人。

因此,结合家人的意义,能让学生体会家庭成员的重要性,帮助学生更好地与家人沟通、交流。

在共情中与名画相遇

——浅谈小学美术欣赏课中的情感体验

青岛郑州路小学　韩筱鸥

【教学内容】

本课是人美版小学美术四年级下册的内容,属于"欣赏·评述"学习领域。本节课是非常具有人文特点的,画家凡·高曲折短暂的一生、数量惊人的艺术作品,使他成为一个传奇般的人物。本课通过欣赏凡·高的作品,引导学生近距离感受艺术大师的精神:刻苦、顽强、执着、积极探索、充满激情……启发学生去思考、感悟画家的内心世界。本课学习从了解画家开始,感受画家在创作作品时,受所处时代和环境的影响,因而形成不同的绘画风格,教会学生以画家为专题进行欣赏的方法。只有深入了解画家,才能够深入地理解美术作品真正的含义。

【教学目标】

(1)初步了解凡·高生平及绘画风格,知道如何对一名画家进行专题研究和学习。

(2)能用简单的文字对凡·高的作品进行欣赏评述,能查阅、收集相关资料。

(3)通过了解凡·高的一生,学习凡·高对艺术的热情、执着、勤奋、创新的精神。同时感悟人在逆境中应该怎样调整自己,成为一个积极健康的人。

【教学重点】

初步认识、了解画家凡·高及其作品。学习如何欣赏评述凡·高作品的方法。

【教学难点】

通过欣赏凡·高的作品,感悟他内心的艺术表现情绪,表达自己对作品的评述。

【教学过程】

教学片段一:初识凡·高

1. 关于画家凡·高,你有什么了解

有的人说凡·高一生只卖出过一张作品,穷困潦倒,靠弟弟提奥接济生活;有的人嘲笑凡·高因精神病发作,发生了割耳事件,住进医院;有的人以凡·高精神病再次发作开枪自杀为笑柄。

真的是这样吗?

凡·高独创并坚持自己的作画方法,10 年间完成了近 2 000 幅作品;创作的 10 年间,给弟弟提奥写了 900 余封信,反映他艺术创作经过和心路历程,收录于《亲爱的提奥》一书中;献身艺术,用作品证明了他的伟大。

2. 凡·高信件介绍

说起凡·高,我们就不得不提起他的弟弟提奥。凡·高一生给弟弟写了 900 多封信,现存 750 多封。后人为纪念他,把这些信收录于《亲爱的提奥》一书中。老师今天把几封信带到了课堂。请同学们看看,第一封信藏在了哪个小组?请小组派一名同学起来读信。

"一件好的作品,他可能不是永垂不朽的,但是作品里所表达的思想是永恒的,作品必定会永远存在人民的心里。"

让我们走近凡·高,走入这位大师最真实的世界。(板书课题:画家凡·高)

教学片段二:成熟时期的凡·高。

1. 欣赏《星月夜》

1889 年,凡·高来到法国小镇圣雷米疗养,此时的凡·高正饱受疾病的折磨,但依旧坚持作画。

这一时期,凡·高完成了著名的作品《星月夜》,请欣赏。

① 这幅画什么地方最吸引你?

② 回忆一下我们课前的分析,这幅画主要由两种不同的线条组成,是哪两种线呢?(破碎的短线、弯曲的长线)

③ 这样的笔触给你什么样的感受?(夜空的律动,炫目、奇幻)

④ 现实中有这样的色彩吗?(没有)

随着数码摄影技术的进步,延时摄影成为一种新的摄影创作形式,备受人们的追捧。将摄像机固定在一个地方,每隔一段时间拍摄一张照片,然后利用图片叠加的效果,我们来看摄影师们拍摄的星空图,(展示星空图照片)

凡·高的时代还没有相关的技术,他却用手中的画笔和想象力画出了同样惊人的效果,我们不得不赞叹不已,有人说,凡·高是第一个用画笔画出了时间的人。

老师这里还有凡·高的第四封信,让老师来为你读一读吧。

"当我画一个太阳,我希望人们感觉它在以惊人的速度旋转,正在发出骇人的光热巨浪;当我画一片麦田,我希望人们感觉到麦子正朝着它们最后的成熟和绽放努力⋯⋯如果生活中没有了无限的、深刻的、真实的东西,我将不再眷恋这个世界。"

2.对话凡·高,情感升华

作品完成不到一年,随着一声枪响,凡·高离开了这个世界。有人说凡·高是自杀,也有人说他是他杀,虽然原因我们无法确切考究,虽然凡·高的一生充满了世俗意义上的失败,穷困潦倒,靠弟弟接济生活,但凡·高却坚持着,努力着,用作品,用努力,甚至用生命证明了他的伟大。

凡·高的一生我们了解完了,你有没有什么想对凡·高说的?(对话凡·高,给学生表达情感、畅所欲言的机会)

【设计意图】

苏霍姆林斯基曾说,感情如同肥沃的土地,知识的种子就播种在这个土壤上。小学美术教学,是一门充满情感的艺术学科,是美的熏陶与文化的感知,是综合素养的提升,是将真情实感倾注于教学之中的德育过程,这一点在小学美术"欣赏·评述"领域的教学实践中体现更为突出。几乎所有名家名作的背后都有一段或有趣动人的故事,或创作者的丰富经历。"画家的心,必须与所描写的对象相共鸣共感,共悲共喜,共泣共笑。倘若不具备这种深广的同情心,而徒事手指的刻画,绝不能成为真的画家。即使他能描画,所描的至多仅抵一幅照相。"这些情节不但能帮助学生在欣赏过程中深化对作品的认知,还能充分发挥情感意识,对学生学习知识起积极作用,使学生在这样的氛围中与作者共情,实现情感与认知的平衡,从而达成学生人际交往智能的同步提升。

语言智能是指有效地运用口头语言或文字表达自己的思想并理解他人,灵活掌握语音、语义、语法,具备用言语思维、用言语表达和欣赏语言深层次内涵等方面的能力,是对作品的描述与思想的表达。课标中对中年级的学生提出的要求是"观赏各种美术作品的形、色与质感,能用口头或书面语言对欣赏对象进行描述,说出其特色,表达自己的感受"。在本课的教学中,教师不仅以"读信"为线索,将画家的内心独白贯穿到每个精心设计的环节,还给予了学生欣赏评述的方法,搭建利于学生审美素养发展与提升的支架,提升学生对画家作品的赏析能力,更好地引导学生在头脑中建立美术语言小词库,增强学生用词语搭建完整句子的信心,从而培养学生能用较为准确的语言表达内心感受的能力,体会画家所传递出的炙热情感,从而丰富学生的精神世界,并达到语言组织和表达能力的大幅提升。

语言表达的背后,应该是喜怒哀乐忧思悲的情感波动。本节课伊始,教师采取"先抑后扬"的方式,以看似"奇闻轶事"的方式展现了凡·高短暂而悲剧性的人生遭遇,随之立刻反转,用数据呈现出凡·高对艺术狂热、对劳动人民的赞美、对生活的的坚韧——艺术家窘迫的生活与艺术的执着相互映衬,使凡·高这位艺术大师更立体,具吸引力。这一过程也激发学生的情感体验,激发学生共情,以推动学生对美术作品内涵及画家艺术风格变化的感知。通过这种方式学生能够对美术作品中所蕴含的情绪以及艺术元素方面的价值形成深刻的认知,并对当时画家的人生经历以及性格特征做出全面的了解。

情感教育融入美术欣赏课程中,能够充分调动学生的感性思维进行艺术作品的欣赏,深化学生内心对艺术美感的感悟能力,引导其建立对艺术作品的全新认知。同时,借助积极的情感体验激发学生对美的事物的向往,使其秉持审美姿态欣赏艺术作品、观察生活中的事物,深化学生在艺术欣赏过程中的情绪体验,实现形象思维的动态延伸,培养学生健全人格。

在合作学习中,掌握合作方法,培育健全人格

青岛郑州路小学　姜　颖

【教学内容】

大家一起来合作。

【教学目标】

(1) 理解合作的含义和重要性,体验合作的意义和乐趣,帮助学生树立合作意识,培养学生乐于合作的意识。

(2) 在活动中掌握有效的合作方法和技巧,学会取长补短、相互配合,乐于以协商的方式解决问题,形成善于合作的能力,培育健全人格。

(3) 在合作过程中欣赏别人的闪光点和长处,养成乐于与人合作的习惯和乐于与人合作的品质。

【教学过程】

教学片段一:合作意义初感知

1. 游戏导入:蒙眼贴鼻子

教师出示游戏规则:

(1)在白板左右两边各贴有一个缺鼻子的娃娃头。

(2)将 A、B、C 三人分成两组:A 一人一组,B、C 两人一组,每组各发一个鼻子。

(3)每组成员在娃娃头面前观察一分钟后,蒙上眼睛并在原地转三圈。

(4)听老师口令,把手中的鼻子贴到娃娃头脸上的相应位置。

(5)一组独立完成,另一组合作完成,先完成的小组获胜。

老师设问:同样是蒙着眼为什么 B、C 两人小组完成得又快又好? 而 A 一

人小组完成得慢且鼻子还放错了位置呢？

预设1：他们小组有人帮，我们小组是一个人独立完成，还蒙着眼，所以完成任务有点困难。

预设2：我们小组有人帮就是不一样。

小结：说得真好！在我们游戏或做一件事情时，同学之间相互配合，遇到困难有人帮助，事情会完成的又快又好。像这样在学习和生活中两个人或多个人在一起共同完成一件同样的事情，我们把这种完成任务的方式就叫作合作。

教学片段二：合作需要技巧和方法

1. 值日中的合作

谈话：放学了，同学们正在干什么？要把教室打扫得既干净又整洁美观，他们需要完成哪些事情呢？课件出示课本63页第三幅图。

预设1：放学了，值日生们在一起打扫教室卫生。

预设2：他们有的在擦黑板，有的在扫地，有的在擦桌子，有的在整理图书角，还有的在摆桌椅。

追问：大家对于怎样做能又快又好完成值日任务有什么好的经验？小组内交流一下想法。

预设1：分工明确，任务尽量均衡，每个人都认真做好自己该做的事情。

预设2：干完自己分内的任务，再去帮助其他同学。

预设3：合理分工，团结合作才能把教室打扫得干干净净。

小结：是的，我们的学习生活需要合作，合作不仅需要合理分工，还需要友爱互助，才能把事情做得更好。

板书：合理分工，友爱互助。

2. 交往中的合作

谈话：刚才我们知道了合作需要合理分工，才能把事情做好。接下来，我们来听《小鹿和猴子》的故事，听完了，再来想一想它们是又是怎样合作的？

视频播放《小鹿和猴子》的故事。

谈话：听完了，你有什么想法？在小组里面交流一下。

全班汇报交流：

预设1：猴子不会游泳它过不了河，所以只依靠猴子自己是吃不到桃子的；

小鹿虽然会游泳,但它不会爬树,所以只依靠小鹿自己也是吃不到桃树叶的。

预设2:只有它们俩各自发挥自己的优点,相互配合、取长补短,它们才能尝到自己喜欢的美味。

小结:大家说得太好了!是啊!合作不仅需要分工,而且还需要相互配合、取长补短,彼此发挥自己的长处,齐心协力,才能把事情完成得更好,这才是合作的好方法。

板书:取长补短,相互配合。

【设计意图】

《义务教育道德与法治课程标准(2022年版)》中指出,引导学生正确认识自我,学会学习、学会生活、学会合作,养成积极的心理品质,有助于培育学生的健全人格。教学中,老师设计了三次合作学习。第一次合作学习中,教师组织学生参与游戏互动,让学生真切体验到合作带来的积极效果,初步感知遇到困难时,有人帮助事情会完成得既快又好;第二次合作学习,让学生回忆值日中的合作细节,又通过小组内的合作交流进行补充完善,引导学生进一步感知合作需要技巧和方法,需要合理分工和友爱互助;第三次合作学习,让学生在阅读中感悟合作需要真诚、友善,要拥有同理心,再一次的小组内交流碰撞,既锻炼了学生的语言表达能力,也让学生领悟到在交往合作中需要学会取长补短和互相配合。

播种友情森林,感受成长力量

青岛洛阳路第二小学 刘海青

【教学内容】

我的友情森林。

【教学目标】

人际交往是小学心理健康教育的重要内容,而朋友间的交往是小学生人际交往的主要方面。"我的友情森林"以心理体验活动为主,通过心理绘画、交流分享、积极心理辅导等多种手段,让学生在自我探索和体验中思考如何交友,感受友情带给自己的成长,体会友情的可贵,从而培养积极乐观、健康向上的心理品质。

【教学过程】

一、视频导课

1. 谈话

在日常生活中,我们要和许多人接触,在人生的不同阶段,我们会碰到许多人,也会遇到更多的朋友。

2. 视频

超暖短片《相信爱》——一只转学的小刺猬的故事。

提问:假如你就是影片中的小刺猬,你想说什么?假如你是影片中帮助小刺猬的其他动物,你有什么感受?

学生思考,分享感受。

3. 总结

世界上的每一个人都是特别的,就像视频中小刺猬拥有尖尖的与众不同的刺。当小刺猬的刺不小心伤害到别人,让它认为可能因此影响与别人的交往时,小动物们的表现让我们看到了友情的力量、感受到了友情的温暖,让我们相信,即便你是一只满身是刺的小刺猬,也总有人偷偷爱着你,也可以拥有友情!

二、分享感受

1. 谈话

友情会为我们带来许多意想不到的好处。对人友善时,我们的身体会产生一种被称为"5 - 羟色胺"的荷尔蒙,它是一种快乐荷尔蒙,也是一种能产生愉悦情绪的信使。也就是说,朋友之间友善的相处会让你更加幸福。

2. 思考

你有哪些和朋友愉快相处的经历? 你有过被朋友帮助的经历吗?

3. 总结

很庆幸在人生的不同阶段,大家都有不同的朋友。朋友们或给我们肩膀依靠,或给我们力量前进,让我们觉得自己是那么幸运。每一个朋友和我们自己一起种下的一棵棵友情树,都是"友情森林"中最美的风景。

三、友情森林

1. 活动

完成"我的友情森林"活动,每一个朋友都用一棵"友情树"来代表,可以在树上写出你相对他(她)说的话。

2. 谈话

班级分享自己的"友情森林",如果友情森林的朋友在班级里,也请朋友回应分享。

3. 谈话

友情是一种很美妙的东西,可以让你在失落时高兴起来,可以让你在困境中找到信心。它是一种让你无法描述却感到快乐无比的东西,只有拥有真正友情的人,才能感受到它的美好之处。

四、携手未来

1.活动

颁发"友情森林"证书,请把自己的"友情树"贴到黑板上构成班级的友情森林。

2.总结

在我们的成长中,友情是非常重要的一环。在友情森林中,每个朋友都是一棵树,众多树汇聚到一起,才形成了每个人枝繁叶茂的友情森林。这片森林会为我们提供幸福的成长环境,会陪伴每个人走向更美好的未来!

【设计意图】

人际交往智能是多元智能的智能之一,与马洛斯需要层次理论的社交需求有许多相似之处,人际交往智能的提高对于每个人的发展都有非常重要的意义。对于小学生而言,人际交往智能表现为能识别他人的情绪变化,善于与他人合作等能力。小学生正处在身心发展和形成正确的人生观、价值观的重要时期,个别学生在人际交往尤其是同伴交往方面会遇到困扰,所以培养和增强人际交往智能对学生的成长和发展尤为必要。

"我的友情森林"活动设计立足于"友情"主题,先借助视频让学生感受到朋友带来的温暖和关爱;再借助完成"友情树"的体验活动,积极引导学生在自我探索和体验中认识友情的意义,体会友情的可贵;一棵棵"友情树"汇成的"友情森林"让学生静心思考自己的交往模式和策略的同时,也让他们在体验式的心理场中获得精神需要的满足和愉悦的情绪体验,感受到友情带给自己的成长力量。

在小组合作中完善编程作品、提升人际交往智能

——记五年级信息科技编程课程"翩翩起舞"

青岛郑州路小学　王雅梦

【教学目标】

学生在教师的引导下通过自主、合作探究,达成以下目标。

(1)通过 UMU 互动平台打卡,养成良好的在线学习记录习惯,并通过观看平台任务中"翩翩起舞"成语故事典故,了解成语的寓意,欣赏《诗经》的文学美、传承中国传统文化。

(2)观看"翩翩起舞"程序范例,猜想作品制作的过程与步骤,培养学生信息意识和分析解决问题的能力。

(3)借助微视频,学会删除素材和程序,探究添加素材的方法,引导学生学会通过合适的平台和资源开展探究性学习,培养学生数字化学习与创新的能力。

(4)综合运用信息科技、语文、艺术等知识,通过自主探究和小组合作,完成"翩翩起舞"的程序搭建,培养学生的计算思维;在协作与展示的过程中,学生能主动地对问题产生创新设计,提升学生信息社会责任意识。

【教学过程】

教学片段一：

流程与目标	学生学习内容	教师活动	学生活动
目标3：自主探究合作学习	环节三任务一：准备素材 观看微视频，掌握删除素材、添加素材的方法 理解多造型角色素材的含义	布置学习任务 组织学生二人小组合作完成探究 巡回指导 组织学生交流分享，演示操作过程 教师小结	通过微视频，学会删除素材和程序，学会添加素材 交流展示作品 UMU平台完成自评、二人互评

教学片段二：

流程与目标	学生学习内容	教师活动	学生活动
目标4：协同配合完成作品	环节三任务二：搭建程序 1. 再次观看范例，在UMU完成程序流程图梳理 2. 根据程序流程图完成《翩翩起舞》动画制作 环节三任务三：测试分享 六人大组交流分享程序作品。 交流完善	1. 展示范例、提出任务要求 2. 组织学生自主完成程序流程图 3. 组织学生六人大组合作，完成程序搭建，完成《翩翩起舞》动画制作 4. 教师巡视 5. 点评小组完成情况 6. 组织小组交流汇报 7. 教师小结	通过范例，自主完成程序流程图 六人大组合作，完成程序搭建 小组交流展示 完成作品测试分享，结合成语"翩翩起舞"寓意完善程序

教学片段三：测试分享

六人大组交流分享程序作品。

交流完善：

（1）展示范例、提出任务要求。

（2）组织学生自主完成程序流程9图。

（3）组织学生六人大组合作，完成程序搭建，完成《翩翩起舞》动画制作。

（4）教师巡视。

（5）点评小组完成情况。

（6）组织小组交流汇报。

（7）教师小结。

通过范例，自主完成程序流程图。

六人大组合作,完成程序搭建。

小组交流展示。

完成作品测试分享,结合成语"翩翩起舞"寓意完善程序。

【设计意图】

英国心理学家韩普瑞曾说:人类心智最具创意的应用就是有效地维系人类社会。很多人由于富于运见和善解人意,能够考虑自己行动的结果、预期他人的行为、确定可能的得失,并成功地处理周围的各种人际关系。而人际关系智能在教学中的应用具体体现在合作学习中,有效的小组合作,可以帮助学生更快地在合作中完善编程思路,并根据编程思路完善编程作品。但无论是2人小组,还是4人、8人大组合作,人际沟通都是必不可缺少的,如何求同存异,如何有效交流,如何将组内成员的不同意见通过人际沟通后统一规划。这些都是需要学生在小组合作过程中运用人际交往智能,觉察体验小组内成员的情绪情感并做出适当的反应。

在本节课中,共有两个环节需要学生运用人际交往智能开展有效的合作学习:在第一环节的删除添加素材的过程中,一共有两个知识点,如何添加素材和如何删除素材,二人小组合作中,需要进行合理分工,根据分工完成编程后,再通过交流沟通进行第二项学习探究,在合作中让学生体会在帮助他人开展信息活动同时提升学生信息社会责任意识。在第二环节的六人大组完善交流中,学生均有自己的作品呈现,在交流6个不同的作品中,学生之间不断交流作品之间的优缺点,在交流完善作品的过程中开展人际交往的过程:同学们运用语言、动作、手势、表情、眼神和别人交流信息,在沟通中取长补短,将编程作品提升完善。

人际交往智能并不是学生天然自知的智能,也不是在群体环境中自然生成的智能,而是需要通过行之有效的引导学习,让学生了解掌握,在信息科技课程的合作学习时,小组成员之间可以相互沟通、交流、观察,并在这个过程中快速地取长补短相互促进成长。

"重走"长征路,多方对话,帮助学生学会合作、交流

青岛明德小学 李 霞

【教学内容】

本课内容来自小学道德与法治统编教科书五年级下册第三单元《百年追梦 复兴中华》第9课《中国有了共产党》,本课为第三课时《红军不怕远征难》。

【教学目标】

(1)了解红军在长征途中面临的各种艰难险阻,探究红军不怕远征难的原因。

(2)懂得红军长征胜利的伟大意义,感悟长征精神,并在生活中学习和传承长征精神。

【教学过程】

1.设疑导课,了解红军"长征"的历史背景

教师出示五次大规模的围剿示意图,并提问:通过观察,你们发现了哪些信息?学生通过观察发现第五次反围剿失败了,引导学生初步了解长征发生的历史背景。

2.合作学习,回顾红军"长征"的艰难历程

(1)各学习小组在组长的带领下讨论确定本小组的研究主题。

(2)教师按照路线、环境、物资、战役这四个方面给学生分发学习资源包,并出示学习要求:

① 小组成员借助资源包共同完成学习任务。

② 在小组长的带领下,确定汇报形式,合理分工。

③探究时间为5分钟。时间到,讨论停止,进行班级交流展示。

（3）各小组在组长带领下开展合作学习和交流互动,最终完成各小组的学习任务。

第一小组:路途遥远。学习任务:

① 8名同学两人一组,根据书上的四支红军队伍行军线路图,用马克笔标注,并标注起始时间,圈出途经省份。

② 沿途标注重要地点和特殊地形、重要战役。

③ 简介彝海结盟事件。

第二小组:自然环境恶劣。学习任务:小组成员通过 iPad 视频资料,梳理长征途中自然环境的恶劣。

第三小组:物资匮乏。学习任务:小组成员先各自学习资料,然后相互交流,讲述长征途中最感动自己的一个小故事。

第四小组:惨烈战役。通过资料和 iPad 了解长征途中的重点战役,全组合作理顺战役的背景、过程和结果,并填写表格。

3. 交流互动,全面感悟理解"长征"

四个学习小组的同学分别上台,分工合作,从长征路途的遥远、自然环境的恶劣、资源的匮乏以及战役的惨烈四个方面共同汇报各小组的学习成果,将自己感受的长征的艰难分享给其他同学听,并与台下同学形成互动,加深理解。

4. 提炼升华,体会伟大的长征精神

教师提问:如此艰险的长征,最终能够取得胜利,除了党的正确领导,还有什么原因呢?提炼长征精神:坚持不懈、不怕牺牲、坚定的信念、团结互助、乐观积极、不怕困难。出示习总书记的话:"每一代人有每一代人的长征路,每一代人都要走好自己的长征路。"

5. 深化思考,引导学生传承长征精神

教师提问:同学们,硝烟滚滚、炮火纷飞的长征已经过去,实现中华民族伟大复兴的新长征路就在脚下,这同样是一次充满挑战与艰辛的长征,更是时代赋予我们青少年的光荣使命。作为新时代的少年,我们又应该如何学习和传承长征精神呢?

【设计意图】

道德生活总是寓于学生生活的方方面面。现在的小学生有思想、有主见,对他们的道德培养和情感熏陶不能仅仅停留在简单的说教层面,要通过有效的合作、交流、互动等多层次、多角度地引导才能让学生真正产生情感共鸣。

基于此,在进行教学设计时,要着重做好以下几点。

(1)多方对话,明确角色。学生在学习文本的过程中与教材对话,在小组合作学习中与历史对话,与生活对话。在引导深化长征精神的教学中,学生积极地与教师对话,与同学对话。课堂形式灵活多样,回归生活,指导生活。在对话的过程中,每个学生在小组合作中扮演独特的角色,成为学习过程的积极参与者,并承担相应的学习任务。

(2)合作学习,学会沟通。在合作学习的过程中,人际交往能力是必不可少的。人际交往能力不仅涉及人与人之间的交流,还包括团体交流。在小组合作过程中,通过运用人际交往智能,帮助我们了解他人、与人沟通,包括建立和维持关系,在团体中扮演好自己的角色。

(3)贴近生活,触动心灵。无论历史人物事件有多么复杂,教学都应与现实生活联系,触动学生的心灵,引导学生在课堂上真实感受,深入思考。这样的课堂才能充满活力。教学层层推进,在最后的升华中,引导学生联系身边的人和事,体会长征精神,使课堂更贴近生活,更具生活气息。

第九章
内省智能的绽放

认识自我管理自我，迎接美好的每一天

青岛郑州路小学　五年级一班　李彦熙

　　我喜欢家长和老师常说的一句话："吾日三省吾身。"这句话虽然很简单，但是能够真正做到的人又有多少呢？每个人在孩童时代都会犯一些顽皮的错误，我也不例外。我是一个玩心很重的小男孩，但同时我也是一个让爸爸妈妈和老师省心的好孩子，因为我从小就懂得"内省"。

　　从上学的第一天开始，爸爸妈妈和老师就告诉我要多多反省自己。我要想想我应该如何生活、学习和锻炼？我现在处在什么水平上？我该怎样才能变得更好呢？这些问题经常在我的脑海中闪现。通过反省，我意识到自己存在的问题，这种危机感让我感到有点担心。幸好，我有很强的自我管理能力，过着有规律而积极向上的生活，这让我茁壮成长。

　　进入五年级后，课业的难度和负担突然增加，但我并没有第一时间意识到这一点。我还是继续无忧无虑地过着自由自在的生活，直到有一天，我偶然看到了一篇关于时间管理的文章。这篇文章给了我一个警示，让我认识到了问题的严重性。于是，那个周末，我和爸爸进行了一次认真的交谈。在新学年开始后，我逐渐意识到了自己存在的问题，其中最严重的问题是我的时间观念不强和学习效率低下。爸爸给了我鼓励，他调皮地说："发现问题是好事，我们一起来解决吧！"这样的鼓励让我充满了信心。我明白了自我认识之后，就可以开始管理自己了。我将我的业余时间分成了几个部分，合理安排学习、锻炼和休闲的时间。我根据课程的进度适时增加课外练习的数量。同时，我告诫自己一定要坚持计划，决不能半途而废。五年级即将结束了，这一年来，我很好地坚持了我的计划。我不仅彻底地消化了学习内容,而且身体锻炼也变得更好了。最重要的是,我还能愉快地玩耍,没有耽误任何乐趣。哈哈,真是无忧无虑的快乐时光!

我相信,只有勇于正视自己的缺点,我们才能不断进步。如果连自己的致命缺点都忽略了,那还怎么谈论自我认识和自我管理呢?同学们,要改变自己,就从认识自我开始吧!让我们一起加油,用高效的自我管理成就精彩的人生。

这件事真让我开心

青岛明德小学 四年级二班 王馨悦

最近,我经历了一件非常令我开心的事情,你想知道是什么吗?请听我娓娓道来。

最近我发现了一项我非常喜欢的运动——羽毛球。每当我看到运动员在球场上潇洒自如地挥拍击球时,我的运动细胞也跃跃欲试。于是,我向妈妈请教,她帮我买了一套羽毛球装备,并且我充满自信地准备展示自己的技巧。

我们来到预约好的场地,那里已经有很多热爱羽毛球的叔叔阿姨们在激烈地打球,真是人山人海啊!我迫不及待地拿出球拍和羽毛球,迎接挑战。

妈妈和我分别站在球网的两边,准备开始一场精彩的"战斗"。妈妈发球,白色的羽毛球像一只飞燕一样快速地飞过来。我盯着球,用力挥动球拍,结果……哎呀!球打得太高了!就像一枚火箭冲向了天花板。妈妈告诉我:"只需轻轻向前一击,不要往上挥。"我调整了一下姿势,妈妈又发了一个球,我立即迎球,轻轻地挥拍,目不转睛地盯着球,心里默默地想着"一定要把球打过网低一点!"没想到,我成功了!我非常兴奋。然而,就在我扬扬自得之际,妈妈迅速回球,这一次球打得很远,我急忙后退迎球,但我有些慌乱,结果球又被我打得太高,没有过网。我有点沮丧,又有点生气,为什么我又没有接住球呢?

妈妈走到我的身边,轻轻地握着我的手说:"失败是成功之母,如果你想打好羽毛球,就需要多加练习。看,像这样的高球,你要这样击回来。"她示范了几次,高高抬起我的手臂,用力向前挥拍,让我自己试了几次,寻找感觉。我重新振作起来,举起球拍,妈妈再次发球,这次我掌握了技巧,接住球并将其回击过去。然而,意想不到的是,羽毛球竟然插在了球网上!我和妈妈哈哈大笑,这真是太有趣了!

我越打越投入,大汗淋漓,我的接球技术也越来越好,妈妈好几次都没有接住我打的球呢!我非常开心,举着球拍欢快地舞动起来。通过和妈妈一次又一次的练习,我逐渐取得了进步。原来打好羽毛球有这么多的技巧啊!

  运动让我快乐,而且我不仅学会了打羽毛球,还学会了如何克服困难,这是最令我开心的一件事情了。

一件让我后悔的事情

青岛郑州路小学 五年级二班 台梦琪

自信,主宰你的人生,抉择你的未来,判定你的明天。每个人的童年是一个万花筒,里面充满了五味杂陈,酸的、甜的、苦的、辣的。

有一件事情让我后悔莫及,如今回想起来,仍心生懊悔。

铃声响起时,下课的钟声仿佛预示着一则不祥的消息。"对了,同学们在下课之前跟大家说件事情,昨天跟三班的说了,忘了跟你们说了,明天要考试。正好检验一下同学们在疫情防控期间有没有认真学习。"这突如其来的考试消息让我慌乱不堪,同学们发出一片唉声叹气的声音。有的同学抱怨道:"老师啊!你怎么不早点说呢?"老师反驳道:"就算我早点说了,你们也不会复习的!难道不是吗?"我心里暗自感慨:"只有短短一个晚上,能复习到什么程度呢?"

第二天,我们几个班级一起进行考试,首先是数学科目。数学老师贴心地给我们发了验算纸,当我进行口算和判断题时,一切顺利。然而,到了填空和应用题,问题接连出现,我记得数学老师在课堂上讲过的知识,可我绞尽脑汁也无法想出答案,此刻,我的大脑一片空白。

时间飞逝得如此之快,宛如夜空中划过的一颗流星,转瞬即逝。然而,我仍然剩下许多题目没有完成。此刻,我深感悔恨,后悔当初上数学课时没有专心听老师讲解。

有时候,我会幻想世界上有后悔药可以消除懊悔,但时间已经过去,我无法回到过去重新选择。对于这次考试,我深感后悔之情,也明白了自己在学习中的不足。我决心从中汲取教训,更加努力地学习,以免再次后悔。

人生中的每一个选择都具有重要意义,我们应该珍惜每一个机会,从中学习,不断成长。后悔是一种痛苦的感觉,但它也是一种宝贵的教训,让我们更加明智地面对未来的抉择。

这件事真让我激动

青岛郑州路小学　四年级二班　王子烨

虚……仔细听！这铿锵有力、朗朗上口的读书声，不正是从我们学校一间间洒满阳光的教室里传出来的声音吗？是的，在这里，自由地飞翔着一群健康谦虚、团结友爱、勇敢向上的小山鹰们，我便是其中的一只小山鹰，瞧，我正眉头微微上扬，双目坚定地凝视着胸前的红领巾！

在五彩斑斓的学校里，层出不穷的故事就像天上的星星一样，很多也很闪耀。但是对我来说，有一件事，我每每回忆起来，总能感到无比激动、紧张又伟大！也正因为这件事，使我变得更加自信更加坚定，那就是——竞选班干部！

那是四年级上学期刚刚开学的时候，我们迎来了一位新班主任：她就像花园里勤劳的小蜜蜂，无时无刻不在我们身边；又仿佛是一台神奇的电脑，算准了我们所有稀奇古怪的计划；她还像一本百科全书，天呐，让我们在课堂上连连称赞、活跃非凡。于是，在开学不久的某天下午，我们班迎来了一个非同寻常的消息，我们要进行一次真正意义上的班干部竞选活动了！

同学们在听完班主任关于竞选班干部的动员令后，一个个面面相觑，教室里安静地仿佛就连一根针掉在地上都能听到丁零一声。但不到 3 秒钟的功夫，大家突然间就像收到了令人惊喜的礼物一般，眼睛闪闪发光，你一言我一语，跃跃欲试，迫不及待。

而我却没有说话，一颗小心脏在扑通扑通地跳个不停，两只手渐渐攥成拳头，牙齿好像不听话了一般，紧紧地咬在一起。我感到激动又紧张，因为我也想竞选班干部！我抬头望了望班主任，我的拳头攥得更紧了，我想要做更好的自己，我想要试着做老师的小助手。

夏天染绿了茂盛的树叶，那被阳光映射出的叶脉如此清晰、如此粗壮。下定决心的我，一遍又一遍修改着竞选稿，短短几行字，却犹如大树的年轮般经历了许多年的沉淀刻入我的心中。第二天，我怀着坚定的心情来到学校，但内心却忐忑不安，时而踮着脚跳着高，时而又时隐时现，神出鬼没。

随着班主任的一声号令，竞选开始了！同学们陆续上台演讲。第一位同学走上讲台，只见他满头大汗，似乎和我一样很紧张。他抬起一只手，擦了擦头上的汗珠，磕磕绊绊地说道："大……大家好，好。"然后咽了一下口水……我的心里也随之咯噔一下，不禁倒吸了一口冷气，我更加紧张了。但我心里明白，想要突破自己，实现为班级承担一部分责任，做老师的小助手，就必须鼓起勇气！

终于轮到我了，我慢慢走到讲台上。突然间，我的脚仿佛被冷冰冰的机器定住了一样，一动不能动，而竞选稿子却越飘越远。正当我处于最关键的时刻时，我的目光触到了班主任车老师温柔而充满鼓励的目光，周围还闪烁着同学们期待的眼神，这一切仿佛春日里的和风，吹走了所有紧张的气息。我再一次攥紧拳头，心里默默朗诵着："醉卧沙场君莫笑，古来征战几人回！"吼！便开始像一位老练的演说家一般演讲着自己精心准备的竞选词，并完美谢幕。同学们雷鸣般的掌声灌入了我的耳朵，我知道我成功了，无论是否能当选班干部，我都成功了！

最后，在老师的监督下，大家陆续投票选出自己心目中的班干部。我屏住呼吸，慢慢等待着投票最后的结果。

心跳如鼓槌般有力，我紧盯着投票箱，期待着那一刻的来临。当班主任宣布选举结果时，我的心蓦然一颤，眼神不禁紧锁，手掌心里满是汗水。

"学习委员是……王子烨！"班主任的声音在教室里回荡，如同春雷般响彻。我的眼睛瞪得大大的，嘴角不自觉地扬起一抹欣喜的笑容，内心充盈着喜悦的涌动。

"啊啊，我当选了！"我高声呼喊，激动得几乎要跳起来了。身旁的同学们也纷纷向我投来羡慕和祝贺的目光，课桌上响起了热烈的掌声。

是的，我终于当选了自己心心念念的学习委员。我用自己的真诚、决心和平日里的表现，赢得了同学们的信任和支持。那一刻，我感到自己肩上的责任更重了，但内心充满了成就感和自豪感。

我紧握的拳头有力地举在胸前，感受着血液中涌动的激情。我深知，班干部不仅仅是一份荣耀，更是一份责任，是一个锻炼自己的机会。我将以身作则，为班级服务,做老师的小助手,向优秀的同学学习,不断进步,帮助有需要的同学,努力在班级中创造一个更加和谐、积极向上的学习氛围。

　　这件事真让我激动,它不仅是我个人成长的里程碑,更是我内省智能的体现。通过竞选班干部的过程,我更加认识了自己,理解了自己的能力和责任。我相信,这次经历将成为我人生中宝贵的财富,指引着我在成长的道路上继续前行,勇往直前。

　　我是小山鹰中的一员,自信地展翅飞翔,追逐着梦想的光芒。这份激动,将激励我不断超越自我,为更美好的明天奋斗!

这件事让我内疚

青岛郑州路小学　四年级二班　李尚宸

"唉！早知道就不这样做了。"放学路上我内疚地低语着……

事情是这样的，那天上体育课，口渴的我匆忙返回教室喝水。喝完水，正准备离开时，突然想起一件事情，我的拥有着200多个印章的得奖本子不见了。第一名的机会就这样"溜走"了？这对学期末的奖励来说可是至关重要的。

我站在空无一人的教室里，心生了一个不好的念头，偷偷拿走了晓航同学的印章本。然而就在这时，一位好朋友也来到教室，恰巧目睹了这一切。他犹豫了一下，最终还是没有举报我，但他还是劝我归还印章本。然而，我并没有听从他的劝告。

几天后，我的印章本奇迹般地找到了，晓航同学也偷偷地把"丢失"的印章补了上去，放在我课桌洞里。然而，天网恢恢疏而不漏，晓航"补"印章的事情被同学举报了，我的偷拿行为也再难以掩盖。

己所不欲，勿施于人。我不愿意受到欺骗，更不应该欺骗别人。这是我犯下的错误。我深感悔过。

原本同学们相互努力、共同进步的好举措，因为我的错误行为失去了原本的意义。我辜负了老师的信任，破坏了同学们之间公正公平的竞争环境。这是多么不应该的事情啊。

我感到内疚，忏悔在心。我深深明白，不能以恶小而为之。这次教训让我铭记于心。我会改正自己的错误，积极向上地成长。

借助心理绘画技术,帮助学生认识自我

青岛洛阳路第二小学 刘海青

【教学内容】

心理体验活动——"我眼中的我"。

【教学目标】

乔哈里视窗(Johari Window)是一种"自我意识的发现—反馈"模型,是正确进行自我认识的一种有效途径。本活动运用乔哈里视窗中"公开区"和"隐藏区"的概念,借助心理绘画技术让学生在绘画体验中认识自我、了解自我,体会到自我的各种美好,从而增强自我认同感,获得成长的力量。

【教学过程】

1. 绘画体验

教师引导:对于自己,你了解多少呢?你眼中的自己是什么样的呢?我们一起来画一画,找一找吧!

活动要求:

(1)画出"我"的自画像,内容和方法不限。(抽象、写实;人物、动物、植物等均可)

(2)画完自画像后,在旁边写出 5 条自己的特点。

温馨提示:心理绘画不需要技巧,随着自己心里的感觉画就可以。

2.交流分享

学生分享自画像,交流自己的样子和特点,在交流中认识自我,感受自我的特点。

教师引导:同学们介绍的特点,都是你自己的一部分,正是因为它们的存在,才构成了不一样的你! 建议同学们继续寻找自己更多的特点,发现更丰富的自我。

3.思考升华

(1)学生思考。

同学分享的自己的 5 个特点和你认识的他(她)是不是一样的? 他(她)的这几个特点你都知道吗?

学生回答:同学分享的特点有的是别人知道的,有的是别人不知道……

谈话:我们找出的特点,自己知道别人也知道,就是"我知 Ta 知",这是乔哈里视窗中的"公开区",公开区是指我们的姓名、年龄、外貌、身高、班级、一些爱好和经历等。有的特点自己知道别人不知道,这是"我知 Ta 不知",这是乔哈里视窗中的"隐藏区",隐藏区可能是你的某些经历、心愿、想法或秘密等。

(2)学生活动。

小组里交流自己找的 5 个特点,哪些是"我知 Ta 知",哪些是"我知 Ta 不知"。

总结:每个人都有公开区和隐藏区。公开区是自我认识和进行人际沟通的基础,适度的隐藏区是正常的心理需求。在实际的生活中,通过沟通、分享的方式适度地打开隐藏区,让自己隐藏区小一些,公开区大一些,可以让外界评价与自我评价一致的部分更多,我们的自我认同感会更强。

【设计意图】

内省智能是加德纳多元智能理论的重要组成部分,也是自我意识系统的基础? 使学生不断正确认识自我,提高自主自助和自我教育能力,是中小学心理健康教育的具体目标之一,这与多元智能理论"内省智能"相契合,其目的都是根据学生生理、心理发展特点和规律,运用恰当的教育理论和方法,培养学生良好的心理素质,促进学生身心全面和谐发展。

"我眼中的我"活动设计立足于发展多元智能理论中的内省智能,结合乔哈里视窗中"开放区"和"隐藏区"的概念,设计了心理绘画、活动体验、分享感受等环节。学生在绘画自画像、总结自己特点的过程中充分挖掘自我的"公开区",寻找自我特质,更全面地认识自我、了解自我,感受到自己的丰富多彩;而在分享交流中发现的"隐藏区",让学生感悟到认识自我的意义,也为学生增强自我认同感,提升自我和发展多元智能的其他内容提供了参考和助力。

绘就心灵彩虹，乐观面对挫折

青岛洛阳路第二小学　刘海青

【教学内容】

体验"心灵彩虹卡"，引导学生了解自己的情绪变化，在遇到挫折和失意时，能够接受自己的内心状态。通过寻找积极、可行、有效的行为模式，感受自己走出挫折的心路历程，获得内心的力量，进而觉察自己丰富多彩的心灵奥秘。

【教学目标】

（1）了解挫折，认识到遭遇挫折和失意是每个人都会经历的，遇到挫折时体会到挫折感是正常的。

（2）通过体验活动理清自己在遇到挫折时的内心感受。

（3）回顾和整理自己走出挫折的心路历程，从中感受到挫折对于内心成长的意义。

【教学过程】

一、初识挫折

1. 提问

生活中你见过彩虹吗？什么情况下才能看到美丽的彩虹？

2. 谈话

要想见到绚丽的彩虹必须得在风雨之后，而风雨就像我们人生中会遇到的一个又一个或大或小的挫折。每个人的一生都不是一帆风顺的，都可能遇到挫折或坎坷。

3. 活动

观看电影《摔跤吧！爸爸》中女主角吉塔在比赛中屡次失败，她感到沮丧、难过的视频。分享感受,引发共鸣。

4. 谈话

在面对挫折时有这么多内心感受,请选取一种颜色代表自己遇到挫折时的感受,画在心灵彩虹卡内侧的第一道色轮上。

二、心路历程

1. 思考

在遇到挫折时,你是不是就沉迷其中,在挫折中停滞不前了呢?

2. 游戏

邀请同学体验"破茧成蝶",感受蚕蛹冲破茧子的过程,分享体会到的内心力量。

3. 活动

"破茧成蝶"的过程就像你走出挫折的过程,每个人都有自己的心路感受。请回顾经历挫折时,自己的感受,选择不同颜色来代表,画在第 2 ～ 5 道色轮上。

4. 思考

大家的心灵彩虹卡都呈现了不同的色彩,为什么会呈现出这几种颜色?代表了你怎样的心路历程?结合《摔跤吧!爸爸》中吉塔走出挫折的过程,请分享遇到挫折时通过内心给自己鼓劲加油的方法。

5. 活动

当我们走出挫折时,你的心情是怎样的?请选取一种颜色在第六道色轮中涂色。

三、内心成长

1. 谈话

大家的分享让人感受到你们内心力量的积聚,请回顾自己战胜挫折的过程,感受整个过程让你获得的力量,涂画第七道色轮,完成心灵彩虹卡,把想对自己说的话写在心灵彩虹下面的横线上。

2. 总结

不经历风雨,怎么见彩虹。请你相信,生活中遇到的每一点挫折,每一滴风雨都是在不断地给我们的内心积聚力量,阳光总在风雨后,让我们勇敢地迎接挫折,带着内心的力量,跟彩虹一起成长!

【设计意图】

内省智能即了解自己的感情生活和情绪变化,有效地辨别这些情感,并加以标识,成为理解自己和指导自己行为准则的能力。每个人在成长的过程中都会经历挫折,随着年龄的增长,小学生越来越明显地体验到挫折对自己的影响。有的学生在遭受挫折之后可能会回避自己的内心体验,不接受自己的状态或忽视自己内心的力量。

"心灵彩虹卡"的设计基于《中小学心理健康教育指导纲要(2012年)》中"提高自主自助和自我教育能力,增强调控情绪、承受挫折、适应环境的能力"的目标要求,以"挫折"为主题,借助"彩虹"的象征意义,通过彩铅涂画、交流活动、体验游戏等活动环节的开展,让学生在体验中有所收获。教学过程中充分调动视觉、听觉、语言等智能,通过不同环节的涂色让学生用心体会自己的感受,对自己走出挫折的心路历程进行回顾和整理,接纳自己面对挫折的不同阶段的体验,在认识到挫折积极意义的同时,也找到了面对挫折的行为模式。多种智能融合的活动设计符合学生的身心发展特点,有助于培养学生良好的个性心理品质。

在反思中进步，在反思中成长

青岛郑州路小学　车晓琳

【教学内容】

本课是山东文艺出版社三年级传统文化第三单元第十课《三省吾身》。本课主要摘取了《论语》中的两组经典名言。通过前面两课的学习，在理解了修己的重要性、修养自身需要端正内心后，本课将修身上升到更高的层面上：在生活中不断地进行反省，在为人处世的动态过程中反求诸己，向更高的人生境界努力前进。本课将传统文化精髓融入课堂中，对于培养学生学习优秀传统文化的兴趣，立志继承和发扬优秀传统文化，做个具有优秀传统文化素养的中国人具有切实的帮助。

【教学目标】

（1）正确朗读、记诵课文内容。借助"说字解词""诗文今译"理解课文大意。

（2）通过诵读和讲解，体会"三省吾身"：见到贤人就向他学习，向他看齐；看到没有德行的人，自己的内心就要反省是否有和他一样的错误，通过自我的修炼来保持自己的道德修养。

（3）结合生活实际，谈一谈自己身边的榜样，反思自己的学习与生活。

【教学重点】

结合课文内容，体会"三省吾身"。

【教学难点】

联系生活实际，向榜样学习，将"三省吾身"内化为自己的自觉行动，做到知行合一。

【教学过程】

教学片段一：激发兴趣，导入新课

1. 课件播放故事

夏朝时候，一个背叛的诸侯有扈（hù）氏率兵入侵，夏禹派他的儿子启抵抗，结果启被打败了。他的部下很不服气，要求继续进攻，但是启说："不必了，我的兵比他多，地也比他大，却被他打败了，这一定是我的德行不如他，带兵方法不如他的缘故。从今天起，我一定要努力改正过来才是。"从此以后，启每天很早便起床工作，粗茶淡饭，照顾百姓，任用有才干的人，尊敬有品德的人。过了一年，有扈氏知道了，不但不敢再来侵犯，反而自动投降了。

2. 讨论：读了这个故事你有什么启示

学生感悟、交流：启每天反思自己，做到了吾日三省吾身，是我们学习的榜样。

3. 出示课题：第10课　三省吾身

揭示：吾日三省（xǐng）吾身：我每天多次反省自己。

反省自己就是反思，板书"反思"。

这一环节是本课的导课环节，用故事播放的方式，直观展示自我反省的重要性，在看完故事后初步让学生说说自己得到的启示，激发学生的视觉空间智能，这一环节激发了学生的学习兴趣，为下面的学习做铺垫。

教学片段二：联系实际，学以致用

1. 出示一则反思日记并讨论

我的反思：

我做事总是不太考虑别人的感受。前天，小刚不小心把我的腿碰伤了，我就故意大声哭闹引来老师，直到他被老师严厉的批评了一顿，看到小刚被责怪后难过的样子，我心里暗自高兴。其实，我的那点小伤无关紧要。

事情虽然过去了，现在想起来觉得自己真不该！同学之间的磕磕碰碰是难免的，但我却"小题大做"。既伤害了同学的自尊，又影响了我们的友谊，让他在老师、同学眼中留下了不好的印象。亡羊补牢，犹未晚矣。明天我一定勇敢地向大家澄清事实，向小刚同学道歉。

讨论：你有过类似的反思经历吗？

通过这个小故事，结合自己的经历，你明白什么是反思了吗？

反思是一种自我完善的方式,有"回过头想想""反过来思考"的意思,反思就是一个人对自己的言行是否正确,是否恰当所做出的判断和评价。

2. 出示第二则反思日记

一天傍晚放学后,我与好朋友亮亮一起下楼。突然,他折身返回,去了二楼的厕所。回来后他说:"听到厕所里有流水声,我去把没拧紧的水龙头关上了。"听了他的话,我感到很惭愧。虽然刚才我没有听到水声,可是即使听到了,我会像他那样去做吗?

现在,我每次经过走廊,楼梯间,如果看到大白天还亮着电灯,我会把开关关上。

讨论:我针对一件什么事进行反思?反思后有没有效果?

总结反思的作用:反思犹如"照镜子",他能让我们发现问题、看到不足,从中吸取经验和教训,不断完善自我。反思是我们不断进步的阶梯。

师生梳理有价值的反思方法。

在请教中找差距。(三人行必有我师,遇到问题多向身边的人请教,就会找到进步的方法)

在读书中找差距。(书籍会告诉我们许多做人的道理)

在静思中找差距。(一思:今天我做了什么?二思:今天我做对了什么,做错了什么?三思:明天怎么做?)

向榜样学习。(见贤思齐,见不贤而内自省。见到别人的优点要学习,见到别人的缺点要想想自己有没有)

多方面进行反思。(可以从学习、与人交往、生活自理等方面进行反思)

运用反思的方法:

你将从哪些方面反思自己的行为?学生交流后教师引导学生从学习习惯、学习方法,学习效果,健康身体、道德修养等方面来反思自己。

通过出示两则反思日记,引导学生联系实际生活,感悟到什么是反思?反思有什么作用?教师随机梳理了反思的好方法,最后让学生再来说一说你将用什么方法进行自我反思?内省智能是指认识自己的能力,争取把握自己的长处和短处,对自己的生活有规划。通过这一环节,培养了学生的内省智能,明白了"金无足赤,人无完人"的道理,懂得了我们需要"吾日三省吾身",让我们坚持反思,在反思中进步,在反思中成长。

我和"我",你比自己想象中的更优秀

青岛郑州路小学　于颜蕾

【教学内容】

以"认识自己"为主题的德育班会,激发学生的内省力,寻找并成为更优秀的自己。

【教学目标】

内省智能是指认识自我和理解自己情感状态的能力,小学生在成长的道路上,难免会遭遇迷茫。以"认识自己"为主题的德育班会,以自我审视为主线,通过"自画像""佩戴思考帽""幸福便利贴""我的名片"等活动,帮助学生更全面地认识自我,评价自我,树立自信,直面困难,为未来的学习和生活明确更加清晰的人生方向,成为更优秀的自己。

【教学过程】

一、我眼中的自己 —— 自画像

1. 谈话

同学们,你眼中的自己是什么样子的呢?请你拿起笔来画一画你眼中的自己。

2. 分享与交流

与你的小伙伴一起分享与交流自己的自画像,介绍一下你眼中的自己。从性格、外貌、兴趣爱好、能力、品德、在班级的位置和作用等方面描述,能让大家很快地知道这就是你。

二、深度认识自己——佩戴思考帽

1. 谈话

同学们,不同的人有不同的性格,你是什么样的性格呢?老师这里有六顶不同类型的帽子,什么类型的帽子适合你呢?

2. 思考

请同学们认真思考,根据自己的性格特点和思维方式为自己画像,佩戴"思考帽"。

教师 PPT 上呈现六顶不同类型的帽子:

① 情感帽:有活力、易冲动、表达感觉、直觉预感等方面的看法。

② 创意帽:亲近友好、有说服力、具有创造力和想象力。

③ 指挥帽:沉着冷静、掌控管理事务的整个过程,能够全面系统地解决问题。

④ 谨慎帽:运用否定、质疑、怀疑的看法,合乎逻辑地进行批判,发表负面的意见,找出逻辑上的错误。

⑤ 乐观帽:识别事物的积极因素,表达乐观的、满怀希望的、建设性的观点。

⑥ 中立帽:中立客观,关注客观事实与数据。

3. 交流

请同学们在小组内交流为自己佩戴的思考帽,并阐述原因,用学习与生活中的一件小事举例说明。

三、以他人为镜——幸福便利贴

1. 谈话

同学们,我们已经认识了我们眼中的自己,那么在其他小伙伴的眼中,你又是一个什么样的人呢?

2. 思考

现在请每位同学认真思考,然后在便利贴上写出小组内除自己以外的成员的 3 个优点,并举出具体的例子。

3. 讨论与分享

同学们在小组内讨论小组成员的优点,进行积极的肯定,并在全班进行分享。

四、自我介绍——我的名片

同学们根据自画像、佩戴思考帽，以及幸福便利贴等活动，重新审视自己，进行自我介绍，完成属于自己的"名片"。

【设计意图】

内省智能是多元智能之一。内省智能是指认识自我和理解自己情感状态的能力。内省智能是分辨自己内心世界智慧，内省智能比较强的人，会有较强的自控和自律能力，小学生正处于身心发展和形成，正确三观的重要时期，培养学生正确认识自己、悦纳自己，正视生活中的挫折与困难，发展学生的内省智能也成为班主任德育工作的重要部分。

我和"我"德育主题班会以"认识自己"为主题，活动的设计以"认识自己"为主线，由浅及深：学生首先通过自画像，认识自己眼中的自己，这是学生自我认识的第一步，再结合自画像从外貌、性格等介绍自己；性格的介绍为活动二做好了准备。活动二，学生需要由表及里，深度认识自己，学生在为自己选择思考帽的过程，也就是正确审视自己、认识自己、评价自己的一个过程。在学生认识到了自己眼中的自己之后，进入到活动三。通过活动三，学生会看到自己在其他同学眼中的闪光点，学生从认知自我到他人评价自我，让学生知道在别人眼里是怎么样的人，从而重塑自强自信，还促进了学生之间的关系。最后，学生根据自我认识、自我评价以及他人评价完成真正属于自己的"名片"，通过此次德育班会，发展学生的内省能力和人际沟通能力的同时帮助学生们更全面地认识自我，评价自我，树立自信，直面困难，明确更加清晰的未来学习和生活的人生方向，成为更优秀的自己。

第十章
存在智能的绽放

我爱我的学校

青岛明德小学　二年级二班　孙跃桐

　　我的学校是青岛明德小学，这是一所年轻而充满活力的学校。这里有大大的操场和宽敞明亮的教室，四季不同的花草树木将校园装点得格外美丽，我很喜欢在这里学习生活。

　　在学校里，老师不仅带我和同学们学习课本知识，还会引导我们了解植物昆虫和四季变换等。通过老师的指导，我学会了观察并理解动植物的生长过程，例如长长触须的天牛和蠕动的毛毛虫，还有那些绽放香气宜人的桂花树……这些都令我着实感到了好奇和兴趣！跟着可爱的老师，我也逐渐培养起了理解自然和珍惜学校生活的能力！

　　老师除了引导我们认识世界，也像关心和爱护我们的妈妈一样。记得有一次我不小心被书页划破手流血了，老师迅速给我消毒包扎好，并且温柔地安抚我。还有一次我在体育活动时因为肠胃不好吐了，但老师毫不嫌弃，帮我清理，并细心地照顾我。

　　最让我难忘的是同学和老师之间真挚的情感。同学之间和谐相处、乐于助人，无论谁遇到困难，总有人会伸出援手。老师看到同学做错题，会耐心地弯下腰解释。在上学和放学时，校长和老师会在学校的大门口接送我们，确保我们的安全。

　　在学校里，我坚持认真学习，努力进步；在学校里，我结交好友，获得快乐；在学校里，我与同学们相互帮助，分享幸福。明德校园就像一台摄像机，记录了我们学习和玩耍的每个快乐瞬间。这里交织着同学们的琅琅读书声和欢笑声，见证了我们的成长；承载着我们每个人的梦想，与我们共同实现梦想。

我的学校的校训是"明理修德，止于至善"，它鼓励我们成为明事理、品德高尚的人；我要以此激励自己成为德才兼备的优秀学生，成为习近平爷爷所说的"祖国和人民需要的优秀孩子"，为我热爱的学校增添光彩！

祖国是什么

郑州路小学　二年级一班　闫雨萱

我的祖国是我入睡的摇篮,是我上学路上的石子路,是我在学习中上升的火箭……

5 岁时我问爸爸:"祖国是什么?"爸爸说:"祖国是我们大家的母亲。"

7 岁时我问老师:"祖国是什么?"老师说:"祖国是中华民族所有儿女的家。"

祖国是一片美丽的花海,我就是其中一朵不起眼的小花,在努力地绽放着自己的光芒。

祖国是一座城堡,我就是其中的一块砖瓦。

如果祖国是一片森林,那我就是其中一片小小的树叶。

祖国是我们心中闪耀的繁星,照亮我们成长的路。

小小的我承载着无限的能量,在不断的努力下闪烁着璀璨的光芒,不仅仅因为我们是祖国的花朵,更多的是出于对祖国的爱。

有一种表白叫:"我爱你,祖国!"

我为学校添光彩

青岛郑州路小学　四年级一班　严龙皓

我的学校是青岛郑州路小学。它非常美丽,一进校园就看见校园里种了许多花草树木,空气非常清新,有时还隐约闻到淡淡的花香。宽大的操场是我们运动的场所,走进干净整洁的教室里,就有种一定要好好学习的想法。

学校是我学习的地方,是我成长的地方,也是我接触老师和同学的地方。作为一个四年级的学生,我要做的事情很多,但它们也都是小小的事情。首先,在我的行为习惯上,我要做到文明。在校园里与同学和睦相处,不追逐、不打架斗殴。我要在校园或教室里保持安静,不大声喧哗或吵吵闹闹。我也要避免骂人或说脏话,并且要对老师有礼貌。我要在学习方面自觉努力,上课要认真听讲,勤于思考,做好笔记,积极举手回答问题。我要珍惜每节课的四十分钟,只有认真听课,才能在课后的作业中取得高分。

每个星期一,我会穿上整齐的校服,戴上红领巾和小黄帽,参加升旗仪式。我要在鲜艳的国旗下证明自己是一个好学生。我会从身边的小事做起,贡献我微薄的力量。我会阻止低年级的小朋友在墙上乱涂乱画和乱丢纸屑。我会弯腰拾起地上的纸屑。有时我还会阻止其他小朋友乱摘树叶。当我看到小朋友要摔倒时,我会第一时间冲过去扶他们。如果我在上厕所时发现别的小朋友忘记关水龙头,我也会随手关上。这些小小的举止也能改善我们的学习环境,为什么不乐意去做呢?

我为学校添光彩

青岛郑州路小学　四年级二班　刘雨鸥

一滴水落在地上,在阳光的照射下,很快就会蒸发。但如果这滴水落进大海,它就会长存下去。同样地,我们单独一个人也不能脱离集体独自存在。我们生活在学校这个大家庭中,要为我们的学校增光添彩。

每一个同学都是学校的一分子,都应该为学校的发展贡献自己的一份力量。作为一名四年级的小学生,我能为学校做的虽然有限,但是学校的强大不正是由我们这一根一根的细丝拧成的吗?因此,我积极主动参加各种社团活动,为学校争取好的成绩而努力。让我记忆犹新的是四年级下学期代表学校参加的合唱比赛。我们的合唱团是由不同年级的同学共同组成的,要取得好的成绩,需要全体成员共同努力。为了完美地展现"小山鹰"的风采,我没有缺席过一次排练,虽然很多时候排练占用了很多课余玩耍的时间,但是合唱团的每一名同学都兴致高昂,每一次排练都充满热火朝天的氛围。最终,我们在比赛中取得了令人满意的成绩。当这次合唱比赛告一段落的时候,我突然感到特别失落,排练好像已经成了我学校生活的一部分。但是想到以后还有很多机会为学校争光,我又对未来的学校生活充满了期待。

学校是我们学习知识、锻炼能力的场所,也给予我们陶冶情操、培育品格的环境。它赋予我前进的力量,帮我插上飞翔的翅膀。我对校园充满了依恋,就算在梦里梦到它我也会幸福地微笑。在这里,我已经从一年级的小朋友成长为四年级的"大姐姐"。以后,我也会随着学校的发展而一起成长,为学校的发展贡献自己的力量。

我相信自己的力量,从小事做起,从身边做起,从自身做起。我也一定要好好学习,天天向上,为学校添光彩!

我家"坐骑"二三事

青岛郑州路小学　五年级三班　王依晗

　　我的祖国,是一条冲天腾飞的东方巨龙,是一头威风凛凛的雄狮,是一只昂首高亢的雄鸡,傲然屹立在世界的东方。每当谈及我的祖国,我的心里便会感到十分骄傲。因为,正是伟大的祖国使我们家的生活发生了翻天覆地的改变。

　　不信?那我们就一起来看一看!小时候,我家的车棚下放着一辆落满灰尘,又重又丑的自行车。听爸爸说,那以前可是全家人的宝贝,据说花了爷爷半年的工资呢!可现在,旁边的两辆轻巧漂亮的自行车却让它相形见绌。不久后,我家又来了一个"不速之客",爸爸买回了一辆大红色的摩托车。我马上爬了上去,让爸爸带我去兜风。一路上,看着路人羡慕的眼神,我心里美极了。

　　从那以后,只要一有时间,我就吵着闹着让爸爸带我出去玩,坐在风驰电掣的摩托车上,那种感觉,真爽呀!再后来,街道上开始出现了电动车的身影,我们家也不甘示弱的买了一辆。蓝色的外壳,小巧的车身,即轻巧,又耐久,而且速度也很快,骑起来方便极了。于是,电动车又成了我们家的新宠。

　　一年后,有一天我放学回家,突然发现门前停着一辆崭新的白色小轿车,原来,这是我们家的又一名新成员。我高兴地一蹦三尺高,迫不及待地钻了进去。哇!豪华的真皮座椅,全自动的电动门窗,立体声环绕的高级音响,太棒了,我们家也步入"有车一族"了!从那天起,每逢假日,我就和爸爸妈妈一起开车去外地旅游,听爸爸说,这可是现在最流行的旅游方式了,叫"自驾游"!我曾经自豪地问:"爸爸,我们家的生活就是歌里唱的芝麻开花节节高,对吗?"爸爸语重心长地告诉我:"是啊!晗晗!不止我们家,你看看周围的所有人,大家的生活都是芝麻开花节节高。这都得益于我们伟大的祖国,得益于国家的好政策。"

我爱你,我亲爱的祖国,正是你的繁荣昌盛,才使得我们拥有这幸福美好的生活!

教学案例

强化公共场所安全意识，提升安全防范和自救技能

青岛郑州路小学　车晓琳

【教学内容】

《到公共场所要注意安全》是小学四年级安全教育的第七篇课文，通过"真实再现""行动在线""拓展延伸"等丰富多彩的学习活动形式，提高学生的安全意识。

【教学目标】

1. 通过学习引导学生树立"珍爱生命，安全第一"的意识，具备自救自护的能力。

2. 懂得在公共场所中活动安全的重要性，树立安全防范意识，掌握必要的安全知识和技能。

3. 了解相关的安全标志，培养学生在公共场所发生突发事件的应对能力，保证学生健康快乐成长。

【教学重点】

引导学生意识到在公共场所要注意安全，掌握基本的应对突发事件的能力。

【教学难点】

通过小组交流合作学习，引导学生寻找在公共场所需要注意哪些安全问题，树立自我保护意识。

【教学过程】

一、阅读素材,初步感知

谈话:在公共场所,我们应该注意哪些安全问题呢?请同学们自己阅读行动在线,说说你从中学到了什么?学生交流自己阅读后学到的知识,其他学生要学会倾听,随机进行补充,把课堂充分还给学生,让学生多讲,老师多听。

二、合作学习,加深认知

谈话:我们要有善于发现的眼睛,请你们寻找一下我们身边一些公共场所应该注意的安全问题吧。

1. 交流汇总公共场所中的安全隐患

布置小组合作要求:学生自己填写表格,然后小组内交流,进行评价,选出一名代表进行全班交流展示。

发现的场所:
找到的安全隐患:
采取的相关政策:
组员评价: ☺ ☺ ☺ ☺

全班交流

教师总结:刚才同学们说了很多,其实也给了我们很多提示,希望我们能做一个有心人,时刻关注自己的安全。

2. 识、记公共场所中的安全标志

谈话:同学们有没有发现,在公共场所都有一些安全标志,在关键时刻能给我们提供很大的帮助,你们知道有哪些标志呢?

(1)小组内交流自己搜集的安全标志。

(2)游戏:谁认识的安全标志多?(学生把自己搜集的安全标志贴到黑板上,其他学生抢答是什么标志,答对的得到一个安全小标志作为奖励)

总结:通过刚才的交流和游戏,相信我们下次再来到公共场所的时候,一定会更加注意这些安全标志,更好地保护自己了。

三、拓展延伸，自护自救

1. 游戏互动：喜羊羊拯救杨村小伙伴（游戏闯关，巩固学生本节课所学知识。）

分为三类题目：判断题、选择题、问答题

2. 如何处理突发事件

谈话：突发事件是事先没有通知、预兆，所以我们要平时就加强防范意识，掌握相关的安全知识。

设问：你知道哪些突发事件？如果遇到突发事件我们应该怎么做呢？

小组交流，全班展示。

谈话：谁能说一说这节课你有什么收获？

学生在小组内各抒己见。

播放微视频总结公共场所应该注意的安全问题。

小结：公共场所中我们不仅要学会如何保护自己，更重要的是我们不管遇到什么情况，一定不要惊慌，要动脑筋想办法，去解决问题。

【设计意图】

培养安全意识，提升安全自护能力是安全教育课程的核心要求。安全教育是引导学生了解和识别可能危害自身安全的行为，增强自我保护意识，掌握基本自我保护方法，预防和远离伤害的最佳路径。教学中，教师把课堂充分还给学生，开展了扎实有效的小组合作学习。首先教师引领学生自主寻找公共场所的安全隐患，运用合作学习，合理分工，在互动交流、总结记录中自主寻找应对安全隐患的方法，有效激发了学生学习热情和理性思维。继而，教师组织学生将课前搜集的安全标志在小组内交流，拓展了学生对安全标志的认识范围。最后，教师组织学生就突发事件应对方法展开小组交流互动，促进了学生对解决公共场所突发事件的方法多样性和有效性的思考。本节课设计大量的自主合作交流学习环节，学生在互动交流中学会理性表达意见，树立正确的合作观念，同时引导学生掌握必要的公共安全知识和生存技能有效落实了安全教育目标，达到良好的教学效果。

借助安全标志的学习，培养学生的安全意识和自我保护技能

青奥郑州路小学　张燕妮

【教学内容】

小学地方课程三年级下安全教育《安全标志要记牢》一课。安全标志随处可见，是用图案、符号、文字、特定的颜色和几何形状向人们传达信息，在日常管理中占有重要地位。让学生认识安全标志，不仅会给我们的生活带来便利，还能避免意外事故的发生。带领学生认知安全标志并知晓含义，了解安全标志分类并知晓在日常生活中的应用。

【教学目标】

1. 教学生认识日常生活中常见的安全标志，遵守交通规则。

2. 懂得一些基本的安全知识，知道一些突发事件的处理方法。

3. 教育学生不玩火、电等危险物品，初步培养安全意识和自我保护技能。

【教学过程】

（一）导入

讲述故事，引起学生认识标志的兴趣。

师：今天老师给同学们讲一个故事，大家听一下。一位妈妈领着孩子出去玩，走到十字路口，红灯亮了，阿姨看见前面没车，就领着小孩往对面跑，结果被一辆自行车撞了。

提问：这样做对吗？为什么？遇到这种情况应怎么做？

通过组织学生观看、讨论让学生知道认识安全标志，遵守交通规则，对人们多么重要，激发他们认识标志的欲望。

（二）展开

设置场景：去春游，路上会遇到什么标志，指认标志，记忆标志。

（1）活动前让学生留意平时外出路上遇到的标志，初步认识周围的交通安全标志。

（2）准备注意安全标志、步行标志、人行横道标志等常见标志。

（3）事先创设好春游路上的场景（如马路、十字路口和各种图片）。

带入情景：

在春游的路上，大家来看看这些标记。

1. 请学生介绍自己知道的安全标志

教师引导学生说出在哪里见过这个安全标志，它告诉我们什么。

2. 教学生认识生活中常见的安全标志

今天老师也带来了好多标志，我们一起来看一看这些标志都有什么含义。

（1）人行横道标志。

师提问：这是什么标志？在哪里见过？它表示什么？过马路时为什么要走人行横道线？

（2）禁止烟火标志。

师提问：这是什么标志？提醒我们注意什么？发生火灾时，应怎么办？

（3）当心触电标志。

师提问:这是什么标志? 遇到这样的标志我们应怎样做?

师小结:贴有这样标志的地方都不能用手去掉,也不能靠近,应该远离。

师:如果没有这些标志将会发生什么事呢? (鼓励学生结合生活经验展开想象,互相讨论)

3. 出示更多标志,让学生进一步了解标志可分为多种

日常生活中还有很多我们不认识的安全标志,我们一起来看一看。通过观察让学生知道安全标志可以分为警告标志、指示标志、禁制标志等多种。

【设计意图】

调动学生已有的知识经验,通过安全标志图片认知和结合生活经验回忆,将课堂上的内容和生活实际相结合,学以致用,课堂教学为生活实践服务,让学生认识安全标志,培养学生的安全意识和自我保护技能,从而引导学生热爱生活,观察生活,积极探索对于社会的认识,体现了自然探索智能。通过图片展示,增强学生的直观印象,加深对安全标志图片的记忆,形成感性认识,体现了存在智能。

感悟国土神圣，培养学生家国情怀

青岛郑州路小学　刘晓燕

【教学内容】

本节课教学内容是统编教材小学《道德与法治》五年级上册第三单元第 6 课《我们神圣的国土》。

【教学目标】

（1）了解我国的地理位置、面积，知道我国是个海陆兼备的国家，疆域辽阔。通过观察我国的省级行政区域图，了解我国的省、自治区、直辖市和特别行政区的地理位置。

（2）观察中国地形图，了解我国主要的山脉和江河，了解长江、黄河、黄山、天山等名山大川，体会祖国的大好河山蕴含着中华民族丰富的文化韵味。

（3）了解台湾省的地理位置、气候特点、风土人情，知道台湾自古以来就是我国领土不可分割的一部分。

【教学重点】

了解我国的国土面积、疆域及行政区划的相关知识，感受祖国幅员辽阔。

【教学难点】

理解台湾自以来是我国领土不可分割的一部分。

【教学过程】

一、课前发放预学单，搜集资料

（1）查找资料，了解中国在世界版图上的地理位置以及国土面积。

（2）尝试着用自己喜欢的方式来介绍我国国土面积之大。

（3）搜集展示台湾美丽风光和民风民情的视频或图片，准备课上交流。

二、创设情境,导入新课

多媒体播放歌曲《大中国》。

组织学生说说从歌曲中听到了什么?有什么感受?

小结:我们的祖国幅员辽阔,那我们的祖国到底有多大?这节课我们就一起来学习《我们神圣的国土》。

板书课题:我们神圣的国土。

三、合作探究,学习新知

1.了解中国的地理位置

(1)出示世界地图,谁能说说中国在哪里?

亚洲东部、太平洋西岸。

(2)从这张地图上你还能了解到什么?

国土面积大、疆域辽阔。

2.感悟祖国疆域辽阔。

(1)组内交流国土之大。

(2)分组交流。

预设1:播放"南北温差,东西时差"对比的视频或图片,介绍祖国国土之大。

预设2:展示祖国国土之广。

课件出示:南北相距5 500千米,东西相距5 200千米。

算一算:如果一个人每天步行8小时,以每小时5千米的速度从南往北走,大约要走多少天? (约138天,要四个多月)

想一想:从计算的结果来看,你最直接的感觉是什么?

预设3:地图比大小。

课件出示:欧洲地图,面积约1 000万平方千米;中国地图,面积960万平方千米。

通过比较你看出什么?

小结:欧洲有42个国家,而我们一个国家的国土就相当于欧洲42个国家的国土之和;我们祖国陆地面积960万平方千米,位居世界第三位,仅次于俄罗斯和加拿大。

预设 4:诗歌欣赏,画面中感知祖国国土广袤。

《敕勒歌》,感悟草原广袤;《我爱你啊,祖国》,感悟幅员辽阔;《长江之歌》,感悟宏伟气魄。

预设 5:展示自己去过的风景名胜,重点感悟祖国疆域之广。

3. 了解祖国疆域,领悟国土不可侵犯

(1)出示:《中国的疆域》图,以小组为单位在地图上找一找,完成学习单。

(2)对照《中国的疆域》图,交流学习单。

① 你觉得祖国的版图像什么?

② 我国有哪些陆上邻国? 还有哪些国家与我国隔海相望?

③ 与我国相连的有哪些海域,说一说它们的名称。

④ 我国近海岛屿众多,台湾岛则是我国第一大岛。视频播放《郑成功收复台湾》。

⑤ 看了视频,你有什么想说的吗? (台湾自古就是我国的国土,国土不可侵犯)

⑥ 你知道我国的地理位置四大至点是哪里? 为什么称它们为至点?

4. 了解我国的行政区域

(1)出示"阅读角",默读思考我国的行政区域有哪几个种类?

(2)阅读《中国的省级行政区域》图,找一找各个省、自治区、直辖市、特别行政区在哪里?

(3)找一找自己和家人出生的地方,同桌互相交流。

(4)出示顺口溜:

京津沪渝直辖市,蒙宁新藏桂自治;

一国两制台港澳,东北三省黑吉辽;

冀晋鲁归华北,苏浙皖赣在华东;

湘鄂豫归华中,华南还有粤闽琼;

川滇黔归西南,西北还有陕甘青。

这个顺口溜告诉我们,我国有 4 个直辖市,5 个自治区,2 个特别行政区,以及 23 个省,而这里还包括了我国的首都——北京。对照行政区域图读一读,记一记。

（5）小拼图大世界。

① 每小组把中国省级行政区域图拿出来，以小组为单位分区域记一记具体位置。为拼图做好准备。

② 小组拼图比赛，看哪个组能在最快的时间拼上它，拼好后由组长把它送到前面来展示给大家。

③ 展示交流。

5. 走进宝岛台湾，感悟中国领土不可分割

（1）播放台湾的视频。

（2）看了视频你有什么想说的？

（3）课前你们搜集到什么资料，同桌先交流一下，然后指名向大家介绍。（围绕两方面：美丽风光、民风民情）

（4）大家喜欢的台湾歌手也有很多唱中国风歌曲的，你知道哪些，能唱两句他的歌吗？（播放《中国风》，学生跟唱）

（5）我们的祖国幅员辽阔，景色迷人，我们应该为它感到骄傲和自豪。祖国的每一寸土地都是神圣不可侵犯的。

（6）完后课后学习单。

【设计意图】

本节课通过对"中国疆域""中国省级行政区域"和"台湾省"知识概况的学习，让学生感受祖国疆域辽阔，培养热爱祖国良好情感。通过课前预学，学生初步了解中国在世界版图上的地理位置以及国土面积。又通过合作交流，从南北气候差异、东西时间差异、面积相比对等方法帮助学生对祖国疆域辽阔有更清晰的认知，进一步激发学生民族自豪感。最后通过对台湾省地域、人文、历史的深入了解以及对爱国将领收复台湾的历史故事的学习和反思，有效激发学生的爱国情怀。

知古鉴今,树立爱国情怀

青岛郑州路小学　车晓琳

【教学内容】

本课是山东文艺出版社三年级传统文化第五单元爱国的第一课《忧国》,本单元分为三课,本课为第一课。《忧国》是指为国事而忧劳,本课主要摘取《离骚》《申鉴·杂言上》中的两组经典名言,旨在让学生了解历朝历代,有许多的仁人志士都具有强烈的忧国忧民思想,以国事为己任,前仆后继,临难不屈,这种可贵的精神,使中华民族历经劫难而不衰。同时,让学生意识到自己身上肩负的责任,为后面进一步树立爱国情怀,懂得如何忠于祖国、报效祖国打下情感基础。

【教学目标】

(1)正确朗读、记诵课文内容。

(2)借助"说文解字""诗文今译"理解课文语句的含义。

(3)汉字演变,了解"民"与课文主题的内在联系,明白民与国之间唇齿相依、唇亡齿寒的紧密关系。

(4)结合中国近代屈辱的历史,让学生意识到自己身上肩负的责任。

(5)结合爱国志士忧国忧民的诗句,联系生活,指导学生行为。

【教学重难点】

(1)结合课文内容,引导学生明白为国为民担忧也是热爱祖国的具体表现,懂得与国家同呼吸、共命运的道理。

(2)结合古今爱国志士忧国忧民的诗句,联系生活,指导学生行为。

【教学过程】

（一）诵读诗文

1.读《离骚》中的经典名言，了解事迹

（1）教师引导：提到爱国诗人，你们能够想到谁？（学生自由交流，教师注意引导学生说说相关的爱国诗句）

今天老师也想为大家介绍一位爱国诗人，他的名字叫作屈原。（播放屈原生平的视频）看完这一段视频，你对屈原有了哪些了解？你还知道哪些屈原的故事？

（2）今天，我们就一起来读一读《离骚》中十分经典的一句名言，看看从这句话中你能感受到屈原心中怎样的情感。

学生自读文本一：（PPT 出示）

长太息／以掩涕兮，哀／民生／之多艰。

学习要求：借助书上的注释，读准字音，读通文本。

（3）学生自读基础上，指名朗读。在读准字音的基础上，鼓励学生结合标识，读出节奏，感受古文的韵律之美。

（4）指名学生交流自己对这段文字的理解。（给学生时间思考后，指名学生回答。）

（5）这一句话出自《离骚》，而《离骚》是中国古代最长的抒情诗。让我们一起跟随视频，来了解一下这篇作品吧。（播放视频）

（6）教师引导：让我们再来一起读一读这句话，感受一下作者蕴藏在文字之下的忧国忧民之情。

2.读《申鉴·杂言上》中的经典名言，了解事迹

（1）教师引导：屈原是先秦伟大的爱国诗人，他那深厚执着的爱国热情，在政治斗争中坚持理想、宁死不屈、追求真理和对现实大胆批判的精神，给后世作家作出了示范。

接下来我们要走近的这位文人，他来自东汉末年。你们对于东汉末年，有什么了解吗？

教师根据学生的回答，总结当时的历史背景。（PPT 出示：这段时间，诸侯割据，互相攻伐兼并，地主豪强拥有自己的兵马，再加上朝廷内部政治腐朽黑暗，因而造成群雄割据的局面，最著名的代表人物就是刘备、曹操、袁绍、孙

坚父子。乱世中的起义军，不断被各方力量所收编，最终形成了三国鼎立的局面。）

（2）学生自读文本二：（PPT出示）

为世 / 忧乐者，君子 / 之志也；不为世 / 忧乐者，小人 / 之志也。

出示自主学习要求。

① 借助书上的注释，读准字音，通读文本。

② 想一想，通过这句话，我们可以学到怎样的道理。

③ 活动时间：2分钟。

（3）学生分小组进行交流。

（4）学生再读一读这句话。

（5）教师引导：这句话告诉我们为世道盛衰而忧虑欢乐的，是君子的志趣；不为世道盛衰而忧虑欢乐的，是小人的志趣。就如同范仲淹在《岳阳楼记》中所说的"先天下之忧而忧，后天下之乐而乐"。也就是说，君子首先考虑的是天下人，是国家。（板书：国）

（二）铭记历史，不忘国耻

1. 了解烽火中的中国近代史

（1）教师谈话：放眼滚滚的历史长河，我们的祖国历经了五千多年的兴衰。回顾历史，我们能够看到繁华，也能够看到衰败。请同学们来看这幅图。（出示圆明园遗址的图片）你们知道这是哪里吗？

这是中华民族历经浩劫屈辱的缩影和见证，160多年前，因为清政府的腐败无能，我们的祖国遭受了无数的屈辱，我们的人民也遭受了深重的灾难。让我们一起来看一段视频。（播放视频《火烧圆明园》）

教师引导：看完了这段视频，你们有什么样的感受？（学生自由交流。）

（2）小结：是啊，那是一段令人难忘、发人深省的历史，在这里语言显得那样无力，也让我们深深明白一个道理，我们与国家同呼吸、共命运，只有祖国强大了，我们才能感到快乐。

2. 认识汉字"民"

（1）教师引导：请同学们来看这幅图。（出示金文"民"）你们认识图上的字吗？（学生自主交流自己的看法）

继续出示小篆和隶书的"民"字，教师引导：我们一起来看"民"字的演变过程。金文的"民",上部像眼睛,其下表示有一把锥子刺进了眼睛。在远古时代,俘获敌人后,为了防止他们逃跑,所以会刺瞎他们的左眼。所以这个字最早表示奴隶,后来引申为被统治的人。

教师:你们知道最早的奴隶源自于什么吗?（引导学生了解最早的奴隶大多来自战争）

（2）教师继续引导:到了现在,"民"的意义已经有了变化。你们能够用"民"来组个词吗?（板书:民）

（3）教师引导:你们觉得,国与民之间究竟是怎样的关系呢?（板书:息息相关）

谈话过渡:是啊,只有国家富强了,我们才能过上好的生活;只有我们每个人心中有国家,愿意为国家而努力,国家才能更加兴盛,这是自古以来爱国仁人志士们都懂得的道理。他们当中有许多人也在自己的作品中,倾诉了自己的忧国忧民之情。让我们一起再次去读一读书上的诗句,一起感受不同诗人笔下所表达出的爱国情怀吧。

【设计意图】

首先引导学生借助拼音和诗文今译,再通过多种形式反复诵读,提高学生的语言智能,理解课文语句的含义。再通过微视频和材料的搜集交流,带领学生了解烽火中的中国近代史,让学生意识到我们与国家同呼吸、共命运,只有祖国强大了,我们才能感到快乐。

最后通过汉字的演变,激发学生的视觉空间智能,了解"民"与课文主题的内在联系,明白民与国之间唇齿相依、唇亡齿寒的紧密关系。逐渐引导学生产生强烈的忧国思想,意识到自己身上肩负的责任,为后面进一步树立爱国情怀,懂得如何忠于祖国,报效祖国打下坚实基础。

通过垃圾分类问题，培养学生的
环保意识和社会责任感

青岛郑州路小学　姜　静

【教学内容】

学校虽然经常教育学生注意环保不乱丢垃圾，但是如何做到垃圾分类，学生还没有这种意识与行动，于是萌生了抓住这个契机，通过综合实践活动组织学生运用各学科知识，分析和解决垃圾分类这一现实问题的想法，以提升学生的社会责任感、实践能力和创新能力。

【教学目标】

价值认同：通过探究"生活垃圾的分类""生活垃圾怎样分类""生活垃圾信息大搜集""生活垃圾的处理方法"，从而使学生关注社会、关心自然，树立保护环境、节约资源的意识，养成良好的行为习惯。

责任担当：能够根据垃圾的分类情况，意识到社会环保问题的严峻性，引导学生了解环保意识和社会责任感的重要性，鼓励学生关注环保问题，并承担起自己应尽的社会责任。

问题解决：讲课前调查、搜集，课上研究、讨论，课后实践、总结，使学生乐于进行研究性学习，培养他们勤于思考的习惯，勇于探索的精神及自主探索的能力。

创意物化：通过网络搜集资料、询问师长、小组合作学习等方式将完成的作品全班展示，交流学习过程及心得。

【教学过程】

1. 环保意识和社会责任感引入

垃圾分类是现代城市环保的一个重要措施，需要我们每个人都有环保意识和社会责任感。今天的课程,我们将从垃圾分类这一话题入手,了解垃圾分类对环境保护的重要性,培养环保意识和社会责任感。

同学们,大家知道环保意识和社会责任感是什么吗?环保意识指的是我们对环境保护的认识和关注,而社会责任感则是我们作为社会成员应该承担的责任和义务。在现代城市中,垃圾分类是一项重要的环保措施,通过垃圾分类可以减少环境污染和资源浪费,促进可持续发展。所以,我们每个人都应该具备环保意识和社会责任感,为环保事业贡献自己的力量。

现在,请同学们思考一下自己对环保意识和社会责任感的认识和实践,以及如何在日常生活中落实。请几位同学分享一下自己的想法。

预设:学生会有以下类似回答:我有在家里垃圾分类,我每次上学都会带自己的水杯和餐具,我会鼓励身边的人更加关注环保,等等。

通过这样的引导和分享,学生更加深入地了解环保意识和社会责任感的重要性,同时也激发了学生的学习兴趣。

教师引导学生了解环保意识和社会责任感的重要性,鼓励学生关注环保问题,并承担起自己应尽的社会责任。

2. 小组研究,合作学习

(1)通过刚才的交流以及平日自己的了解,你对"生活中的垃圾分类"的哪个方面研究特别感兴趣?

预设:学生们回答自己感兴趣的方面,如"我对生活垃圾的分类方法比较感兴趣""我想了解生活垃圾怎样分类"。

(2)小组讨论,教师巡视,并与学生进行沟通,了解学生想法。

(3)组长带领组员讨论,确定本组研究子课题。 预设回答结果:组长带领组员讨论,确定了本组研究子课题,如"生活垃圾的分类""生活垃圾怎样分类""生活垃圾信息大搜集""生活垃圾的处理方法"。

(4)教师出示任务:小组成员明确分工,组员在组长的带领下制订本小组的研究计划,教师出示小组合作要求。

(5)小组合作,发散思维,完成子课题研究内容,教师巡视指导。

3. 交流展示,修改完善

(1)组长上台展示并解说本组研究内容设定情况。

(2)互助点评,教师相机提出改进意见。

（3）小组合作修改完善研究内容,并根据思维导图完成小组研究计划表。

4. 总结

通过本课的学习,同学们加深了对环保意识和社会责任感的认识。希望大家在日常生活中贯彻落实环保意识和社会责任感。

【设计意图】

通过垃圾分类这一实际问题,引导学生了解环保意识和社会责任感的重要性,培养学生对环保问题的关注和积极态度,同时通过小组研究和合作学习,培养学生的综合能力和团队合作精神,提高学生的创新思维和解决问题的能力。

1. 环保意识和社会责任感引入

在课程开头,教师通过提出垃圾分类这一现实问题,引导学生了解环保意识和社会责任感的重要性,提高学生对环境问题的关注和责任意识。教师通过让学生分享自己对环保的实践和想法,鼓励学生将环保意识付诸实践。

2. 小组研究,合作学习

通过小组研究和合作学习,学生可以自主选择研究方向,提高学生的学习积极性。教师巡视指导,帮助学生解决问题,提高学生的综合能力和团队合作精神。

3. 交流展示,修改完善

学生通过交流展示,可以互相借鉴,扩展自己的思路。教师通过提出改进意见,帮助学生发现问题,提高学生的思考和解决问题的能力。小组合作修改完善研究内容,进一步提高学生的综合能力和解决问题的能力。

4. 总结

通过本课的学习,学生可以加深对环保意识和社会责任感的认识,提高环保意识和责任意识的贯彻落实。学生在实际操作中,能够加强环保意识,增强对环境问题的责任感,为环保事业做出贡献。

第十一章
跨学科整合与教学策略

整合与交叉学习：释放多元智能的教育力量

在教育中，多元智能的理念日益受到重视，引发了对于个性化教育的关注。这一章节将着重探讨跨学科整合与教学策略，通过提供整合与交叉学习的案例，呼吁教育工作者打破学科之间的壁垒，促进学科之间的交流与合作；通过综合不同智能领域的知识与技能，让学生能够建立更全面和深入的理解，发展他们的潜能。

多元智能的整合与交叉学习的意义：多元智能理论强调每个学生的独特性和多样性，认为每个人都具有多种智能的潜能。然而，传统教育常常将学科分隔开来，学生在各个领域的学习与发展往往独立进行，缺乏整合与交叉学习的机会。跨学科整合与交叉学习能够帮助学生发现不同学科之间的联系和应用，促进提高学生的综合思考和解决问题的能力。

综合智能的教学案例与策略：教育工作者可以根据学生的个体特点和优势智能，设计跨学科的教学活动，以培养学生的综合能力和创造力。例如，在语言智能和音乐智能的整合中，可以通过音乐创作和歌词编写等方式，提升学生的语言表达能力和音乐素养；在自然探索智能和空间智能的整合中，可以通过实地考察和设计模型等活动，激发学生的科学探索精神和空间想象力。

跨学科整合与交叉学习的优势：跨学科整合与交叉学习具有许多优势。首先，它能够帮助学生建立综合的知识结构，促进跨学科思维和创新能力的培养。学生能够将不同学科中的概念和技能相互联系，形成更全面的认知模式。其次，跨学科整合与交叉学习能够激发学生的学习兴趣和动机，增强他们的学习体验和参与度。通过多元智能的综合应用，学生能够在学习中体验到更多的成功和成就感。此外，跨学科整合与交叉学习也有助于培养学生的合作精神和团队合作能力,提升他们的社交技能和领导力。

共同努力,实现多元智能教育的目标:为了实现跨学科整合与交叉学习的目标,需要教育界的共同努力。教育工作者应该摒弃传统的学科分割观念,鼓励学生在学习中积极探索不同学科之间的联系。学校和教育机构应提供支持和资源,为跨学科整合与交叉学习提供条件和平台。同时,教育决策者也应重视多元智能教育的发展,制定相应的政策和教育标准,以推动教育体系的变革。

跨学科整合与交叉学习是释放多元智能教育力量的关键。通过整合不同智能领域的知识与技能,学生能够获得更全面和深入的学习体验,培养综合能力和创造力。教育工作者和决策者应共同努力,打破学科壁垒,促进跨学科的交流与合作。只有通过跨学科整合与交叉学习,我们才能真正释放多元智能在教育中的潜能,让每个学生都能绽放生命的色彩。

寻找"时间"的足迹

——低年级综合性学习活动设计方案

一、提出背景

"一寸光阴一寸金,寸金难买寸光阴",从小学一年级起,我们就在念这句话,一直到漫漫人生的旅途,才越来越意识到时间是人生中最宝贵的存在。但是,许多孩子,尤其是低年级孩子,对"时间"概念缺少认知,做事情经常没有时间的观念。因此,让孩子意识到时间的重要性,进而去珍惜时间、好好把握每一个现在,是十分重要的课题。

二、设计团队及分工

设计团队:低年级团队。

分工表:

项目	负责人
珍惜时间,从"一分钟"开始 ——语文活动设计《一分钟》	姜 颖
数学里的"时间起点" ——数学活动设计《认识钟表》	孙文珠
和 Sam 一起认识时间 ——英语活动设计《Unit 1 At 7, I get up》	于颜蕾
音乐时间之旅 ——音乐活动设计《调皮的小闹钟》	王涌全
与时间赛跑 ——体育活动设计《障碍跑》	张 溪
在恐龙的世界里探索时间的奥秘 ——美术活动设计《恐龙世界》	韩筱鸥

三、活动理念

本次综合性学习活动,涉及低年级学段的语文、数学、英语、音乐、体育、美术等学科活动。通过学科融合与贯通,培养学生珍惜时间的观念,提升孩子的语言智能、逻辑数理智能以及内省智能,让他们明确只有好好把握时间才会有好的未来;反之,没有时间观念,不仅会导致学习效率低下,还会让孩子养成自由散漫、磨磨蹭蹭的坏习惯,对孩子的一生都有可能产生不好的影响。

四、学生优势智能分析

低年级学生在知觉、记忆方面还带有很大的直观性,抽象性思维还较弱,容易被新奇的事物所吸引。因此要让孩子们愉快地学习,就必须教学中遵循客观规律,采取得当教育教学方法,采用喜闻乐见的游戏教学方法,以激发学生学习兴趣,提高教学效果。通过有趣的游戏可以把教学变成一件学生非常喜爱的事,这也符合低年级学生的心理特点,使他们愉快地掌握知识要点,寓教于乐,乐中生智,真正达到润物细无声,实现教学目的。

五、活动目标

(1)让学生了解时间与生活的紧密联系,通过资料搜集、实际观察、动手实践等活动,丰富学生对时间的认识,引领学生观察、发现、探索时间的奥秘,体验时间的实际意义。初步建立的时间观念,培养学生时间量感,引导学生珍惜时间。

(2)倡导学生主动参与交流合作、探究发展等多种学习活动,转变学习方式,在积极、主动的学习环境中,激发好奇心和创造力,培养学生自主发现和提出问题,收集、分析、利用信息解决问题等多方面的能力。

(3)在老师的指导下,运用已经学到的知识,发现不同学科知识之间的联系,并尝试相关知识的综合运用,从而培养学生的自主意识、团队合作、资料研究、人际交往和掌握现代信息工具等。

(4)使学生了解综合性学习活动的一般过程和方法,体验活动的艰辛和快乐,培养对社会的责任心和使命感。

语文活动设计：

珍惜时间，从"一分钟"开始

姜 颖

【教学内容】

课文《一分钟》以学生喜爱的故事形式出现，与学生实际生活密切相关，教学中要引导学生联系自己的生活实际，理解课文内容，从中受到教育和影响。

【教学目标】

知道时间的宝贵，懂得严格要求自己，珍惜时间。

【教学简析】

一年级学生小，时间观念不强，对于如何珍惜时间缺乏感性认识，只知一分钟时间很短，却不知道有的时候也很长，从他们的切身感受入手，懂得分秒必争的道理。教学时充分利用教材资源创设情境，在读中感悟，促使每个学生能过对自己严格要求，珍惜时间。从而培养学生的内省智能。

【教学方法】

合作、探究、交流。

【活动准备】

多媒体课件。

【课时安排】

1课时。

【教学过程】

1. 激趣导入

老师：同学们，你们知道一分钟有多长吗？我们来感受一下吧！你们觉得一分钟长吗？（学生自由交谈）是啊，一分钟可以说很短，也可以说很长；在某种情况下,要能克制自己,坚持一分钟也是不容易的。

用学生的亲身感受引入课文,能激发学生的学习兴趣,对一分钟的体验更深刻。

2. 感知课文

(1)读课文,思考:读了这篇课文,你知道了什么?

元元多睡了一分钟,赶上了红灯。因此,元元没有赶上公共汽车。结果,元元因为多睡了一分钟,迟到了二十分钟。

一分钟的时间说长不长,说短不短,元元多睡了一分钟,造成了什么后果呢?

这一分钟给元元带来的是一路焦急的等待。

(2)元元等了一会,才走过十字路口。他向停在车站的公共汽车跑去。他赶上公共汽车了吗?

生:因为他晚了一小会儿,又没赶上公共汽车。

(3)等啊等,一直不见汽车的影子,最后他决定自己走到学校去。你看,这一分钟带来的是步行的辛苦。你能想象元元是怎么走进教室的吗?(元元红着脸,低着头,坐到了自己的位子上)

(4)李老师看了看手表,说:"元元,你今天迟到了二十分钟。"元元多尴尬啊!元元后悔什么?他为什么后悔?(后悔自己上学迟到了。元元因为多睡了一分钟,迟到了二十分钟,所以他感到很后悔)

(5)教师小结:多睡一分钟,换来的是二十分钟的迟到,是一路焦急的等待和不停地叹息,是步行的辛苦和脸红的尴尬,是深深的后悔和宝贵的教训。

引导学生反复阅读及分析想象,懂得怎样珍惜时间。

3. 拓展

(1)元元经过了这件事,第二天闹钟响后他应该会怎么做呢?

(2)学了这个故事,你懂得了什么?

(3)你知道哪些珍惜时间的名言吗?

通过拓展,引导学生了解一分钟可以做很多事情,感受时间的宝贵,从而懂得珍惜时间,努力学习,不浪费时光。

4. 课堂总结

请学生再读课文,边读边体会,学习了这篇课文你懂了什么?

这篇课文讲了元元因为多睡了一分钟,结果迟到了二十分钟,他感到非常后悔。这个故事告诉我们一定要珍惜时间。

5. 作业设计

搜集关于珍惜时间的古诗词并背诵。

(1)板书设计:

一分钟

多睡一分钟 ⎰ 红灯亮了
　　　　　⎱ 车子开了——走路上学 ⎰ 时间宝贵、珍惜时间
　　　　　⎱ 迟到二十分钟

(2)拓展设计:

① 《长歌行》

汉乐府

青青园中葵,朝露待日曦。阳春布德泽,万物生光辉。

常恐秋节至,焜黄华叶衰。百川东到海,何时复西归?

少壮不努力,老大徒伤悲。

② 《明日歌》

明·文嘉

明日复明日,明日何其多!我生待明日,万事成蹉跎。

世人若被明日累,春去秋来老将至。朝看水东流,暮看日西坠,

百年明日能几何?请君听我《明日歌》。

③ 《金缕衣》

唐·杜秋娘

劝君莫惜金缕衣,劝君惜取少年时。

花开堪折直须折,莫待无花空折枝。

④ 《杂诗》

东晋·陶渊明

人生无根蒂,飘如陌上尘。分散逐风转,此已非常身。

落地为兄弟,何必骨肉亲!得欢当作乐,斗酒聚比邻。

盛年不重来,一日难再晨。及时当勉励,岁月不待人。

数学活动设计：

数学里的"时间起点"之《认识钟表》

孙文珠

【教学内容】

认识钟面上的时针和分针，弄清楚短针才是时针，长针是分针。在此基础上再认识钟表面上接近整点的时间，理解"大约几时"的含义。

【教学目标】

（1）结合现实情境初步认识钟表，能正确认读"整时"，初步认识"几时刚过"和"快到几时"。

（2）借助生活经验，在操作活动中，培养学生的观察能力、概括能力、独立思考与合作交流能力，发展应用意识。

（3）在认识钟表的过程中，建立初步的时间观念，养成珍惜时间的良好习惯，初步了解古代计时方法。

（4）感受数学与生活的联系，体会数学的应用价值。

【学情分析】

大多数学生已经积累了在钟表上看时间的生活经验，在此基础上进一步认识钟面和认读整时、大约几时，大约几时包括"几时刚过"和"快到几时"。让学生在表述的过程中培养孩子的语言智能，通过对时间的思考，发展学生的内省智能和存在智能，提高珍惜时间的意识。

【活动准备】

多媒体课件、钟表学具、图片。

【课时安排】

1课时。

【教学过程】

1. 创设情境

谈话:老师认识一个小男孩,叫小刚。这里有他的几张照片,想不想看?

请你们看着这些照片讲一个小故事给大家听。

追问:你们觉得小刚的表现怎么样?你们哪些地方和他不一样呢?怎样帮助小刚,让他和你们一样?

这节课我们就和小刚一起认识钟表。

2. 引导探究

(1)认识钟面。

提问:要认识钟表,就得知道钟面上有什么,让我们不看表就说出钟面上有什么,试一试。

引导学生观察这 4 个钟面,总结出时针和分针长得什么样子。

(2)认识整时。

提问:根据时针和分针的位置,如果请你把这 4 个钟面分成两家人,你们打算怎样分?

引导学生总结规律:分针指着 12,时针指着几就是几点,也叫几时,一起读一读:7 时,8 时。用钟表模型拨出 6 时、12 时,说一说时针和分针分别指着几,像在干什么?

(3)认识半时。

① (多媒体出示 7 时的钟面)提问:这是几时? 你怎么看出来的?

学生回答后,多媒体演示钟面从 7 时到 7 时半,并画出转动的弧线,让学生说一说你观察到了什么?用手势一起跟着时针和分针转动,明确时针和分针的转动方向。

② 引导学生讨论:现在的时间是几时,你是怎样看出来的? 认识课件上的两个半时。(10 时半和 7 时半)重点引导学生看出时针刚刚走过数字几,还没走到数字几。

让学生用钟表模型拨出一个几时半。

(4)认识电子表。

小结:小刚今天和大家一起认识了钟表,知道了当分针指着 12,时针指着几就是几时,当分针指着 6,时针刚刚走过几就是几时半。他很想改正以前的坏习惯,于是为自己制定了一个作息时间表。

出示:9:00 — 睡觉

7:00 — 起床

提问:有一个小朋友看了很纳闷:9:00 的时候,我都上第二节课了,他怎么还在睡觉? 你们说这是怎么回事?

如果加上晚上 9:00 睡觉,早上 7:00 起床就清楚了。这下小刚就和大家一样是珍惜时间、按时起居的好孩子了。

3. 巩固迁移

(1)请每个人动手实践:拨一个自己喜欢的时间,并说一说在这个时刻你在干什么?

(2)游戏:同桌两人一人写车票,一人拨时间,看能否搭上同桌的火车。

4. 小结升华,布置作业

谈话:通过这节课的学习,谁来说一说你有什么收获? 你知道了什么?

作业设计:用你喜欢的形式画一画钟表,并制作作息时间表。

设计意图:低年级的学生在时间上正处于校园生活的起点。对于低年级学生来说,学习兴趣的培养、学习习惯的养成是十分重要的。本次综合活动的设计,一方面考虑到提升学生对于数学的兴趣,另一方面通过设计时间表的活动,引导学生珍惜时间,养成良好的学习习惯。

英语活动设计：

和 Sam 一起认识时间

于颜蕾

【教学内容】

本节课 Unit 1 *At 7, I get up.* 话题是谈论一天的主要作息时间与活动。引导学生介绍作息时间、动物的生活习性、某一夏令营的时间安排等。

【教学目标】

（1）学生能够理解、认读本模块两个单元中的文本内容；学生能够听、说、认读、本模块重点词组 get up, go to school, have lunch, have breakfast, go home, go to bed, watch TV 等有关活动的词组，句型 At..., I...。学生能够运用重点内容进行对话，锻炼交际能力。

（2）学生能够通过模仿课文语音语调；能够运用 At..., I... 谈论一天的主要作息时间与活动。

（3）通过参加 TPR 活动体会英语学习的乐趣，体验英语活动的特点。

教学重难点：学生能够理解并运用单词及词组：get up, go to school, home, go home。学生能够运用 At..., I... 说明自己一天的主要作息时间和活动。

【学情分析】

学生通过运用"At..., I.... "谈论一天的主要作息时间与活动，发展学生的语言智能、人际智能；学生在同学们面前大胆地介绍自己一天的主要作息时间和活动，发展学生的存在智能。

【课时安排】

1 课时。

【教学过程】

Step 1.Warm up

（1）Greeting。

T：Class begins.

Ss：Stand up，please!

T：Good morning, boys and girls. Nice to meet you again.

（2）Free talk 生活连接点。

T：Do you remember what did we learn in Module 4?（找几个学生起来问答练习）

Step 2.New Lesson

动画 1. P26，Who is this? 自主探究点。

T：Oh，yes，This is Sam. And there's a bird with him. What are they doing? What are they talking about?

S：The bird is asking Sam to get up.

New word：get up. 播放 PPT 图像，get up 教读。Ask the kids to read the word together，then ask some of them to read.

动画 2. P26，What happened in this part? 自主探究点。

T：We just learned a group word "get up". Now，Let's see the 2nd part：Module 5 Unit 1 *At 7, I get up.*（板书课题）Now turn to page 26，watch the video carefully. Ok，Can you find the new word：get up. Ask the kids to underline the new words.

T：Now watch the cartoon again，read together. （twice）

T：OK! There're some new words in this dialog. Let's read the words after me. 按单词出现顺序教读，播放 PPT 图像，go to school, have lunch 教读。Ask the kids to read the words together，then ask some of them to read.

启发学生用 At…，I…. 来回答问题，再练习运用。抽读、正音，多说几遍。

Step 3.Drills 巩固练习

（1）Practice.

（2）找学生 Little teacher 领读 P28 句型。

（3）Listen the tape and imitate.

Step 4.Pair work：Read the text.

Consolidation and Practice 提高练习。

（1）Pair work：谈论自己的作息时间。

用上句型 At…，I….

（2）对话展示。

请几组学生上来对话，展示自己，增强学生的成就感。

（3）课堂活动用书的练习，并订正答案。

Step 5.Summary

Who can tell me，what did we lean today? 以此来让学生梳理知识。

（1）作业设计：听音指读 5 遍。

（2）评价设计。

本节课是通过了解主人公 Sam 的日常起居行为呈现新的语言点，谈论一天的生活。但是本次授课是本单元的第 1 课时，主要内容是本单元词汇教学以及在此基础上整体感知语言。

设计意图：趣味导活点：借助歌曲与歌谣为新授内容的开展做好情感上的准备和知识上的铺垫。

自主探究点：设计问题，让学生讨论解决：图上都有谁？他们在哪里？发生了什么？ "I spy"让学生发现。

生活连接点：Free talk，让学生在非常生活化的氛围中运用语言。

活动准备：多媒体课件、单词卡片、图片。

音乐活动设计:

音乐时间之旅

——《调皮的小闹钟》

王涌全

【教学内容】

欣赏《调皮的小闹钟》。

【教学目标】

(1)聆听《调皮的小闹钟》,感受音乐所描绘的钟的形象,体验轻松愉快的音乐情绪,认识时间的珍贵,懂得珍惜时间。

(2)主动参与用打击乐器为歌曲伴奏,并即兴编创动作,充分发挥学生的模仿力和创造力。

(3)尝试用各种节奏来为调皮的小闹钟伴奏。

(4)通过本课的学习,激发学生想象力和创编能力,培养学生良好的欣赏音乐的习惯。

【学情分析】

低年级学生以形象思维为主,好奇、好动、模仿力强,而且形体灵巧,适宜采用律动、图片、图形谱相结合的手段,进行直观教学。

【活动准备】

闹钟、打击乐器、多媒体。

【课时安排】

1课时。

【教学过程】

1. 组织教学

师：今天老师要给大家猜测个谜语，有兴趣吗？但大家不能说出谜底只能画出来。

（1）说谜语：会走没有脚，会说没有嘴，它会告诉你什么时候起，什么时候睡。

（2）生画出谜底，导入新课。

2. 听听玩玩演演

师，刚才我们画了各种各样的钟表，今天老师就要带你们去一个钟表店里瞧瞧，让你们每人都当当种表好吗？

（1）师播放音乐，在钟表店里，要求每个学生各自把自己想象成自己所画的钟表，做一个动作。

（2）所有学生听音乐，由师做钟表匠，根据音乐的情境，在学生身上做出相应的动作变化。

（3）学生在音乐中玩游戏，听完音乐讨论：你都听到了什么？
师与学生交流互动。

3. 唱唱编编

刚才老师看到同学们精彩的表演，十分高兴，想送给大家一首关于闹钟的歌曲，愿意听吗？

（1）播放歌曲《这是什么》，且放出歌谱，生聆听。

（2）有节奏跟师读歌词。

（3）随音乐反复歌唱，并自由随歌曲律动。

（4）歌词编创，节奏打击。

① 师示范编歌词练习。

② 节奏打击。

4. 评评议议

师生共同小结学习情况，相互评议。

总结：小闹钟这么调皮，最后由于不守时间、自作主张而散架了，同学们你们可不能学调皮的小闹钟，你们应该在生活中怎么样？

学生自由回答：如遵守时间，不浪费一分一秒，要按规则办事等。

5. 听音乐,出教室

教师:今天的课就上到这儿,让我们伴着时间的脚步去学习新的知识吧。

【作业设计】

(1)跟着音乐模仿唱出歌曲旋律。

(2)课后查阅资料,聆听两首关于"时间"的乐曲。

师生共同小结学习情况,相互评议。

体育活动设计：

我的体育活动

——与时间赛跑

张 溪

【教学内容】

肢体运作智能——"争分夺秒"障碍跑。

【教学目标】

（1）初步认识自己的身体和掌握锻炼身体的知识及方法，学会一些体育卫生保健和安全常识，培养认真锻炼身体的态度。

（2）初步掌握绕、滚动、爬、平衡等动作技术，在不同时间内完成并发展学生的肢体运作智能，学习在跑动中通过障碍物的基本方法，发展学生通过障碍的能力、协调能力、判断能力、合作能力、创新能力和实践能力，增强时间观念。

（3）使学生在学习过程中感受到参加集体体育活动的乐趣，形成勇敢顽强、不怕困难、坚持锻炼、遵守纪律、与同伴友好相处的精神品质，增强时间观念。

【学情分析】

水平一（二年级）学生的年龄特点是注意力容易分散，活泼好动，自我约束力不强，但对体育活动有一种好奇心和新鲜感，模仿能力较强，对感兴趣新接触的学习内容第一印象深刻。他们的身体正处于生长发育期，身体素质和运动能力适合在愉快的体验中加强和发展，但在运动中对时间的观念有待增强。

【活动准备】

音响一个，标志物 40 个，标志杆 10 根，体操垫 40 块。

【课时安排】

肢体运作智能 —— 争分夺秒障碍跑单元共安排 18 节课,本节课是本单元新授的第一节课。

【教学过程】

结构	教学内容	教师指导	学生活动	组织形式与要求	时间	次数
启动阶段	一、课堂常规 1. 班委或老师进行整队。 2. 师生问好。 3. 检查人数和服装。 4. 宣布本节课的学习内容和要求。 5. 安排本节课的见习生。 6. 强调上体育课注意的各项安全。 二、进行热身活动 1. 围操场慢跑一圈走一圈。 2. 做徒手操	1. 情景教学,用语言调动学生学习的积极性。 2. 讲明每个练习的要求。 3. 教师讲解示范,师生共同进行热身练习。 4. 指导强调正确的动作方法。 要求:相互观察,相互学习	1. 认真听讲,明确本次课学习的目标和要求。 2. 集中注意力,振奋精神。 3. 积极和老师一起进行热身练习 4. 体会练习	组织:如图 ☺ 要求:精神饱满注意力要集中、节奏感强。 	5	1
储备阶段	一、学习 30～40 米绕过 2～3 个障碍物的动作方法 1. 不能碰到障碍物。 2. 从障碍物一侧绕 s 形曲线跑。 二、练习内容 1. 分组练习 30 米绕过 1 个障碍物。 2. 学习练习 30 米绕过 2 个障碍物的方法。 3. 小组竞赛 30 米绕过 2 个障碍物接力赛。 4. 分组练习 40 米绕过 3 个障碍物。 5. 小组竞赛 40 米绕过 3 个障碍物接力赛	1. 教师示范讲述绕过障碍物的动作方法和要求。 2. 教师指导学生尝试绕过一个障碍物练习。 3. 教师增加到 2 个障碍物指导学生进行练习,提高学生的兴趣。 4. 教师讲述比赛要求和规则,进行小型竞赛。 5. 教师设置起跑线并在相等距离设置 3 个障碍物。指导学生按照老师的要求和所设置的标志进行反复练习。 6. 教师讲解比赛要求和规则,进行小型竞赛	1. 学生按照老师的讲解,学习 30～40 米绕过 2～3 个障碍物的动作方法。 2. 根据老师的要求进行练习和提高。 3. 学生按照老师的要求和所设置的障碍进行反复练习。 4. 按照规则进行小组比赛	一、四列横队学习: ☺ 要求: 注意力集中,服从命令,听指挥。 要求: 保持间距、积极参与。 (如图) 要求: 遵守游戏规则,积极参加	18	多次

续表

结构	教学内容	教师指导	学生活动	组织形式与要求	时间	次数
释放阶段	一、游戏:争分夺秒障碍跑 1. 喊出阿拉伯数字进行自由结组。 2. 数学加减法动脑迅速结组	1. 教师讲解游戏的方法和规则。 2. 选出个别小组,示范动作。 3. 教师引导学生进行游戏。 4. 教师对学生的表现进行即时的评价,以保证学生练习的积极性	1. 学生听游戏的规则及方法。 2. 学生在老师的指导下进行练习。 3. 学生按游戏的规则进行游戏。 4. 能够正确地对待教师的评价	如图 要求:遵守游戏规则,听指挥	14	1
身心恢复	一、放松韵律操 1. 呼吸放松。 2. 地面动作放松划船操、交替"小鸟"飞。 3. 本节课的小结。 4. 宣布下课,师生再见	1. 学生认真跟随老师一起做放松操练习。 2. 动作规范、优美。 3. 认真听老师对本节课的小结评价	1. 教师安排学生站好四组圆圈队形,进行放松操练习。 2. 提示学生认真跟随老师口令和动作进行韵律操的放松。 3. 对本节课的小结	组织:放松队形 小结队形:	3	1
器材	音响一个,标志物 40 个,标志杆 10 根,体操垫 40 块					
课后巩固	自主练习绕过标志物,可采用同学间相互竞赛的形式	课后反思				

343

美术活动设计：

在恐龙的世界里

——探索时间的奥秘

韩筱鸥

【教学内容】

《恐龙世界》,情景再现及其想象表现。

【教学目标】

（1）知识目标：了解恐龙的形态、生活的状态及年代,关注地球生物的未来,增强环保意识。了解恐龙消失的原因,增加对恐龙的认识。

（2）能力目标：以学生兴趣为导向,初步了解和绘出各种类型的恐龙。在认识的基础上把握恐龙形态及环境的一般特征,画一幅表现恐龙生活的画。培养学生仔细观察的好习惯。

（3）情感目标：通过参观的形式,引起学生想进一步了解恐龙的学习欲望。

【学情分析】

本节课以培养学生空间智能为目的。空间智能突出的人,会在大脑中积累大量的视觉和空间形象,为发挥想象力和创造力提供素材,也更容易理解比较抽象的点、线、面等平行几何和立体几何原理,将来数学成绩会很出色。

【教学设计】

合作学习、自主探究。

【活动准备】

课件。

【课时安排】

1 课时。

【教学过程】

1. 情境导入

老师:同学们,你们喜欢动物吗? 学生:喜欢。那好! 今天老师给你们带来了一段视频,请大家看屏幕:(出示课题)这节课老师就带领同学们穿越时空去恐龙世界玩一玩,好吗?

2. 激趣引导

欣赏录像片段:出示恐龙化石的图片,向学生明确恐龙曾经存在的真实性。

在学生兴趣被吸引的同时播放一段视频短片(课件)激发学生的热情,直观地展示恐龙生活的世界,使学生了解恐龙的相关知识,引入课题。

3. 授新课

(1)欣赏恐龙展览,集体分析恐龙特征。

教师提出问题,学生参观并思考交流。

老师:同学们,你们喜欢哪些恐龙?

老师:那好,那就请大家从中找几个你最喜欢的恐龙图片,对比一下它们的体貌特征是否真的和我们说的一样呢? 下面请大家随着老师的讲解,继续欣赏,让我们一起游览真实的恐龙世界。

(2)小练习,用简洁线条快速画出恐龙。

老师:通过老师讲解,你们是不是对恐龙有了更进一步的认识呢? 那现在我们用最快的速度勾勒出恐龙的外形。

(3)学生作业。

老师:有一点我们很清楚,没有人看到过真正的恐龙,它们现在的样子全是科学家们根据骨骼化石还原的,也许它们并不是我们从图片、影视中看到的这个样子,比如它们的皮肤的颜色、花纹,甚至是外形都会不一样。所以我们要大胆地发挥想象,把你想象的恐龙画出来。

①作画步骤讲解示范。

②优秀学生作品欣赏。

③布置任务:自由表现一幅恐龙及生活环境的想象画。创作要求:构图饱满,想象丰富,用色大胆。

④学生动手创作,师巡视辅导。

(4)展示评价。

①学生评价。

②教师评价。

4.巩固练习

根据老师的示范和讲解,大家再把自己的作品补充美化一下,好吗?

注意下面的作业要求:(教师出示作业要求)

(1)突出了所画恐龙的主要特征。

(2)线条疏密安排得美观,色彩搭配合理。

(3)环境添加得合理。

(4)构图合理,想象丰富。

5.展示评价

(1)对学生优秀作品的欣赏,引导学生发现优秀作品在构图、着色、想象等方面的表现,以加强对"好"作品的感官认识,有利于提高自己的绘画水平。

(2)展示一些不完善的学生作业,比较课件中学生作品与之相比之间的差异。谈自己的看法,找自己的差距。

6.板书设计

恐龙世界。

设计意图:通过本次综合性学习活动,团队教师要明确活动的重点要放在学生发展水平、发展程度和发展层次上,引导学生进行自我反思性评价,关注学生的体验过程,关注学生在探究过程中形成的情感、态度、价值观、综合能力等。此外,对学生发展的评价不仅由指导教师来完成,还应积极鼓励学生自主评价、相互评价,有效利用学生家长的评价、社会有关人员的评价等。重视对学生活动过程的评价,注重评价学生在活动过程中的表现,以及他们解决问题的方法、态度和体验。总之,活动的过程要学会动态调整,做到因人、因题而异,多激励、少批评,注意个体的纵向发展,力求推动每个学生在原有水平上有新的进步,不用同一尺度对不同学生进行评价;鼓励学生发挥自己的个性特长,施展自己的才能,努力形成激励广大学生积极进取、勇于创新的氛围,不断促进自身的发展。

《昆虫记》

——（中）年级综合性学习活动设计方案

一、提出背景

本课的综合性学习活动旨在让学生走进昆虫世界,通过语文单元学习及整本书阅读课,结合数学、英语、音乐、美术、地方等课程的综合性学习,鼓励学生捕捉昆虫、观察昆虫,查找书籍、报刊资料及上网查找,了解昆虫的基本特征,对昆虫有一个基本的认识。在活动中掌握比较、探究、合作的学习方法,使学生形成对身边昆虫世界的兴趣,探索自然界的奥秘,培养发现和解决问题的能力,体验综合性学习的一些过程和方法。

二、设计团队及分工

设计团队:中年级团队。

分工表:

项目	负责人
《昆虫记》整本阅读教学设计	李 婧
音乐课《小蜜蜂》	王涌全
数学课:认识昆虫朋友(小数)	刘 佳
可爱的昆虫——美术学科融合课程设计	韩晓鸥
《琥珀》昆虫记——综合性学习活动设计方案	张燕妮
走进昆虫世界——地方校本课程	车晓琳

三、活动理念

本活动力求以活泼多样的形式和内容,激发学生对昆虫的认识和了解,活动前运用记录表、电脑课件、图片等素材,使学生通过活动提高认识,发挥特长,陶冶情感,培养兴趣,养成发现和解决问题的能力,推动中年级的学生们在开放的课堂中快乐地获取知识,从而品尝到成功的乐趣,激发学生自主探索的积极性与主动性。

四、学生优势智能分析

(1)语言智能:通过语文大单元课程学习并结合《昆虫记》整本书阅读,及英文戏剧的展演,引导学生开展有效的语言交流,让学生进行积极、主动、深度的表达。通过这样的一种言语表达,积累学生的言语经验,提升学生的言语情感、思想,进而发展学生的言语智能。

(2)逻辑数理智能:将可爱有趣的昆虫融入数学小数学习,激发学生的学习兴趣,在小学数学"循环小数"教学中,培养学生具有初步的逻辑思维能力,并精心组织学生练习,巩固和深化他们对循环小数的意义的认知。既要让每个学生获得最基础的数学知识,又要着重培养学生逻辑思维能力和创新精神。

(3)音乐智能:学习音乐能够开发学生的创造思维和想象力,本次综合性活动课程将自然界的昆虫声融入音乐课中,不仅能培养学生的创造能力,同时也能激发学生的情商等。通过课堂音乐教育,既促进了儿童的全面和谐发展,也培养了儿童对音乐的感受、理解和表现能力;既丰富了儿童的想象力,也锻炼了儿童的创造力,促进了音乐智能的发展。

(4)人际智能:本次课程活动中需要学生分组合作探究昆虫世界,在整个参与过程中,小组所有成员集思广益、发挥团体智慧,让组内人人有分工、人人有事做、人人能管理,有效促进学生人际智能的发展。

(5)自然观察者智能:学生观察昆虫、绘画昆虫,以科学探究为核心,学生亲历探究活动和过程,教师则提供问题与情景,为学生提供全程指导,激发学生探索自然的热情,促进智能发展。

五、活动目标

(1)培养学生认识一般事物的能力,包括观察能力、比较分析能力和理解思维能力等。

(2)掌握多渠道收集信息和整理资料的方法,学会存留并使用资料。

(3)学会分工协作,积极参与小组合作研究和讨论,认真完成小组分派的任务,体验研究的过程。

（4）认识昆虫,会辨认哪些是昆虫,培养探索世界的信心和乐趣。了解大自然的奥秘,激发对大自然的热爱之情。

六、活动过程设计

活动过程设计见以下活动一至活动六。

活动一:

《昆虫记》整本阅读教学设计

设计者　李　婧

【教学目标】

(1)小组合作、探究、交流,明晰书中昆虫的特点。

(2)体会作者对待科学的严谨,对生命的尊重和热爱。

【教学重点】

通过手绘昆虫、趣味竞猜、昆虫分类等形式更全面深入地了解书中昆虫的特点和习性。

【教学难点】

品析书中语言,感受作者将科学性和文学性完美融合的语言风格,品味作者对微小生命的尊重和对生活的哲思。

【阅读准备】

1. 初次阅读·全书通读

给学生制定每天阅读一个章节并完成一篇读书笔记的任务,通过圈点勾画阅读和整理笔记,让学生大致了解书中所介绍的昆虫的外形、繁衍、习性等特点,感受作者对昆虫的喜爱和对生命的尊重。

培养学生每日阅读的习惯,学习圈点勾画的读书方法和写读书笔记的方法,在此基础上通读全书,让学生对书中内容有一个整体且较为具体的了解。

第一遍阅读后,学生对于《昆虫记》的掌握比较笼统、零散,需要教师布置阅读任务,引导学生深度阅读、品析语言、了解作者,让学生对《昆虫记》有更深刻的感悟。

2. 再次阅读·浏览、部分精读

读完全文,请展开联想和想象,就昆虫或昆虫生活场景的某一个画面,给昆虫设计漫画像,并说明设计意图。手绘昆虫展示条件:第一小组同学组织展示、投票活动,从全班同学为昆虫设计的卡通画中挑选优秀小画家。

要求:最后每个小组总结研读任务研读探究结果,形成演示文稿,准备在全班进行展示交流。

引导同学们分组进行研究性学习,通过对《昆虫记》某一方面进行深入研读与探究,深化对《昆虫记》整本书内容的理解,提高整本书的阅读能力。

【课堂流程】

导入:《昆虫记》是一部有趣的昆虫生物学著作,今天这堂阅读交流课,让我们一起走进书中的昆虫,认识昆虫学爱好者——法布尔。

整书阅读——读虫、读人。

(1)上周给同学们布置了手绘昆虫的任务,经过大家投票,选出两幅优秀绘画作品,下面请张耀一凡和冯玉桐两位优秀小画家依次上台展示昆虫画像,讲解昆虫样貌特点,其他同学请拿起笔,在看和听的同时完成笔记卡上的小任务。

展示交流:

(2)绰号竞猜。搜集并拟定昆虫外号,组织"昆虫外号知识竞赛"。竞猜形式:PPT 出示谜面,其他同学举手竞答。

答对者奖品:相对应的彩印昆虫画像。

凶狠的剖腹杀手——大头黑布甲。(大头黑步甲号称"蜗牛克星",它会用强而有力地大嘴掏空蜗牛的腹部,最终吃得只剩下蜗牛壳)

占卜者——螳螂。(螳螂外形优雅,常常双手举向天空,仿佛在祈祷,也很像拥有神秘力量,在做占卜)

夜间凶猛凌厉的猎手——绿蝈蝈。（绿蝈蝈在夜晚活动，它向蝉扑去，立马开膛破肚，掏心取肺，异常迅猛）

屁股上挂灯笼者——萤火虫。（萤火虫的尾部始终有光亮，像一盏灯）

储粮商的敌人——菜豆象。（豌豆象、象态橡栗象等吃完一颗果实就会立马逃出粮仓，回归自然，可是菜豆象喜爱住在粮仓大快朵颐）

教师小结：绰号是个体特点的最凝练概括，记住绰号基本等同于熟知了一种昆虫！相信这小小竞猜给大家带来大大的收获。

（3）"分类别"展示交流。出示学生有特色的昆虫分类并介绍分类依据。

（4）猜猜我是谁。有类昆虫腿脚锋利，配刀而行；有类昆虫习性相近，外形酷似。请阅读笔记卡上出示的两组文字,写出对应的昆虫名字。

第一组:

一旦猎物突然出现,捕捉器的那三段长构件突地伸展开去,末端伸到最远处,抓住猎物后便收回来,把猎物送到两把钢锯之间。吃东西先从颈部下嘴。(螳螂)

它夜间狩猎,扑向猎物,拦腰抱住,把脑袋深深扎进猎物的内脏中,一小口一小口地撕拽出来。(绿蝈蝈)

第二组:

它一身墨黑,头部边缘是个帽子,宽大扁平,上有六个细尖齿,排成半圆。这就是它的挖掘和切割工具,是它的叉耙。(圣甲虫)

它全身黑亮,身子矮胖,缩成一团,又圆又厚,头上长着一个怪角。(西班牙蜣螂)

全身黑亮,披着甲胄,胸前有三根一束的平行前伸的锋利长矛。(米诺多蒂菲)

教师总结:昆虫多种多样,它们之间既有共性也有个性,所以我们在阅读《昆虫记》时,既要善于归纳总结,也要注意细节,明确昆虫们的个性。

这里,老师布置一项作业:蝉、绿蝈蝈、蟋蟀都热爱歌唱,它们的歌唱方式有何异同?我们都知道金蝉脱壳这个成语,蝗虫、螳螂也会破壳而出,它们的蜕变过程有何异同?请同学们课下再研读《昆虫记》,结合书中内容解释说明。另外,请同学们动脑思索、梳理归纳,还有哪些昆虫有大同还有小异?阅读思考后填写笔记卡。

活动二：

音乐课《小蜜蜂》

设计者　王涌全

【教学内容】

聆听歌曲,学唱《小蜜蜂》。

【教学目标】

(1)聆听《小蜜蜂》,感受音乐所表现的"飞"的形象,体验轻松愉快的音乐情绪。

(2)主动参与用打击乐器为歌曲伴奏,并即兴编创动作,充分发挥学生的模仿力和创造力。

(3)使用优美的音色,形象地演唱和表现歌曲《小蜜蜂》。

(4)通过本课的学习,培养学生热爱大自然、保护动物的素养。

【学情分析】

根据学生的特点,结合新课标的精神以激发学生的兴趣为主,在整个教学过程中,通过引导学生积极主动地参与学习、表现音乐、自主探究,参与体验音乐特征,积累感性经验,为音乐表现、音乐创造打下基础。让学生们学得有趣,学得愉快。注重双基在音乐审美体验中的落实,学生通过聆听、体验、感受的活动形式,循序渐进地学习,扎实地掌握歌曲,适当学习节奏及创编。

【活动准备】

打击乐器、多媒体。

【教学过程】

1.组织教学

师生问好。

2. 聆听《小蜜蜂》

（1）完整地聆听全曲。课前可不揭示课题。

（2）再一次听音乐，待学生比较接近地说出是"飞"的动物后再揭示曲名。

（3）让学生选择打击乐器，参与到乐曲的表现或歌曲的伴奏中。

（4）教师要提示根据乐曲和歌曲所描述的音乐形象决定采用哪几件更合适，分组试一试效果，学生评价。

3. 学唱《小蜜蜂》

（1）完整地聆听歌曲。教师可采用歌曲录音或自唱感染学生，引起学生的兴趣。自唱可进行几次，视学生接受程度确定。

（2）用听唱法学会歌曲，指导学生咬字、吐字清楚，尤其在八分音符处的每个字都要交代清楚。还要注意全曲的速度统一，避免起速快，到八分音符处放慢速度。

（3）歌曲学会后，有感情地边唱边表演。再跟着老师唱一唱。

（4）演唱课本提示的 sol、re 两个音。一拍一个音，并试着这样为歌曲伴奏，也可以由教师弹奏旋律，一组学生伴奏，其他学生唱歌。

（5）让学生选择打击乐器，参与到乐曲的表现或歌曲的伴奏中。

（6）教师要提示根据乐曲和歌曲所描述的音乐形象决定采用哪几件更合适，分组试一试效果，学生评价。

4. 总结教学

作者介绍，让学生感受音乐所表现的"飞"的形象。

总结并渗透热爱大自然、保护动物的教育。

【作业设计】

（1）跟随伴奏歌唱《小蜜蜂》。

（2）课后查阅资料，聆听《野蜂飞舞》。

评价设计：师生共同小结学习情况，相互评议。

活动三：

数学课：认识昆虫朋友（小数）

刘　佳

【教学内容】

昆虫记。

【教学目标】

知识目标：结合具体情境能正确认、读、写一位小数和两位小数。能借助米尺这样的直观模型，用小数描述数量，初步理解小数的意义。

过程目标：能在动手操作和合作探究中，将分数的平均分的意义迁移到小数意义的学习中。

理解目标：初步感知十分之几可以用一位小数表示，百分之几用两位小数表示。

情感目标：在情境探究和练习中培养主动探索意识和合作交流的能力，认识到数学源于生活，用于生活，增强热爱数学的情感。

【学情分析】

本次教学的对象是小学三年级学生。单元课是本学期最后一个单元——认识小数，对于三年级学生来说，小数是一个比较抽象的数学概念，需要数学逻辑智能。因此在教学中要结合学生的生活实际进行教学，从学生已有的生活经验出发，联系实际，让学生明白小数。

【活动准备】

教具学具：多媒体课件、米尺学生尺、学习任务清单、学具纸。

【课时安排】

1 课时。

【教学过程】

1. 课前组织

师：同学们，现在离上课还有还有一点时间，我们一起来做一个小游戏，好不好？

师：如果给你十秒钟，你能这样拍手多少下，估计一下？

师：现在老师给你们倒计时，大家试一下，要尽量地快！

运用心理小测验的游戏形式培养学生的学习自信心，激发学生学习数学的兴趣。

2. 学情前测，谈话导入

谈话：我们来接着了解昆虫知识，请看图片（课件出示昆虫知识），谁能起来给大家读一读？

鱼蛉是世界上最大的水生昆虫，它的翼展可达 21.6 厘米。

蜗牛爬行的最高速度为每小时 8.5 米。

师：那么这些数和我们之前学过的整数、分数有什么不同？

预设：都有一个圆点。

师：这个点有什么特点？

生：圆圆的小点。（学生边回答教师边板书：小数点）

（以第一个小数为例，展示小数的组成部分并板演）

师：之前我们学过了整数和分数，数学中，各种数之间都是有联系的，这些整数和分数还可以用另一种数来表示：小数。

这节课我们一起来认识"小数"（板书课题：小数的初步认识）

通过学情前测及时把握学生对整数、分数以及小数的掌握情况，基于学情放手让学生自主探究小数的读写法。数学知识前后都是有联系的，从学生已学过的整数和分数入手，让学生在回顾整数及分数的含义中体会小数和整数、分数之间的关系以及小数的由来。

3. 合作探究

（1）读小数。

情境再现：世界上最大的昆虫是竹节虫，体长超 0.62 米。

老师：你能准确地读出它的长度吗？

老师指学生齐读。

老师:同意读零点六十二的请举手,同意读零点六二的请举手。这个小数到底怎么读呢?

① 学生用自己的话总结小数的正确读法,课件出示:整数部分,按整数的读法读;小数部分,按顺序读出每个数字。

② 生活中的小数。

(指学生读一读,全班齐读)

读小数并不是学生认知的难点,大部分学生已经会读一位小数。因此教师大胆放手让学生自主读数,当出现了不同的读法,抓住这一机会进行两位小数读法的研究。教师不直接告诉学生应该怎么读,而是让学生从录音中认真听,自主发现正确的读法,最后由学生自主总结。

(2)写小数。

老师:下面请同学们两人一组考考对方:左面同学读右面同学写,右面同学读左面同学写。并完成任务清单第一题。

展示几名学生的作业清单,并适当进行鼓励性评价。

部分学生对小数的认识,并不是一无所知。老师根据课堂生成适时点拨,就能很好地完成学习任务。此环节体现了尊重学生的认知基础,充分利用课堂生成资料来教学。

(3)小数的意义。

① 理解一位小数的含义。

认识 0.1 米。

老师:同学们不仅把小数写得很规范,还能把小数点的位置写得很规范,但是这只昆虫到底有多长呢?

老师:(出示课件)老师把0.1米画在了学具纸上,这条红线的长度就是0.1米,一会老师把学具纸发给每个同学,两人合作量一量,0.1米到底有多长?说一说你们的发现。

老师:想一想,能利用分数米的意义来说一说0.1米表示多长吗?

板书:把 1 米平均分成 10 份,每份是 1/10 米,也是 0.1 米。

老师:说一说,0.1米有多长?

老师:根据这句话,在自制米尺上标出从哪到哪是0.1米。小组两人一起找一找。

全班交流探究结果。（在黑板上展示）

理解一位小数的含义是本节课的最难点。为了让学生更深刻地理解米的长度,教师为每组学生准备了一根1米长的自制白纸条,学生通过量一量知道0.1米就是1分米,并在米尺上找出从哪到哪是米,学生在合作探究的过程中理解了米的长度。

② 区分一位小数和两位小数。

老师:刚才同学们研究了这么多小数,有一位小数还有两位小数,现在请同学们观察一下,一位小数表示的分数有什么共同特点,

学生:都是十分之几。

老师:那两位小数呢?

学生:都是百分之几。（教师板书:十分之几、百分之几）

通过对一位小数和两位小数含义的比较,使学生对小数的含义有了更深的理解。

4. 巩固应用

能不能用今天学的知识和探究问题的方法来解决数学中的问题呢? （出示练习）

（1）巩固练习。

完成学习任务清单第6题。学生回答,集体交流。

（2）拓展提升。

0.1元表示多少? 0.01元表示多少?

（3）当回标价员。

5. 全课总结

老师:通过这节课的学习,你有哪些收获呢? （学生谈收获）

老师:小数除了可以表示长度,在生活中,小数还可以表示什么呢?

课件:价钱、质量、时间、温度、视力、容量等。

通过给学生展示生活中的其他小数,让学生知道,小数不仅能表示长度、价钱、线段的长短、图形的大小,还能表示质量、时间、温度、视力、容量等其他方面的量,从而了解小数在生活中的广泛应用,体会数学来自生活,又应用于生活。

（1）板书设计：

（2）作业设计：

"昆虫知多少"，自己寻找常见的昆虫，用直尺等工具测量昆虫的长度并记录下来，利用课下的时间了解更多昆虫中的小数秘密。

进一步巩固小数知识。

（3）评价设计。

根据探究完成情况进行自我评价和小组评价。

活动四：

可爱的昆虫

——美术学科融合课程设计

韩筱鸥

【教学内容】

可爱的昆虫。

【教学目标】

（1）认知目标：认识自然界昆虫的种类和特色，如它们的形态、特色。知道表现主题的方法，认识昆虫的对称特色。

（2）技术目标：用绘画的方法表现昆虫。

（3）感情目标：培育学生观察自然、认识自然的习惯。培育学生的创新意识、模拟能力与想象能力。

【学情分析】

依据新课程标准倡导的学科融合以及学生主动参与、乐于探究、勤于动手的新课程理念，结合多多元智能理论，本课旨在让学生认识昆虫、了解昆虫和表现昆虫，掌握昆虫的特点，能够运用绘画形式表现昆虫。

【教学过程】

（一）导入新课

猜谜语：有个姑娘真美丽，身穿一件花花衣，拍拍翅膀飞呀飞，百花丛中忙不停。（揭开谜底——蝴蝶）

（1）蝴蝶有怎样的特征？蝴蝶：有美丽的大翅膀，翅膀的形状各不相同，花纹更是有条纹、点等，色彩斑斓，真是"飞舞的花朵"。

（2）这些动物你们认识吗？虽然外形不同,但是它们的共同点都有什么？

虽然它们外形不一样,但基本上都有触角、翅膀、足。因此它们也有一个共同的名字叫"昆虫"。我们只要记住这首歌谣就能区分出什么是昆虫,什么不是昆虫了——体分三段头胸腹,两对翅膀三对足。一对触须生头部,骨骼全部在体表。一年四季多变态,遍布全球旺家族。昆虫虽然很小,却给自然界增添了无限的生机和趣味。今天我们就一起走进昆虫的世界。

板书课题——可爱的昆虫。

（二）讲授新课

1. 交流探究

（1）谁来说说你知道哪些昆虫？给我们讲一讲它的样子,它最明显的特征是什么？

（2）你还能发现蝴蝶翅膀上的奥秘吗？模仿枯枝败叶的"枯叶蝶"——迷惑天敌,有的蝴蝶翅膀上的"假眼"用来吓唬天敌。

（3）了解结构：

① 同学们刚才介绍了那么多昆虫,接下来我们来找一找昆虫的身体都分哪几个部分组成？（共同点是身体分头、胸、腹、一对触须、两对翅、三对足,而且左右对称）

② 记得老师之前经常给大家说过的话吗？不管多么复杂的物体我们都可以用几何形概括出来,接下来找一找昆虫身上有哪些几何图形？（圆形、方形、梯形……）

③ 拼摆外形:老师这有一些几何图形,谁能上来根据这些几何图形摆出自己所熟悉的昆虫外形？看看谁摆得更像、速度更快。教师用线条将学生拼摆的昆虫外形概括在黑板上。（蜻蜓、瓢虫、蚂蚁）

这样昆虫就被我们概括出来了,可是有没有觉得少了什么呢？如何使这些昆虫变得更加漂亮呢？（花纹）

2. 局部观察

（1）我们看看它们身上都有哪些漂亮的花纹？进一步引导学生细致观察昆虫身体上的花纹,教师示范在黑板上帮助学生画出由点、线、形状组成的各种图案。

（2）思考:还有什么办法能让手中的昆虫更漂亮？（除了添加花纹还可以

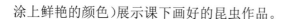

涂上鲜艳的颜色)展示课下画好的昆虫作品。

昆虫的身体结构有着共同的特点,但是由于种类不同,在外形、花纹上也有所不同,要想画出它们的样子,平常要多观察,抓住它们的特点。

3. 欣赏作品

自然界中昆虫与人类有着密切的联系,下面我们欣赏优秀学生作品。

(1)说说这些作品,你最喜欢哪一幅?哪幅画面最有趣?

(2)用什么方法可以把昆虫画得既可爱又漂亮呢?

4. 交流讨论

老师:看了这么多的昆虫,你觉得有趣吗?你想画哪一种昆虫呢?要把这么好的想法画出来还需要一定方法。

5. 教师示范作画步骤

(1)构思:选择自己熟悉、喜爱的昆虫。

(2)起稿:构图要饱满,直接用黑彩笔画。

(3)装饰:在昆虫身上添加图案花纹,注意两边对称。用学过的线和基本图形来装饰。

(4)涂色:色彩要鲜艳,多用对比色。涂背景色时可多用近似色丰富画面层次。

(三)艺术实践

实践操作的要点如下。

(1)选定自己喜爱的昆虫,并确定它的形状。

(2)拿作业纸并将它对折,然后画出你喜爱昆虫身体一边的图案。

(3)用剪刀沿外轮廓线剪下对称图形。

(4)进行涂色,保持左右两边相同,使其成为对称图案。

(5)装饰作品。

教师巡视辅导,发现好的作品及时进行展示,对出现的问题及时进行纠正。

(四)展示分享

(1)展示学生集体创作的作品,其他同学说一说你最喜欢哪幅作品?为什么?

(2)在色彩表现上有什么特点?给你什么感受?今天这节课你有哪些收获呢?

（五）课堂延伸，拓展创新

昆虫是我们人类的好朋友，在我们的生活中也随处可见与它们相关的仿生设计。如昆虫玩具、昆虫箱包以及我们身边的昆虫垃圾桶和昆虫花灯展。

昆虫虽小，但它们用自己的生命装点着大自然。它们和我们一样，都是大自然的小精灵、大自然的孩子。所以，我们一定要好好关心和爱护这些昆虫小动物，让它们和我们一样幸福快乐地生活。

板书设计：

我和昆虫

结构、花纹、颜色

活动五：

《琥珀》昆虫记

——综合性学习活动设计方案

设计者　张燕妮

【教学内容】

第二单元是"阅读策略"单元，所选的四篇课文是与自然、科技有关的科普类文章，它们共同指向的语文要素是"阅读时能提出不懂的问题，并试着解决"。因此教师要在四年级上册"提出问题"的基础上，引导学生进一步多角度提问，并尝试运用多种方法解决问题。

【教学目标】

（1）认识"琥""珀"等11个生字，读准多音字"扎"，会写"怒""吼"等15个字，会写"怒吼""松脂"等15个词语。

（2）能提出自己不懂的问题，并尝试解决。

（3）能用自己的话说出这块琥珀的形成过程，理解作者推测这块琥珀形成的依据。

【教学重点】

（1）提出问题，尝试用多种方法进行解决。

（2）了解琥珀的形成过程。

（3）体会文章语言表达的生动性。

【教学难点】

了解琥珀的形成过程及作者想象的依据，能用自己的语言条理清晰地介绍琥珀的样子及形成过程的依据。

【教学过程】

1. 图片引入，激趣质疑

（1）导入：同学们，今天我们要来学习一篇文章，题目叫作《琥珀》。观察这两个字，你有什么发现吗？

（2）介绍字理，引出"琥珀"。

正如同学们所说，带有这个偏旁的字多指珍宝玉器或与这类物品相关联，因此"王字旁"也叫"斜玉旁"，只不过在汉字演变过程中"玉"省略了一点而变成了现在这个样子。你猜猜，"琥珀"会不会也像它们那样光泽美丽、晶莹剔透呢？

（3）质疑探究，走进课文。

教师：现在你知道了琥珀的样子，关于"琥珀"，你还有哪些疑问呢？

预设1：琥珀究竟是什么？

预设2：琥珀看上去跟其他的珍宝不太一样，它也像珍珠、玛瑙那样是纯天然的吗？

预设3：我观察到书中的琥珀里还夹杂着一些小昆虫，这是怎么一回事呢？

请同学们默读课文，说说你都知道了什么？

① 学生边默读边思考。

② 汇报交流：你知道了些什么？

预设1：琥珀是松柏树脂形成的化石。 板书（松脂、化石）

预设2：文中的琥珀里包裹着苍蝇和蜘蛛，科学家根据它们的样子，推测了几万年前的故事。板书（苍蝇、蜘蛛）

预设3：课文讲了这块琥珀是如何形成和发现的。板书（形成 发现）

············

小组合作探究，寻找推测依据。

默读课文，思考作者做出了哪些推测，他的依据又是什么？先独立思考，再和小组成员讨论交流，填写下表。（A4 纸打印，每组一份"共学单"）

紧扣"推测"，让学生读课文与辨析相结合，以"独立思考 + 同伴互助"的方式，在表格中归纳哪些是眼前看到的现实，哪些是合理想象的推测，有效突破教学难点。

2. 理清故事情节,体会语言的生动

对比"阅读链接",明晰琥珀形成的过程。

(1)学生自读。

(2)梳理过程:松树分泌可以流动的树脂→树脂被掩埋,有机物挥发,变成硬树脂→硬树脂中的有机物进一步挥发,石化成琥珀。

比较课文和课后"阅读链接"的异同。

品味语言,体会生动。

(1)教师:请同学们找一找,课文中哪些地方写得特别生动,勾画出相关语句。

(2)学生自读勾画。

(3)全班交流,指导朗读。

一只小苍蝇展开柔嫩的翅膀,在阳光下快乐地飞舞……它伸起腿来掸掸翅膀,拂拭那长着一对红眼睛的圆脑袋。

追问:通过一连串的动作描写,你感受到了小苍蝇怎样的生活?

预设:自由自在、快乐、惬意……

追问:这样写有什么好处?

预设:活灵活现、栩栩如生,让人读起来仿佛能看到画面,饶有趣味,还运用了"比喻"的修辞手法。

点拨:这篇文章不同于一般科普说明文的最大的特点,就是语言生动。

一方面,从故事的六要素切入,帮助学生梳理故事脉络;另一方面,抓重点语句品味语言,既落实了体会文本艺术性与科学性相融合的教学目标,又为接下来的"复述"做好铺垫。

3. 借助支架,复述故事

(1)教师引导:通过学习,同学们了解了这块琥珀形成需要具备的条件,也理清了故事的起因、经过、结果,接下来就让我们用自己的话把这个故事讲一讲。争取把琥珀形成的过程说清楚,抓住细节,讲生动。

(2)学生借助小组研究的表格和故事六要素进行复述,教师指导。

指导要点:① 对小苍蝇和蜘蛛动作的描述。② 琥珀形成的阶段过程要清晰。

新课标第二学段目标要求:"能复述叙事性作品的大意,初步感受作品中生动的形象和优美的语言。"四年级上学期已经安排了运用复述故事的具体要求和方法进行练习,并形成详细复述的能力。在这里,重点凸显"支架"的作用,学生在品味语言的基础上,学会思维、学习表达。

4. 读写实践作业,拓展学习空间

创编故事:

(1)追问:蜘蛛真的是在捕食苍蝇时被包裹在琥珀当中的吗?你觉得它俩之间会不会有其他发展的可能?

(2)教师引导:因为这块琥珀里有苍蝇和蜘蛛,所以作者柏吉尔推测出这样一则经典的故事。如果琥珀里有蚂蚁、蜜蜂或树叶等,又会是一段怎样的传奇呢?请你发挥想象,推测创编故事。(写一段话)

5. 板书设计

琥珀

合理想象　　科学推测

讲故事:时、地、人、事(起因、经过、结果)

活动六：

走进昆虫世界

——地方校本课程

车晓琳

【教学内容】

昆虫记。

【教学目标】

（1）了解蝴蝶、蜻蜓、蜜蜂等昆虫的基本特征和生活习惯，了解昆虫与人们的关系。

（2）通过猜谜、观察、绘画、符号数字记录等多元智能方式，了解自然界中各种昆虫的特征、种类，在感受自然界赋予人类美的同时，更好地掌握昆虫知识。激发学生对昆虫产生兴趣，知道要爱护益虫。

（3）通过自主探究主动获取知识，培养学生的探究能力和团队合作精神；培养学生热爱生活、热爱大自然的美好情感。

【学情分析】

本次教学的对象是小学三年级学生，本节校本课程是以"收集、观察、制作、归纳"为主要内容，以学生的亲身参与、小组合作、自主收集、动手实践为主要特征，以培养学生的观察能力为宗旨的校本研究课程。将美术课的画一画、数学课的统计图、语文课的说明方法等多课程融合，从而引发学生热爱大自然、热爱生物世界，树立较好的探索品质。

【教法设计】

自主学习法：指导学生课前查阅有关昆虫的资料，课上以小组为单位进行自主探究,课下以小组为单位进行观察报告的整理。

多学科融合法:通过手绘昆虫、统计图设计、观察日记报告等多学科融合的形式更全面深入地了解昆虫的特点和习性。

【活动准备】

多媒体课件、查阅的相关资料、昆虫标本若干。

【课时安排】

1 课时。

【教学过程】

1. 猜谜语,引出昆虫的活动主题

教师念有关昆虫的谜语儿歌,提问:这是什么动物?让学生猜谜语,随机出示有关的昆虫图片,引起学生对昆虫的关注和兴趣。

设计意图:运用猜谜语和图片展示的形式,激发学生学习的兴趣。

2. 出示昆虫或用实物展示仪放大昆虫标本,感知昆虫主要特征,激发学生学习的兴趣

教师引导学生思考:这是什么?叫什么名字?它是什么样子的?头上有什么?身体下面有什么?有多少对翅膀和脚?你知道它生活在什么地方?爱吃什么吗?

出示昆虫的含义:属于昆虫纲的小型节肢动物。成年期有三对足,体躯由一系列环节即体节所组成,进一步集合成 3 个体段(头、胸和腹部),通常具两对翅。

昆虫的种类:根据取食对象,分为害虫和益虫两大类。

(1)害虫:危害人类生产的蚜虫等;危害人类生活的蟑螂、苍蝇、蚊子等。

(2)益虫:有益于生产和生活的蜜蜂、螳螂、蜻蜓等。

(3)益虫和害虫是相对而言的,益虫也会做对人类有害的事,害虫也会做有益的,只是程度不同罢了。如蚂蚁是害虫,那是因为蚂蚁总是在人类的食物上乱爬、乱啃,很不卫生。

设计意图:直观出示昆虫标本,感知昆虫主要特征。再通过自己课前搜集的资料,进行整合,了解昆虫的含义、特点和种类,教师简单介绍害虫和益虫。

3. 引导学生结合自己搜集的材料,按照"动物名称——身体特征——生活习性"讲述自己了解的一种昆虫

学生可以将昆虫画成阅读图画,对照自己画的昆虫说一说:画面上是哪一种昆虫?它们都有什么特点?它们生活在什么地方?吃什么?

教师小结:画面上的这些虫子有一个共同的名字叫"昆虫"。昆虫的身体分成头、胸、腹三部分。头上有触角、嘴和眼睛;胸部长着三对脚,背上一般长着两对翅膀;腹部一节一节的,两侧还有气孔,是呼吸用的。有的昆虫,如七星瓢虫,有一对翅膀变硬了;还有一些昆虫只有一对翅膀,如蚊子。

设计意图:融合美术课的画一画的方法多课程融合,通过自我搜集材料、整合材料,介绍自己喜欢的昆虫,引发学生热爱大自然、热爱生物世界的品质。

4. 出示挂图,找一找藏在画中的昆虫

教师:今天有许多小昆虫来和我们捉迷藏游戏,它们就藏在这幅画里面,请大家找一找,有哪些昆虫?它们藏在哪里?

教师:你知道它叫什么名字吗?你是一下子就发现昆虫的?还是仔细看才发现的?为什么仔细看才能发现?它们身上的颜色与周围的颜色有什么奇特的地方?

分小组用表格的形式进行观察总结:"身边的小虫子"记录表。

指导观察日记的写法:

(1)仔细观察,如实记录。我们在写作时就应该学习这种良好的观察习惯,力求做到观察仔细,如实记录。

(2)重点突出,详略得当。写连续观察日记,每天都要做记录。

(3)记录得当,有感而发。写连续观察日记,不仅记录自己是怎么做的,看到了什么,还要记下自己不同情况下的不同心情,写出自己的真实感受,把自己的心情或者感受真实地流露出来,这样的日记才能形象生动,有血有肉。

(4)衔接紧密,结构完整。连续观察日记的几则日记之间衔接要紧密,要显示出观察的连续性和事情的完整性。这样的日记读来才能让人易于理解掌握,有强烈的阅读兴趣。

写连续观察日记,贵在平时多留心观察周围事物,并认真做好记录。同时,

要把观察与读书结合起来,这样写出的连续观察日记才能增添生活的乐趣,增长知识,还能从中受到启迪。

附:观察日记计划表

观察时间:___年___月___日___时至___年___月___日___时	
观察日记内容:	
日记撰写人员:	
日记记录:	
我们的发现:	

设计意图:指导学生如何写观察日记,引导学生平时多留心观察周围事物,并认真做好记录,做生活的有心人。

5. 布置作业　画昆虫

画昆虫,可先让学生按写意画法画,用笔简练画出形体。画好后学会补景,如补上草叶、花朵、白菜、竹丛等,注意补景时不要使用与昆虫同体的颜色,应当有颜色的对比。

教师总结:通过本节课的学习,学生感受到了大自然中昆虫的美,认识了常见的昆虫,知道了昆虫的本领,了解了昆虫的生长环境。培养学生保护益虫、消灭害虫的意识。在活动中,同学们不仅体验到了活动的乐趣,而且增长了知识,各个领域都得到了不同程度的发展。

饮食文化

——（高）年级综合性学习活动设计方案

一、提出背景

饮食文化课程内容是带有浓厚"生活属性"的知识文化体系，通过开展饮食文化课程思政教育，构建生活化、多元化的思政课堂，丰富思政教学的文化内容，增强教学的趣味性。

二、设计团队及分工

设计团队：高年级任课教师。

项目	负责人
谈吃（夏丏尊） ——语文活动设计	曹原
腊八粥 ——语文活动设计	马海燕
落花生 ——语文活动设计	刘晓燕
《饮食中的数学》 ——数学活动设计	李辉、刘鹏
《营养午餐》 ——综合实践活动设计	王倩
《设计一周营养美食》 ——综合实践活动设计	姜静
《舌尖上的青岛》 ——美术活动设计	韩晓鸥
《采茶扑蝶》 ——音乐活动设计	王涌全
《我是运动美食家》 ——体育活动设计	张祯琦、张溪

三、活动理念

加德纳多元智能理论告诉我们应该注重学生创造能力的培养。在多元智能理论看来,现实生活需要每个人都充分利用自身的多种智能来解决各种实际问题,社会的进步需要个体创造出社会需要的物质产品和精神产品,这两种能力的充分发展,才应该被视作智能的充分发展。从智能的本质上讲,解决实际问题的能力也是一种创造能力,因为它主要是综合运用多方面的智能和知识、创造性地解决现实生活中没有先例可循的新问题。

四、学生优势智能分析

本项活动涉及学生学习的各个学科活动,借此培养学生的综合素质,即将语言智能、逻辑数理智能、空间智能、肢体运作智能、音乐智能、人际智能、内省智能、自然观察者智能和交往智能等作为培养目标的基本要素。

五、活动目标

(1)获得亲自参与研究探索的积极体验。通过对身边的自然现象、社会环境的思考、分析与实践,获得自己动手动脑探究问题的喜悦以及解决问题的初步经验。

(2)学会并提高发现、探究和解决问题的能力。逐步形成喜爱质疑、乐于探索、勤于思考的心理品质。

(3)学会合作,形成合作与分享的意识。通过研究性学习学会合作,培养团队精神。与同学们互帮互助、并肩前进,积极主动地处理好各种人际交往关系。

(4)培养科学态度和科学道德,形成尊重科学的意识和认真实践、努力钻研的态度。初步形成实事求是的科学态度和积极实践探索的科学道德。

(5)培养对社会和自然的责任感。增强社会责任心和自然责任感,逐步学会关心社会现状,思考人类发展的有关问题,形成积极的人生观与价值观。

(6)激活各科学习中的知识储存,尝试相关知识的综合运用,培养收集、分析和处理信息的能力。这是研究性学习作为一种综合性课程的基本要求与目标。

语文拓展活动：

谈　吃

设计者　曹　原

【教学内容】

非文学作品阅读《谈吃》（夏丏尊）。

【教学目标】

（1）能掌握文中出现的部分常见字词。

（2）能找到文章主要观点，能把握作者论证过程，即行文思路。

（3）能深入体会作者的写作意图，进而以文本为起点，激发联想，交流碰撞彼此的思想，获得新的认识，并且能把这种思考后的收获整理为初步成果。

（4）夏先生的文章带给我们的最大触动是对传统文化的反思，提醒我们在继承的同时要学会去芜存菁，要引导学生辩证地对待传统。

【学情分析】

学生在语言智能上经过多年的学习认知，已经具备一定能力，本文主要是对汉语字词的理解和运用，利用文本开展有效的训练，对提高学生的语言智能有着很好的训练作用。

【教法设计】

教师：启发式教学、图文结合法。

学生：小组合作探究。

【活动准备】

阅读材料。

【课时安排】

1课时。

【教学过程】

1. 正确的解读文本,积极的思考并交流,学习客观辩证地对待文化传统

(1)了解作者:夏丏尊(xià miǎn zūn)。

(2)了解世界三大菜系。

以中餐为代表的中国菜系。

以西餐为代表的法国菜系。

清真菜系的土耳其菜系。

(3)了解中国 12 大菜系。

四川菜(川菜),广东菜(粤菜),山东菜(鲁菜),江苏菜(苏菜),湖南菜(湘菜),福建菜(闽菜),浙江菜(浙菜),安徽菜(徽菜),北京菜(京菜),上海菜(沪菜),陕西菜(陕菜),河南菜(豫菜)。

中国人讲究:色、香、味、形、器、名。

2. 阅读思考

要求:独立阅读课文,完成下列思考问题。同桌或就近的同学可以交流。

(1)本文的文体是什么?

(2)作者的观点是什么?原文中哪句话可以概括?

(3)作者从哪些角度(或方面)证明他的观点?

(4)你认为作者写此文的意图是什么?

此环节旨在指导学生有目的地初读文本,并形成第一印象。

3. 小组协作

要求:阅读课文,全组组员协作完成任务 1。

组内成员讨论交流,完成"第一关"中思考题。

此环节旨在促进组内交流,进一步把握文本。既强调个人的充分参与,又强调小组组员之间的协作,培养学生高效的学习方式。

4. 交流碰撞

要求:读完几遍课文,你有什么困惑?受到什么启发?对文章或作者有无质疑?

此环节旨在促成学生间充分交流,达到对文本的深入理解。该讨论区为组内小型论坛,只能在组内成员之间交流,并将交流过程记录下来。教师可以随

时观察某组讨论进展,也可以随时加入讨论。对外网连接的许可使得本课成为开放课堂。

【作业设计】

(1)基础作业:完成习题的答案。

(2)拓展性作业:请同学们把课上没有来得及表达出来的想法或个性化思考整理一下,自拟题目,完整地写出来,上传给老师。

(3)分层作业:形成一篇感受类文章或评论类文章,不限制主题。

语文活动：

腊八粥

设计者　马海燕

【教材主题内容】

本文是作家沈从文的作品,讲述了腊八那天八儿等不及要吃粥的嘴馋、对粥的猜想、看到粥的惊异以及吃到粥的满足,写出一家人其乐融融的亲情,表现出作者对普通百姓生活的热爱和对家庭亲情的眷恋。

【教学分目标】

（1）学会本课生字,正确理解本课新词。

（2）进一步体会详略得当的好处。

（3）学习有感情地朗读课文。

（4）体会八儿一家其乐融融的亲情。

【学情分析】

六年级学生已经具备了一定的阅读能力,能对所读的课文质疑,能借助工具书理解词句,并能联系上下文对相关词句谈谈自己的感受;具备一定的理解、分析能力,有利于本篇课堂教学的开展。

【教学过程】

1. 创设情境,激趣揭题

（1）出示腊八粥图片。（课件出示）

（2）课件上的食品你们认识吗？（腊八粥）同学们,你们吃过腊八粥吗？谁能说一说对腊八粥的了解？（学生交流查找的资料）

（3）今天我们就来学习《腊八粥》这一课,看看课文是怎样讲述腊八粥的,请同学们齐读课题。

（4）谁来介绍一下作者沈从文？（学生在班级中相互汇报交流自己收集的有关沈从文的资料)(结合学生的发言出示课件介绍沈从文）

设计意图:从各种腊八粥图片入手,让学生在不知不觉中进入课文的情境之中感悟文本,激发学生学习课文的欲望。

（1）课文主要写了哪两件事？哪部分详写,哪部分略写？

（2）腊八粥是如何做的？

本单元的训练点是详略得当,通过复习,进一步体会详略得当的写法。

2. 体会八儿等粥时的心理变化

（1）课件出示自学提示。

① 课文中的主要人物是谁？这是一个什么样的小孩？你是怎么看出来的？用自己的话说一说。

② 八儿的心理活动都有哪些变化呢？

（2）学生交流汇报。（板书）

（迫不及待——苦苦等待——美妙的猜想——亲眼看见时的惊讶）

他的心理活动变化构成了本课的线索:

喜得快要发疯了。

眼睛可急红了。锅中的粥,有声无力的叹气还在继续。

"那我饿了!"八儿要哭的样子。

只能猜想……

惊异得喊起来了……

（3）指导写作。

我们以后在写习作的时候,也可以借助神态描写、动作描写、语言描写等来反映人物的心理,这样人物形象就跃然纸上了。

（4）指导朗读。

① 本篇课文人物对话描写较多,组织学生分角色朗读。

② 通过揣摩人物心理,联系提示语来指导学生有感情地朗读课文。

③ 组织朗读比赛,互相点评,取长补短。

（5）全文围绕"八儿"全家吃妈妈熬煮的腊八粥的经过,展现了一幅淳朴、和睦的图景,表达了一家人怎样的情感？（班级交流汇报,教师适时点拨）

设计意图:学生合作交流,教师适时点拨,让学生多读多想,通过人物动作、语言和心理活动等的描写,体会八儿一家其乐融融的亲情。

3. 总结课文,拓展延伸

(1)教师总结。

这篇课文选自沈从文先生早年小说《腊八粥》的前半部分,全文围绕八儿全家吃妈妈熬煮的腊八粥的经过,展现了一幅淳朴、和睦的图景。

(2)拓展延伸。

下面来欣赏后半部分。课件出示:阅读短文,谈谈你的感受。

"妈,妈,你喊哈叭出去了罢!讨厌死了,尽到别人脚下钻!"

若不是八儿脚下弃得腊肉皮骨格外多,哈叭也不会单同他来那么亲热罢。

"哈叭,我八儿要你出去,快滚罢……"接着是一块大骨头掷到地上,哈叭总算知事,衔着骨头到外面啃嚼去了。

"再不知趣,就赏它几脚!"八儿的爹,看那只哈叭摇着尾巴很规矩地出去后,对着八儿笑笑说。

① 学生自由朗读。

② 交流自己的感受,体会八儿一家和谐友爱的氛围。

③ 教师:同学们,希望你们像雄鹰一样在知识的海洋中自由翱翔,飞得更高,更远!

设计意图:通过总结课文,欣赏沈从文先生早年小说《腊八粥》的后半部分,加深学生对课文内容的理解,进一步体会八儿一家其乐融融的亲情。

4. 作业设计

(1)教师小结。

同学们认识了本课的生字,能有感情地朗读课文。通过人物动作、语言和心理活动等的描写,体会八儿一家其乐融融的亲情。

(2)课件出示作业。

① 有感情地将课文朗读给家长听。

② 搜集有关腊八粥的故事。

设计意图:进一步培养学生搜集资料的习惯,鼓励学生走出课堂,进一步了解中国传统民俗文化,提高自己的阅读能力。

落花生

设计者　刘晓燕

【教学内容】

(部编版)五年级上册第一单元第二课《落花生》。

【教学目标】

(1)有感情地分角色朗读和复述课文,了解课文围绕落花生写了哪些内容。

(2)理解父亲借花生告诉"我们"要做一个对他人有好处的人,不要做只讲体面而对别人没有好处的人。

【学情分析】

本文语言浅显,但所说明的道理深刻,富有教育意义。在引导学生理解课文所说明的做人的道理时,教师做适当点拨,引导学生由花生的生长特点到花生的品格,由花生的品格到做人的道理,逐步加深理解,提高阅读技能。教学时注重发展学生的语言智能和自然观察者智能。

【教法设计】

启发情景教学法。

【活动准备】

学生搜集有关作者和落花生的资料,教师准备关于落花生的资料。

教学课件。

【教学过程】

1.导入新课,激发兴趣

(1)出示谜语:"根根胡须入泥沙,自造房屋自安家,地上开花不结果,地下结果不开花。"谁能猜出这是什么? (板书课题)让学生说说自己对花生的理解。(花生的生长特点及有关花生的常识)

（2）导入新课。出示落花生的图片,教师补充讲解花生为什么叫"落花生"。本文的作者有一个笔名叫"落华生",他为什么取这个笔名呢?今天这节课,就让我们一起走进文中,走进许地山的童年时光。

2.初读课文,提出要求

读准字音,读通句子,不丢字,不添字,长句子注意停顿。

3.再读课文,整体感知

（1）指导学生分角色有感情地朗读。

（2）引导学生整体把握课文内容,理清课文脉络。小组讨论:课文围绕花生讲了哪些内容?

设计意图:小组讨论交流的方式可以提高学生的参与度,体现学生学习的主体地位。

4.品读感悟,体会情感

（1）默读课文,哪一部分是详写?哪一部分是略写? （议花生是详写）思考:收获花生后,全家人的心情怎样? （抓住"居然"读出一家人收获花生的意外、欣喜）

设计意图:设计这一环节,是让学生在自读课文的基础上整体把握课文内容,为下一环节的教学打下基础。

（2）讨论:花生的特点是什么?

① 自由读,指名读出花生的好处。

② 对比读句子,体会父亲对我们的希望。

③ 出示父亲的话,启发思考:父亲借落花生来教育孩子们做个什么样的人?引导感悟借物喻人的写法。（齐读父亲的话,感悟借物喻人的写法）

（3）分角色有感情地朗读课文的第三部分。

设计意图:分角色朗读课文,有助于让学生把握内容,明确文中蕴含的思想感情,并且从中受到启发。

5.回顾课文,开展活动

人们常常从某种事物的特点上,体会到一些做人的道理。你能以一种常见的事物为例,说说你体会到的道理吗?

设计意图:设计"拓展延伸"这个环节既能巩固这节课所学的知识,又能引导学生把自己的感悟或体会加深理解,运用到实践中去,提高学生的能力。

【作业设计】

品尝花生,体会感悟。

【评价设计】

（1）有较强的独立识字能力。能联系上下文和自己的积累,推想文中有关词句意思,体会其表达效果。

（2）能用普通话正确、流利、有感情的地朗读课文。在阅读中了解文章表达顺序,体会作者思想感情,初步领悟文章的基本表达方法。在交流讨论中敢于提出看法,做出自己的判断。

《饮食中的数学》教学设计

设计者 刘 鹏 李 辉

【教学内容】

从饮食的制作中引申出数学问题——时间的统筹与安排。

本课讲述了我国南北方人不同的饮食习惯,初步探讨了每个区域人们不同的饮食习惯与地域物产的关系,体现了人类依赖自然环境、利用自然环境的特点。从中华民族丰富的美食中感受劳动人民的智慧,了解到我国丰富的饮食文化,以及我国不同地区的饮食风俗特色。本课重点应落在探寻饮食文化和自然环境之间的关系。

【教学目标】

(1)通过观察烹饪的时间,合理统筹、安排食材的烹饪顺序,培养学生的观察能力、比较社会事务的能力、合作交流的能力和动手操作的能力。

(2)使学生能客观分析饮食习惯与自然环境的关系。让学生了解饮食文化和其他历史文化、自然环境等的关系。提高学生收集、整理、分析和使用资料的能力。

(3)通过介绍中国饮食文化和自然环境的关系,培养学生探寻人文现象和自然现象之间关系的兴趣。通过对美食文化的了解,养成爱惜粮食的情感。通过介绍中国饮食文化,使学生养成热爱家乡和热爱祖国的情感。

【教学重点】

(1)通过观察烹饪的时间,学会合理统筹、安排食材的烹饪顺序,能够达到时间最优化。

(2)使学生能客观分析饮食习惯与自然环境的关系。

【教学难点】

(1)学生收集、整理、分析和使用资料的能力的培养。

（2）饮食习惯与自然环境之间的关系。

【教学方法】

分组合作学习法、讨论式教学法、多媒体辅助教学法。

【教学过程】

1. 导入新课

歌曲导入：

课前播放《美食》课前让学生欣赏。

联系生活，导入话题。

（课件：美食）同学们，听着这欢快的歌曲，看着这满眼的美食，你有什么感受？想要吃美食我们首先要了解美食，今天我们就来学习《中华美食名扬天下》。揭示课题。

教学意图：视频导入，渲染气氛，简单明了，直奔主题。以儿童兴趣入手，以"吃"作为切入点，通过视觉盛宴由浅入深激发学生探究欲望，同时进一步提升了学生的学习兴趣，揭示课题。

2. 活动一："美食侦探在行动"

过渡：年夜饭可以说是美食中的精华，请大家拿着你们年夜饭调查表，（课件出示调查表并读要求）在小组内交流，然后选出代表把你们的调查结果在全班展示一下。

预设一：学生回答上来时的评价。

（1）你的想法很独特，表达也很准确。

（2）你的声音很洪亮。

（3）吃不仅是一种享受，更是一种学问。

（4）这是"一面百吃，百吃百味"呀！

（5）我们喜欢美食，更喜欢亲人围坐一起吃美食的感觉……

预设二：学生回答不上来的难点引导。

（1）饮食习惯和物产之间的关系。

出示物产分布图：请大家借助图例看图，动脑筋想一想"饮食习惯和物产之间有何关系"。

老师小结：大家说得很对，因为我们北方盛产小麦，南方盛产大米所以在饮食上出现了"南米北面"的饮食习惯差异。

设计意图:中国农作物分布图等地图的展示,增强了学生对于文化与自然环境之间关系的感性认识,进一步培养了学生探寻饮食习惯和自然环境之间关系的兴趣,帮助学生形成了形象正确的认识,从而突破了本课的难点。

(2)口味"南甜北咸,东酸西辣"的引导步骤。

① 教师课件出示儿歌:找学生读一读《口味歌》。(预案:学生不理解省份的简称可以让学生解释或教师解答)

② 以饺子为例,让孩子们进一步了解"南甜北咸,东酸西辣"的差异。

③ 学生拍手打节奏,齐读《口味歌》加深认识。

老师小结:人们常把口味概况为"南甜北咸,东酸西辣",虽然不太准确,但也反映出不同区域的饮食口味是有差异和区别的。

(3)其他小组还有别的发现吗?(学生继续谈)

(4)请大家看一个短片,让我们看看"影响饮食习惯形成的因素有哪些?"(老师随机做出解说:粮食来之不易,我们一定要爱惜粮食)

老师小结:影响我们饮食习惯的除了地域的物产外,还有地理环境、气候和生活习惯等多方面因素。

设计意图:年夜饭是中国人一年中很重要的一顿饭,也是饮食中的精华。以它为切入点引导学生调查发现并把信息进行归类。通过大家交流调查资料,引导学生主动参与学习的过程,培养学生合作交流和整理资料的能力。从而引导学生探讨饮食习惯形式和自然环境之间的相互作用,使学生能客观分析饮食文化与自然环境的关系。运用拍手说儿歌的方式总结地方饮食的口味特色。

3.活动二:"中华美食故事会"

师:美食不仅能够充饥,还是我们的精神食粮呢。一道菜,一个故事;一道菜,一段历史。你的家乡美食有哪些?这些美食又有什么样的动人故事呢?我们开个"中华美食故事会",请大家说一说。

预设评价:

(1)故事讲得很生动,如果语言简练一些就更好了。

(2)你的故事让我们打开眼界。

(3)你的故事真的很精彩,如果声音洪亮一些就更好了。

(4)我们美食当中还蕴含着浓浓的亲情。

(5)谢谢你,让我们大家都要做一个有文化的食客……

结合生活经验来体会并引发思考：

老师小结：刚才大家介绍的许多美食在我们家乡的也能尝到，我们的饮食习惯随着人口的流动、经济的发展也在不断融合。

设计意图：在这个活动过程中，教师引导学生通过中华美食，了解"食文化"的历史在我们现实生活中的积淀；通过讲述食品背后的故事，探究来龙去脉，感受中华丰富的食文化与悠久历史，激发学生对中国文化的认同与自豪感。让孩子通过熟悉的家乡美食，结合自己切身的体会引领学生了解我国不同的饮食特色，在教学过程中体现了以学生为本的原则。通过美食故事会不仅让孩子学会了做人，而且培养了学生热爱家乡、热爱祖国的情感。

4. 活动三："美食嘉年华"

过渡：中国的八大菜系可是美食中的精髓。请大家通过短片去了解分布最广的四大菜系。看完之后请大家为你喜欢的菜系设计句广告语，比一比谁的广告更有创新能力。下面让我们一饱眼福吧！

视频播放：《美食精髓》。

给大家一分钟的时间，请你想一想你的广告创意，想好后可以和周围的同学说一说。

（小组交流后集体交流）

生：略

预设评价：

（1）语言很简练。

（2）你的广告很有吸引力。

（3）你的广告很有创意

老师小结：美食也需要宣传，只有这样才能让更多的人去了解美食，让我们的中华美食真正名扬天下……

设计意图：此活动环节通过视频让学生了解中华美食中的精髓——八大菜系，拓宽学生的视野，让学生更全面地了解中华美食。让每个人设计广告语的目的是培养了学生的创新能力，增强民族责任感。培养学生对中国饮食文化的积极态度和认同感，使学生养成热爱祖国的民族自豪感，较好地落实本课的情感态度价值观的目标。

营养午餐

——（五）年级综合性学习活动设计方案

设计者　王　倩

【教学内容】

营养午餐。

【教学目标】

（1）使学生综合运用简单的排列组合、统计等相关知识解决问题，体会数学在日常生活中的应用价值，增强学生应用数学的意识。

（2）通过了解各份菜中热量、脂肪、蛋白质的含量和营养午餐的一些基本指标，促使学生克服偏食、挑食的毛病，养成科学的饮食习惯。

【学情分析】

营养午餐是根据学生所学习的数学知识和生活经验，通过本节课教学，旨在让学生通过小组合作的探究，运用所学知识解决问题，体会探索的乐趣和数学的实际应用，培养学生的数学意识和实践能力。

【教学设计】

合作学习、自主探究。

【活动准备】

课件。

【课时安排】

1课时。

【教学目标】

1. 日常饮食交流,引入新课

(1)教师组织学生开展课堂交流,让学生说出自己日常生活中午餐食谱,(吃什么菜)教师有针对性地播放相关菜餐图片。

(2)教师提问:你们觉得你们平时吃的菜味道如何? (好)在你们心目中"营养的午餐"应该是什么样的?

(3)待学生反馈后,教师引导:我们生活中的每天都在汲取营养,从科学课上我们已经知道了,营养的主要指标是三项(热量、脂肪和蛋白质)。同学们刚才所举的这些菜是不是都是有营养的? 三项主要指标达到什么程度才是真正有营养的呢? 围绕这些问题,我们今天就来开展一次数学活动,一起走进"营养午餐"。(课件出示课题)

设计意图:数学源于生活,数学应用实践更是服务于生活! 为此,教学活动以日常生活的饮食现象为载体进行引导,旨在培养学生的"生活数学"观点,同时又让数学课堂显得自然、贴切。

2. 出示菜谱,认识营养指标

(1)课件显示菜谱和图片,让学生认识以下三种菜谱并做出选择。(此时要进行统计)

① 炸鸡排、鸡蛋西红柿、香菇油菜。

② 猪肉粉条、家常豆腐、香菜冬瓜。

③ 辣子鸡丁、土豆烧牛肉、韭菜豆芽。

(2)教师:我们刚才说了营养的三项主要指标,那么刚才所呈现的三种菜谱的主要营养指标是什么样的呢? 我们先来看看课件。

编号	菜名	热量／千焦	脂肪／克	蛋白质／克
1	猪肉粉条	2 462	25	6
2	炸鸡排	1 254	19	20
3	土豆烧牛肉	1 095	23	11
4	辣子鸡丁	1 033	18	7
5	红烧鱼块	1 338	17	12
6	鸡蛋西红柿	899	15	16

编号	菜名	热量 / 千焦	脂肪 / 克	蛋白质 / 克
7	香菜冬瓜	564	12	1
8	家常豆腐	1 020	16	13
9	香菇油菜	911	11	7
10	韭菜豆芽	497	7	3

（3）我们的同学正是长身体的时候,虽说要加强营养,但你们知道"热量、脂肪、蛋白质"这三种指标在什么程度时才算是营养的吗?（不知道）营养专家熊博士也来到了我们的课堂,我们一起来听听他对我们说什么吧?（课件播放营养专家熊博士录音）

10 岁左右的儿童从每餐午饭菜肴中获取的热量应不低于 2926 千焦,脂肪应不超过 50 克。

设计意图:营养的菜谱有许多,我们不可能列举出所有的,所以我们以"三种午餐"菜谱为依托进行教学,从对各种菜肴中"热量、脂肪"两大指标数据的比较中认识"营养",同时让学生在营养专家熊博士的话语中真正了解"什么样的菜肴是营养的"。

3. 运用指标,学会判断

（1）刚才大家听了熊博士的介绍,我们知道了自己此时获取的热量和脂肪两大指标,大家能用这样的标准判断刚才老师提供的午餐是否符合营养标准吗?

（2）学生根据热量和脂肪两大指标进行判断并反馈结果。

午餐①符合营养标准,午餐②的脂肪超标,午餐③的热量不达标。

（3）教师小结:

我们在进行午餐营养判断时既要看热量又要看脂肪,只有两种指标都不超时才能算是营养的午餐。

（4）让学生结合上述知识对自己日常生活中午餐进行判断。（同桌交流互动）

设计意图:开展"学生判断午餐营养指标是否达标"的活动意在促进学生以数学知识服务日常生活,进而让学生能够自觉做到"不偏食、不挑食"。

4. 配餐实践,锻炼技能

（1）我们现在已经知道了营养午餐的标准,如果今天的午餐只有三个菜,你能运用所学知识配出比较有营养的菜谱吗？

（2）让学生进行配餐实践，教师课堂指导。

（3）班级反馈配菜结果，进行交流。

$(1,4,10)(1,5,10)(1,6,10)(1,7,9)(1,7,10)$

$(1,8,10)(1,9,10)(2,4,9)(2,5,7)(2,5,9)$

$(2,5,10)(2,6,8)(2,6,9)(2,8,9)(3、5、10)$

$(3,8,9)(4,5,6)(4,5,7)(4,5,9)(4,6,8)$

$(4,8,9)(5,6,8)(5,6,9)(5,8,9)$

（4）教师提问：在以上的配菜方案中，哪种方案的蛋白质含量最多？（当然，学生的配菜方案可能没有以上出示的全面，教学中以学生配菜方案为准）

（5）如果让你在以上的配菜方案中选择一项最佳的，你认为是哪一种？请简单说明理由。

设计意图：开展"学生根据指标搭配营养午餐"活动是学生技能的再提高，在培养学生应用数学观点的同时让学生在活动中学会排列组合，同时训练学生严谨的学习态度。

5. 统计结果，巩固知识

（1）在学生反馈后进行班级统计，完成如下表格。

配菜编号	喜爱人数	男生人数	女生人数
$(1,9,10)$			
$(3、8、9)$			
$(5,8,9)$			
$(4,5,9)$			
$(2,5,7)$			

（2）让学生根据以上的表格制作复式条形统计图，（当然配菜编号中的内容是根据学生的选择而改变的）并做简单分析。

设计意图：结合学生提供的配餐方案进行简单的分析统计是为了呼应课前的教学引入活动，同时也是为更好巩固和发展学生的统计能力提供一个平台。还有就是为了进一步了解学生的饮食习惯，为后期的常规管理提供原始数据。

6. 总结提升,延伸教学

（1）教师提问:同学们,我们生活中经常会看到有些人很胖或很瘦,至少说明这两种人的营养补充是不科学的,你们能运用今天所学的知识对这两类人群的餐肴进行分析吗？请结合课前我们收集的一些资料进行课后讨论交流。

（2）我们在教学中既学到了什么是营养的午餐指标,同时还进行了配菜训练,希望每一位同学都能好好地运用这一技能,真正为我们的日常生活服务,用科学的理论去指导我们饮食,不要再以个人喜好去选择餐肴了！

设计意图:数学应用技能最终要回归到日常生活,所以在课堂结束之际设计了"分析偏胖偏瘦两类人群饮食"和"制作健康食谱"的课外活动,为延伸课堂教学找到了载体,更为学生技能的巩固发展提供保障……真正实现了数学教学活动的根本目的——发展学生技能,服务日常生活。

【作业设计】

请结合自身家庭实际拟定一份家庭一周健康午餐菜肴记录表。

设计一周营养美食

设计者 姜 静

【教学内容】

本项活动主要让同学们知道哪些食物吃了有益健康,哪些食物吃多了对身体无益,并了解食物提供了身体所需要的营养,不同的食物含有不同的营养成分,对身体的生长和发育有着不同的作用。

【教学目标】

(1)学生通过学习与活动对营养食谱有正确的认识,掌握合理设计营养食谱的生活技能。

(2)以学习活动为载体,促使学生克服偏食等陋习,养成科学饮食习惯。

【学情分析】

学生在本项活动中发展了他们的人际智能,通过小组分工合作查阅、搜集资料,并能在组长的指导下合理分工,进行小组合作学习、实践。

【教法设计】

教法:谈话法、讨论法、实践法。

学法:探究学习法、分工合作法。

【活动准备】

学生:

(1)上网搜索或查阅书籍,了解人体必需的营养元素有哪些? 含有这些营养元素的食物又有哪些?

(2)观察父母做菜,选择一样营养丰富,自己喜欢又方便做的菜,学习它的配制方法,做适当的记录。

(3)一日三餐,我们都吃哪些食物? 用表格记录下你一周的食谱,并尝试根据你了解的相关知识设计好一周既有营养而又健康的食谱。

教师：

（1）收集班级里偏胖或偏瘦的同学的饮食习惯以及他们喜爱吃的几种食物。

（2）收集几个健康菜肴的制作方法。

（3）准备演示的课件等。

【课时安排】

1课时。

【教学过程】

1. 饮食交流，导入新课

（1）谈话导入：同学们，你们日常生活中吃些什么？（指名几个学生进行回答）

（2）根据学生的回答出示表格，学生填写。（揭示课题）

2. 了解人体必需的营养物质有哪些

（1）教师引导：我们每天都在汲取营养，你知道人体必需的营养有哪些？（碳水化合物、蛋白质、维生素和水等）哪些食物中含有人体必需的营养素呢？

（2）揭示：食物中营养的主要指标是三项：热量、脂肪和蛋白质。我们每天吃的菜是不是都有营养呢？主要看这三项指标是否达标。

3. 了解健康食物所需的营养元素所占的比例

（1）教师提问：你们觉得自己平时吃的菜味道如何？你们心目中的"营养的菜"应该是什么样的？

出示健康饮食宝塔图。

（2）教师提问：看健康饮食宝塔图，你知道了什么？（同桌讨论后指名回答）

教师提问：排在第二位的是什么？（指名回答）接下来又是什么？吃的最少的应该是什么？（油炸食品、碳酸饮料等）为什么？（小组讨论后全班交流）

（3）教师进行总结。

4. 出示菜谱，认识营养指标

（1）课件出示食谱和图片。让学生认识以下三种菜谱，并做出选择。

①炸鸡排、鸡蛋西红柿、香菇油菜。

②猪肉粉条、家常豆腐、香菜冬瓜。

③辣子鸡丁、土豆烧牛肉、韭菜豆芽。

（2）教师：刚才所呈现的三种菜谱的主要营养指标是什么样的？我们先来看看。（课件演示）

（3）谈话：同学们现在正是长身体的时候，虽说要加强营养，但是你们知道"热量、脂肪、蛋白质"这三项指标在什么程度才算是有营养吗？我们来看看营养专家熊博士是怎么说的。（课件）

5. 应用指标，学会判断

（1）听了熊博士的介绍，你能用这样的标准来判断老师提供的食谱是否符合营养标准吗？

（2）学生根据热量和脂肪两大标准进行判断并反馈。

A. 符合营养标准　　　　B. 脂肪超标　　　　C. 热量不达标

（3）教师小结：我们在判断膳食是否有营养时，既要看热量又要看脂肪，只有这两种指标都不超过时才能算是有营养的膳食。

（4）让学生结合上述知识对一天的菜餐进行判断。（同桌交流互动）

6. 配餐实践，锻炼技能

（1）我们知道了营养餐的标准，如果今天的菜餐只有三个菜，你能用你所学的知识设计出不一样的食谱吗？

（2）学生交流自己的配餐方案。

（3）教师提问：在以上的方案中，哪种方案的蛋白质含量最多？

7. 课堂小结，延伸拓展

教师提问：我们生活中经常会看到有人很胖或有人很瘦，你能运用今天所学的知识对这两类人的食谱进行分析吗？结合我们课前收集的资料进行交流。

总结：吃东西要适量，多吃绿色食品，食物搭配应该多样化，这样才能获取均衡的营养。

【作业设计】

结合自己家庭的实际情况，将修改好的一周营养食谱填入表格，并争取实现它。

舌尖上的青岛

——综合性学习活动设计方案

设计者　韩筱鸥

【教学内容】

舌尖上的青岛。

【教学目标】

（1）了解有关青岛的饮食文化，简单了解青岛小吃的历史、特色和制作方法。

（2）尝试着采用多种材料和表现方法来制作一份青岛小吃，并通过各种方式对青岛小吃进行宣传，抒发自己热爱青岛的情怀。

【学情分析】

《舌尖上的青岛》根据学生的生活经验和学生的美术水平量身打造，通过本节课教学，旨在让学生通过观察法、评价法等方式，结合小组合作探究，培养学生爱家乡、爱生活的情感。协调学生语言智能、空间智能、语言智能等优势智能，体会美术所带来的乐趣。

【教法设计】

合作学习、自主探究。

【活动准备】

课件、彩纸、剪刀、彩笔、勾线笔等。

【课时安排】

1 课时。

【教学过程】

1. 猜礼物导入,激发学生兴趣

(1)猜猜礼物。

(2)品尝"高粱饴",说说高粱饴的味道。

(3)了解高粱饴的制作,观看高粱饴的制作录像。

设计意图:用同学们都很喜欢的"糖"作为讨论起点,引起学生注意,激发学生空间智能、语言智能。

2. 学生介绍青岛小吃

(1)老师:刚才老师给同学们带来了礼物,现在请大家也给老师送份礼物吧,就请你们把了解的青岛的小吃介绍给我作为礼物。说说它的形状、色彩、口味等,如果知道它的名称由来和传说故事也可以说一说。

(2)学生介绍。

(3)教师小结。

谢谢大家带来的这么多礼物,让老师知道了咱们青岛有这么多有特色的小吃,还有精彩动人的故事和深刻美好的寓意,真是大饱耳福啊!

设计意图:通过学生自主探究交流,促进学生语言智能、逻辑智能的发展,提升学生自学能力和交流能力,使学生切实体会到家乡"食物"的乐趣,激发学生爱家乡、爱生活的情感。

3. 欣赏青岛的小吃,教师归纳及拓展

(1)欣赏青岛小吃的图片。

老师:刚才我们口福享了,耳福也享了,现在让我们的眼睛也来享受一下。

① 青岛小海鲜是青岛的特色小吃,是以青岛近海生产的贝类、虾类为主烹制而成的海鲜菜品。

② 青岛锅贴是中国北方的一种特色小吃,形状像饺子,但比饺子大。青岛锅贴是长条形的,这种小吃具有独特的风味:鲜香脆嫩、味美可口。

③ 王哥庄大馒头已有500余年历史,是青岛当地具有代表性的非物质文化遗产。王哥庄街道面食行业的能工巧匠在传统花样的基础上,融入地方元素,不断创新馒头的花样造型,开发出了鲜嫩松软、口感甜美、造型新颖的"福、禄、寿、喜"系列产品,王哥庄花样馒头已申报青岛市非物质文化遗产。"手工揉 + 铁锅蒸 + 崂山矿泉水 + 传统工艺 + 独特配方"造就了高品质的王哥庄大馒

头,深受消费者青睐。短短几年的发展,王哥庄馒头已成为岛城家喻户晓的旅游特产。

设计意图:通过青岛小海鲜、青岛锅贴、王哥庄大馒头这独具特色的青岛美食,引导学生从颜色、状态等美术语言进行探究,提升学生逻辑智能、语言智能,提升学生对于家乡的自豪感。

(2)教师归纳后板书。

我们青岛的小吃远远不止这些,它们伴随着我们幸福生活的每一天,带给了我们很多的欢乐,正因为它们有着精湛的技艺、深刻的寓意、多姿的造型、丰富的色彩,还有怡人的口感,带给我们美的享受,也是我们青岛人民智慧的结晶。

出示板书:

精湛的技艺　　深刻的寓意

多姿的造型　　美的享受

丰富的色彩　　怡人的口感

(3)拓展欣赏。

美好的事物总是能快速而广泛地流传开来,像各地的小吃,由于社会的发展、交通的便捷,很多外地的小吃现在也成了我们身边的小吃。如北京的糖葫芦、天津的大麻花、云南的过桥米线……

这些小吃大家喜欢吃吗? 说说为什么?

小结:现在我们青岛很多传统小吃正面临着一些困难,它们有的正在渐渐被人们遗忘,有的甚至已经失传了。同学们,作为一个青岛人,你愿意为青岛小吃的传承和发扬出一份力吗?

你有什么好的点子能让我们的传统小吃更有吸引力、更受大家欢迎,或名气更大呢?

老师:同学们的这些点子真的太好了,老师很感动! 相信我们的青岛小吃一定会焕发出新的活力!

设计意图:激发学生将家乡美食文化推荐到世界各地的情感,提升学生的逻辑智能、交流智能。

(4)教师示范。

老师:现在我们马上来试一下!

① 构思:选择自己熟悉喜爱的小吃。

② 起稿:构图要饱满,直接用彩笔画。

③ 装饰:丰富细节,可以选择用学过的线和基本形来装饰。

④ 涂色:注意色彩搭配。涂背景色时可多用近似色丰富画面层次。

设计意图:通过教师的演示,让学生以最直观的方式切实感受推介卡的制作过程,激发学生乐趣,使学生空间智能、逻辑智能得到进一步提升。

4. 学生创作,教师巡视辅导

今天我们要来举行一个班级美食节,你们大展身手的机会来了。建议以独立创作或小组合作的方式,创作一份青岛小吃推介卡来推广我们青岛的小吃。

5. 美食展销会

大家把做好的小吃推介卡放到我们的展示台上,请同学们推广展示。

我们的展销会真是太热闹了,谢谢大家带给了我们这么多的惊喜和感动! 同学们,你们用智慧为我们的青岛献上了一份最珍贵的礼物!

设计意图:在"展销会"中,学生通过交流、推介,给大家带来了视觉上的享受,提升学生的空间智能、语言智能。

6. 课后延伸

为青岛的小吃设计包装、写广告语、在网上发帖子等,继续推广青岛的小吃,为我们青岛文化的传承和发扬尽绵薄之力。

欣赏《采茶扑蝶》

设计者　王涌全

【教学目标】

（1）欣赏福建民乐《采茶扑蝶》，感受歌曲优美的韵律和欢快活泼的情绪，体会茶农劳动的欢乐和对生活的热爱之情。

（2）初步认识福建特产——茶叶，激发对茶文化的兴趣。

（3）能够跟随乐曲哼唱《采茶扑蝶》，模仿跳"采茶舞"，并能用打击乐器为歌曲伴奏。

【学情分析】

6 年级学生随着年龄的增长和学习内容的丰富，其生活经验和认知领域逐渐扩展，总体来说在音乐审美能力方面有所提高。在欣赏方面能乐于倾听各种乐曲，并能对所听乐曲做出简单分析，多数同学音乐想象力丰富，对所听音乐能即兴表演相应的动作，叙说音乐内容，有较强的音乐创造能力。但视唱旋律对学生来说难度较大，许多同学能随老师的琴声哼唱模唱出旋律，但要求单独视唱还有困难，在以后的教学中要加强这方面的教学。

【教学过程】

1. 谈话导入

福建是一个美丽富饶的地方，福建人很好客，如果有人来家做客，他们都会怎样——给客人沏茶。福建盛产茶叶，福建人爱喝茶，也爱种茶。看那满山遍野的茶树，姑娘们正在采摘茶叶，让我们一起来感受采茶的乐趣吧！

（课件出示：茶园丰收，背景音乐《采茶扑蝶》）

同学们，看着画面中的姑娘们在采茶时，享受着茶香飘飘的氛围，你们想了解采茶知识吗？好！让我们一起来学习一下。（课件出示：采茶方式）

这节课,我们就一起来听赏学唱《采茶扑蝶》。

板书课题:简介《采茶扑蝶》。

2. 听赏《采茶扑蝶》

任务一:听赏歌曲,感受歌曲的调式风格,体会歌曲的风格特点。

思考:歌曲的速度、情绪是怎样的?

初听乐曲,初步感受音乐的速度、情绪。(生:回答)

再次聆听乐曲,小声哼唱歌曲。

任务二:闯关解决歌曲节奏难点;读谱唱歌,体验歌曲韵味。

(1)闯关解决歌曲节奏难点。

×　×｜×　×　×｜　×·×　×‖

6　5｜3　5　6　5｜　6. 5　6‖

×　×　×　×｜×　×　×｜×　×　×｜×－‖

3　5　3　5｜5　3　2｜1　6　1｜2－‖

划拍念节奏　　　　拍击节奏

加入旋律唱　　　　葫芦丝吹奏旋律

(2)学习乐曲旋律。

出示乐曲旋律,学生自主视唱旋律。

学生齐唱旋律。

(3)按节奏读歌词,学生添加歌词演唱。

(4)以四人小组葫芦丝练吹乐曲旋律。

(5)检测学习效果。

乐曲处理,播放乐曲,一部分学生唱、一部分学生吹。

认识乐器:高胡,扬琴。出示幻灯片。

拓展:欣赏茶艺表演,播放一段茶艺表演的视频,师生共同学习沏茶知识。

小结:通过这节课的学习,我们知道了采茶和沏茶的知识,希望同学们在日常生活中了解更多有关茶的知识。听着乐曲,走出教室。

【作业设计】

(1)跟着音乐模仿唱出歌曲旋律。

(2)课后查阅资料,聆听两首有关福建或其他地区的“茶”文化的乐曲。

【评价设计】

师生共同小结学习情况,相互评议。

综合性学习体育活动过程设计

——我是运动美食家

设计者　张祯琦　张　溪

课　题	我是运动美食家		
教学阶段	水平三	教学内容	运动与饮食的合理搭配

设计内容	教学目标	通过对运动营养学进行初步解析,学生对运动前后的合理饮食有一定的了解,并能够根据自己的实际情况制订有针对性的饮食计划		
	学情分析	水平三的学生已掌握多种运动技能,形成了自己的运动爱好,肢体运动智能发展具有一定实践基础,相对缺乏理论知识。水平三的学生大多进入身体发育的青春期阶段,对食物的需求迅猛上升,但是缺乏科学饮食的理论知识,只有打好了理论基础才能更好地推进肢体运动智能有效发展		
	教法学法	讲解法、问答法、发现法		

顺序	时间	教学内容	组织教法学法与要求	环节目标
一	2分钟	师生问好引入本课	组织:教室内各自位置上 教法:情景导学,介绍国家队队员的菜单,激发学生兴趣,顺利导入本课 北京冬奥会运动员菜单(部分) 中餐餐台: 汤类:黄瓜蛋花汤、西湖牛肉羹、冬瓜海米汤、玉米排骨汤、菌汤、酸辣汤、番茄蛋花汤、鸡茸粟米羹 热主菜:滑蛋虾仁、荔枝鸡片、XO酱炒牛肉、青椒炒牛肉、木须肉、糖醋巴沙鱼块、西芹炒牛肉、酱爆鸡丁、照烧牛肉、炒抱子甘蓝、清炒小白菜、扒芦笋、上汤娃娃菜、清炒莴笋、清炒广东菜心、清炒荠菜、白灼芥蓝	激发学生对运动饮食的兴趣
二	5分钟	一、介绍膳食金字塔的结构 二、讲解不同食物的能量作用	组织:室内 教法: 1. 教师运用清晰的语言和生动的表情调动学生的练习热情 2. 学生认真听讲	让学生对膳食知识有初步的了解,为下一步运动饮食知识的学习奠定理论基础

续表

顺序	时间	教学内容	组织教法学法与要求	环节目标
三	15分钟	详细讲解运动时的黄金饮食元素以及各个元素在运动中提供的能量类型	组织:室内 教法:教师用清晰的语言讲解碳水化合物、蛋白质、维生素、水等元素在运动中起到的作用。运动前后的正确饮食方法。 要求:教师语言清晰,学生认真听讲 有氧系统 消化分解 柠檬酸循环(三羧酸循环)(克氏环) 肌肉 ATP 二氧化碳	使每名同学都能深刻了解到运动时各种食物对身体的能量作用,掌握运动饮食的基本常识性知识
四	15分钟	运用本节课所学知识,针对自己的体育弱势项目,为自己制定一份健康食谱与训练计划	组织:室内 教法:教师简单讲解任务内容。教师巡回指导,及时解惑。 要求:认真思考,积极提问	使学生能够针对自己现存的体育项目弱项,制定有针对性的运动与饮食计划,有效提高体育成绩
五	3分钟	一、交流与展示 二、课后作业 根据自己制订的计划实施开展打卡任务,记录自己的体重、体育测试成绩在未来一个月内的变化	组织:室内 教法:教师挑选有代表性的同学进行计划交流。 要求:同学们认真聆听,积极发言,友好交流 水果类 2~3份 蔬菜类 五谷类 6~14份 USDA膳食金字塔	培养学生坚持不懈的意志品质,落实提高学生肢体运动智能的成果

第十二章
个性化教育的实践与挑战

解锁学生潜能,绽放多元智能的色彩

引言

在本书中,我们为大家提供了许多学生个性案例。我们知道,学生个性不同,学生的潜能也不同,每个学生都是独一无二的,拥有各自独特的智能组合和发展潜能。

在个性化的教育实践中,我们要基于多元智能理论的人才培养理念,探讨个性化教育的实施策略和方法,帮助学生解锁潜能,绽放多元智能的色彩。

了解学生个性特点

个性化教育的第一步是了解学生的个性特点。通过一系列学生个性自我分析案例,我们可以深入探讨学生个性特点的多样性。对智能进行分类,例如语言智能、数学逻辑智能、空间智能、音乐智能、自然探索智能等,可以更好地了解每个学生的特长和优势。这样的了解为个性化教育奠定了基础。

多元智能的综合应用

个性化教育要求教育工作者充分利用学生不同的智能特点,在教学中进行综合应用。基于多元智能理论的教学案例重构可以帮助教育工作者设计和实施更加有效的教学策略。在各学科教学中,教育工作者可以针对学生的智能特点培养他们的基本技能和核心素养。例如,结合语言智能和音乐智能,可以通过音乐创作和歌词编写等方式,提升学生的语言表达能力和音乐素养。通过多元智能理论的指导,个性化教育可以为每个学生提供个性化、差异化的教育,让他们在学习中找到更大的乐趣和成就感。

培养学生的综合能力

个性化教育的目标之一是培养学生的综合能力。通过跨学科整合与交叉学习,学生能够建立综合的知识结构,培养跨学科思维和创新能力。个性化教育的实施策略和方法应当注重培养学生的综合素养和技能。学生在学习中应该被鼓励发现不同学科之间的联系和应用,形成更全面的认知模式。此外,个性化教育也应重视培养学生的合作精神和团队合作能力,提升他们的社交技能和领导力。

结论

个性化教育的实施策略和方法是释放学生潜能、绽放多元智能的关键。通过了解学生的个性特点、综合应用多元智能、培养学生的综合能力以及解决面临的挑战,我们可以实现个性化教育的目标。个性化教育旨在让每个学生都能绽放生命的色彩,充分发掘和发展他们的潜能,为社会的发展和进步贡献自己的力量。只有通过个性化教育的实施策略和方法,我们才能让每一个学生都在世界的舞台上独放异彩。

解锁学生潜能，构建资源共享平台

引言

个性化教育在中国国内面临一系列挑战。由于普遍实行大班额教学，教师难以在教学中完全关注到每个学生的个性化需求；由于师资力量的限制，在校内也难以提供足够多的选修课程，满足学生个性化发展的需要。然而，解锁学生潜能、绽放多元智能的目标仍然是我们努力追求的方向。根据当前个性化教育面临的挑战，我们提出一些解决方案，以期推动个性化教育的未来发展。

挑战一：大班额教学的限制

大班额教学使得教师很难充分关注每个学生的个性化需求。在庞大的班级中，教师的时间和精力被分散，无法为每个学生提供个性化的指导和支持。

挑战二：师资力量和资源不足

教育资源的不足也是个性化教育面临的挑战之一。由于学生数量众多，而师资力量相对不足，仅仅依靠校内教师，很难提供高水平、丰富多样的选修课程，满足学生扬长补短和自我发展的需求，限制了个性化教育的实施。

解决方案一：技术支持与在线教育

借助技术手段和在线教育平台，可以扩大个性化教育的覆盖范围。通过在线教育，学生可以获得更加灵活的学习机会，根据自身需求选择学习内容和学习节奏。同时，教师可以利用技术手段提供个性化的教学辅导和反馈，增强教学效果。

解决方案二：跨学科整合与资源共享

打破学科之间的壁垒,促进跨学科的交流与合作,是实现个性化教育的关键。教育机构和学校可以建立资源共享平台,共同开发丰富多样的选修课程,为学生提供更多样化的学习选择。同时,加强教师之间的合作与交流,通过共享经验和教学方法,提高整体教育水平。

解决方案三：家校合作与社区支持

个性化教育需要家庭和学校之间的紧密合作。家长应积极参与学生的学习过程,了解他们的兴趣和需求,并与学校共同制订个性化教育计划。同时,学校和社区可以加强合作,共同为学生提供丰富的学习资源和活动,提升他们的综合素养。

结论

当前,尽管个性化教育面临着大班额教学和师资力量不足等挑战,但通过技术支持与在线教育、跨学科整合与资源共享以及家校合作与社区支持,可以克服这些挑战,并推动个性化教育继续发展。个性化教育的实施需要各方的共同努力,以解锁学生潜能,构建资源共享平台,让每个学生都能绽放多元智能的色彩。

第十三章
家长的角色与支持

家长的关键角色：激发学生多元智能的力量

引言

在学生的成长过程中，家长扮演着至关重要的角色。家长的支持和引导对于激发学生的多元智能至关重要。本文将强调家长在培养学生多元智能方面的重要性，并探讨家长如何发挥积极作用，为孩子的全面发展提供有力支持。

家庭环境塑造学生个性

家庭环境是学生个性发展的重要影响因素之一。家长可以通过创造积极的学习氛围和丰富的学习资源，为学生的多元智能发展提供有利条件。例如，提供适合孩子发展的书籍、艺术品和乐器等，鼓励他们参与各种有益的活动，培养他们的兴趣和爱好。

了解孩子的兴趣与需求

家长应密切关注孩子的兴趣和需求，并与孩子建立良好的沟通渠道。通过与孩子的交流和了解，家长可以更好地把握孩子的优势和潜能，有针对性地提供支持和指导。了解孩子的多元智能特点，可以帮助家长更好地规划孩子的学习和发展路径。

鼓励多元智能的探索与发展

家长应该鼓励孩子积极探索和发展自己的多元智能。家长可以提供丰富的学习资源和机会，让孩子在不同领域进行尝试和实践。无论是艺术、体育、科学还是社交技能，家长的鼓励和支持都能够激发孩子的潜能，让他们在各个智能领域都能绽放生命的色彩。

共同规划个性化教育路径

家长和学校可以共同规划个性化教育路径,实现孩子全面发展的目标。家长可以与学校密切合作,了解学校的教育理念和教学计划,积极参与学校活动和家长会议。通过与学校的互动,家长可以更好地理解学校的教育环境和要求,为孩子提供更好的教育支持。

成为学习的榜样

家长的言传身教对于孩子的成长至关重要。作为学习的榜样,家长应该展示积极的学习态度和乐观的心态。他们可以和孩子一起探索新知识、解决问题,并分享自己的学习经验和成果。通过积极参与学习,家长可以激发孩子的学习兴趣和自主学习能力,培养他们的多元智能。

结论

家长在培养学生多元智能方面扮演着至关重要的角色。通过创造良好的家庭环境、了解孩子的兴趣和需求、鼓励多元智能的探索与发展、共同规划个性化教育路径以及成为学习的榜样,家长可以为孩子的全面发展提供有力支持。通过家校合作和积极的家庭教育,我们可以激发学生多元智能的力量,让他们在人生的舞台上绽放出独特的色彩。

携手共育，家庭教育的支持和实用技巧

引言

家庭教育在培养学生多元智能方面起着至关重要的作用。为了激发孩子的潜能和绽放多元智能的色彩，家长需要提供有效的支持和协助。本文将为家长提供家庭教育的支持和实用技巧，帮助他们更好地引导孩子的学习和发展。

建立良好的沟通与倾听

家长应与孩子建立良好的沟通渠道，倾听他们的想法和感受。通过积极倾听，家长能够更好地了解孩子的需求和兴趣，为他们提供有针对性的支持和指导。同时，家长也应与孩子保持积极的对话，鼓励他们表达自己的想法和意见。

提供丰富的学习资源

家庭是培养多元智能的理想场所。家长可以为孩子提供丰富的学习资源，包括书籍、艺术品、乐器和科学实验器材等。这些资源可以激发孩子的好奇心和创造力，帮助他们在多个智能领域进行探索和发展。

鼓励自主学习和探索

家长应鼓励孩子自主学习和探索。给孩子提供自主学习的机会，让他们根据自己的兴趣和学习需求选择学习内容和方式。同时，家长也可以与孩子一起制订学习计划，培养他们的学习目标和时间管理能力。

培养良好的学习习惯和态度

家长可以帮助孩子培养良好的学习习惯和积极的学习态度。鼓励孩子定期复习和总结知识,培养他们的自律性和坚持性。同时,家长也应以身作则,展示积极的学习态度和乐观的心态,激励孩子在学习中保持动力和热情。

建立学习支持网络

家长可以与其他家长和学校建立良好的合作关系,分享学习经验和资源。通过建立学习支持网络,家长可以互相借鉴和启发,共同促进孩子的多元智能发展。此外,家长也可以参与学校活动和家长会议,了解学校的教育环境和教学计划,为孩子提供更好的学习支持。

结论

家长是孩子成长道路上最重要的引导者和支持者。通过建立良好的沟通与倾听、提供丰富的学习资源、鼓励自主学习和探索、培养良好的学习习惯和态度,以及建立学习支持网络,家长可以为孩子的多元智能发展提供有效的支持和协助。在家庭教育的旅程中,与孩子一同成长和学习,让他们绽放多元智能的光彩,为未来的成功奠定坚实基础。

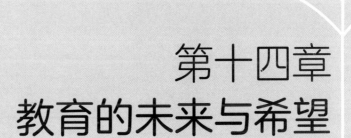

第十四章
教育的未来与希望

多元智能教育：引领教育未来的变革与希望

引言

教育是社会进步和未来发展的关键。在不断变化的时代背景下，多元智能教育以其独特的理念和方法，对教育的未来发展具有深远的影响和积极的意义。本文将探讨多元智能教育对教育未来发展的影响和意义，展示其引领教育变革的希望。

解放学生潜能，培养个性化发展

多元智能教育认为每个学生都是独特的，拥有各自独特的智能组合和发展潜能。它鼓励学生发掘和发展自己的优势，扬长避短，追求个性化的发展路径。通过多元智能教育，学生的潜能得到充分解放，他们能够在自己擅长的领域中取得更好的成绩和表现，获得更大的学习动力和成就感。

培养全面发展的人才，提升综合素养

多元智能教育注重培养学生的多元智能，使他们在不同的智能领域都能展现自己的才华。这种教育理念有助于学生的全面发展，帮助他们培养跨学科的能力和综合素养。学生通过在各个智能领域的学习和实践，能够建立更加全面和深入的知识结构，具备更强的问题解决能力和创新能力。

适应未来社会的需求，提升职业竞争力

多元智能教育将学生的个性化发展与未来社会需求相结合。它培养学生的创造力、合作能力、沟通能力等关键能力，使他们具备适应未来社会变革的能力和竞争力。在快速变化的社会环境中，具备多元智能的人才将更具优势，能

够更好地适应并应对未来的挑战和机遇。

促进个性化教育和教育公平

多元智能教育强调因材施教，注重个性化教育。它认识到每个学生都有自己独特的智能组合和学习需求，应该得到个性化的支持和引导。这有助于缩小学生之间的差距，提升教育公平。通过多元智能教育，每个学生都有机会发挥自己的潜能，实现个人的发展目标。

结论

多元智能教育对教育的未来发展具有重要的影响和积极的意义。它通过解放学生潜能、培养个性化发展、提升综合素养、适应未来社会需求、促进个性化教育和教育公平等方面的作用，为教育带来了变革与希望。在未来的教育中，我们应更加重视多元智能教育的实施，推动教育朝着更加个性化、综合化的方向发展，为学生的成长和未来的成功奠定坚实的基础。

个性化教育的未来发展：实现学生潜能的无限可能

引言

个性化教育作为教育领域的重要发展方向，为每个学生提供了独特的学习路径和支持。在不断变化的社会和教育环境中，个性化教育将继续发展并发挥更大的作用。本文将展望个性化教育的未来发展，探讨其在实现学生潜能和推动教育变革方面的无限可能性。

教育科技的融合与创新

未来，随着科技的快速发展，教育科技将成为个性化教育的重要支撑。智能化的学习平台、个性化教学软件、大数据分析等技术将帮助教育者更好地了解学生的学习需求和潜能，为学生提供定制化的学习资源和教学方案。同时，虚拟现实、增强现实等新兴技术也将为学生提供更丰富的学习体验和互动方式。

跨学科整合与项目化学习

个性化教育的未来发展将促进学科之间的融合与交叉学习。跨学科整合将打破传统学科的界限，培养学生的综合素养和跨学科思维能力。项目化学习也将成为重要的教学方式，通过实际问题的探究和解决，培养学生的创新思维和实践能力。

学习者主导与自主学习

未来的个性化教育将更加注重学习者的主导和自主学习。学生将成为学习的中心,他们将有更多的自主选择学习内容和学习方式的权利,发展自己的兴趣和潜能。同时,学生也将通过学习技能的培养和学习策略的指导,掌握自主学习的能力,成为终身学习者。

社区与社会资源的整合

个性化教育的未来将与社区和社会资源的整合紧密相连。学校将与社区、家庭、行业等各方合作,共同为学生提供更广泛的学习机会和资源。社会实践、实习、志愿服务等将成为学生学习的重要组成部分,帮助学生将所学知识与实际应用相结合。

培养终身学习能力和创新精神

个性化教育的未来将更加注重培养学生的终身学习能力和创新精神。学生将学会学习、学会创新,具备批判性思维、解决问题的能力和创造力。他们将适应未来社会的变化和挑战,不断学习和成长。

结论

展望个性化教育的未来发展,我们可以看到无限的可能性。通过教育科技的创新、跨学科整合、学习者主导、社区资源的整合以及培养终身学习能力和创新精神等方面的努力,个性化教育将为学生创造更加丰富多样的学习环境和机会,实现他们潜能的无限发展。让我们共同努力,为教育的未来带来更大的希望和变革!

第十五章
总结与启示

个性化教育的变革之路：启示与行动建议

引言

本书深入探讨了个性化教育的重要性以及多元智能理论在教育中的应用。通过分析学生个性案例、提供教学策略和实用技巧，我们探索了个性化教育的实施策略和方法。在本文中，我们将总结全书的主要观点和内容，并提供对教育工作者和家长的启示和行动建议。

主要观点总结

本书旨在强调每个学生的独特性和潜能，并探索多元智能理论在教育中的应用。我们强调了个性化教育的重要性，不仅要关注学生的学习能力，更要关注他们的个性特点、兴趣爱好和发展潜能。通过多元智能的指导，教育工作者可以为每个学生提供个性化、差异化的教育，激发他们的学习潜能和创造力。

对教育工作者的启示

个性化教育需要教育工作者从传统的一刀切教学方式转变为以学生为中心的教学模式。教育工作者应了解每个学生的个性特点和发展需求，通过有针对性的教学策略和资源支持，帮助学生发掘和发展自己的优势。同时，教育工作者也需要持续学习和发展，更新教育理念和教学方法，不断适应变化的教育环境。

对家长的启示

家长在培养学生多元智能方面起着至关重要的作用。他们应该充分了解自己孩子的兴趣、爱好和潜能，并为他们提供支持和鼓励。家长应与教育工作者密切合作,了解学校的个性化教育计划和资源,并积极参与学生的学习过程。此外,家长也要提供适当的学习环境和资源,鼓励孩子自主学习和发展综合能力。

行动建议

为了实现个性化教育的目标,我们提供以下行动建议。

(1)教育工作者应通过专业发展课程和学习机会,不断提升自己的教育水平和多元智能理论知识。

(2)教育工作者应与学校领导和同事合作,共同设计和实施个性化教育计划,分享经验和教学策略。

(3)家长应积极与学校和教育工作者合作,了解学校的教育理念和教学方法,并为孩子提供支持和鼓励。

(4)家长应给予孩子充分的时间和空间,发展他们的兴趣爱好和潜能,并鼓励他们参与各类丰富多样的学习活动。

(5)教育工作者和家长应建立良好的沟通和合作关系,定期交流学生的学习情况和需求,并共同制订个性化学习计划。

结论

个性化教育是教育发展的必然趋势,其影响和意义不容忽视。本书的主要观点和内容提供了对教育工作者和家长的启示和行动建议,通过共同努力,我们能够创造一个更加包容和丰富的教育环境,让每个学生都能绽放生命的色彩,实现他们的潜能。让我们携手前行,共同推动教育的变革和进步!